DEUTSCHE LEBERSTIFTUNG (HRSG.)

Das große Kochbuch für die Leber

122 Rezepte mit allen wichtigen Nährwertangaben

Dr. Andrea Schneider, Sonja Nothacker, Dagmar Bolgen,
Dr. Katharina Hupa-Breier, Martina Rahlves, Nicole Wetter,
Dr. Miriam Wiestler, Prof. Dr. Heiner Wedemeyer, Bianka Wiebner

2. Auflage

Wichtige Küchentipps und Regeln für eine lebergesunde Ernährung

humboldt

GELEITWORT

Liebe Leserin, lieber Leser,

chronische Leberkrankungen sind heute viel häufiger als noch vor wenigen Jahrzehnten, wobei vor allem die nicht- (bzw. nicht nur) alkoholische Fettlebererkrankung massiv zugenommen hat. Dies hat mit der Adipositas-Pandemie zu tun, die uns seit ca. 50 Jahren fest im Griff hat. Deshalb wurde die Namensgebung von „nicht-alkoholische" in „Metabolische dysfunktions-assoziierte steatotische Lebererkrankung" (MASLD) geändert. Der neue Begriff umfasst alle Fettlebererkrankungen, die im Rahmen metabolischer Erkrankungen (das heißt Übergewicht, Diabetes etc.) auftreten. Aktuelle Zahlen zeigen, dass etwa 25 Prozent der Weltbevölkerung an einer MASLD leidet[1, 2]. In Deutschland wären das ca. 20 Millionen Menschen!

Viele dieser Menschen sind mangelernährt, was nicht immer ins Auge fällt, weil einige sogar übergewichtig sind. Aber auch übergewichtige Menschen können einen Mangel an Muskelmasse, das heißt an Eiweiß, aber auch an Vitaminen und anderen Mikronährstoffen haben. Wenn die chronische Lebererkrankung fortschreitet, dann kommt es zur Leberzirrhose. In diesem Stadium leiden 20 bis 50 Prozent der Patienten an einer Mangelernährung[3] – manche sogar an einer sehr schweren, lebensbedrohlichen Mangelernährung mit Muskel- und Knochenschwund, welche die Prognose erheblich verschlechtern[4].

Vor diesem Hintergrund wird klar, dass die gesunde Ernährung und die bedarfsgerechte Ernährungstherapie eine zentrale Bedeutung für Menschen mit chronischen Lebererkrankungen haben. Bevor es zur „künstlichen Ernährung" im Krankenhaus kommt, geht es um eine gesunde und bedarfsgerechte Ernährung, die man selbst zubereiten kann und durch die eine Mangelernährung möglichst verhindert wird. Leider werden die Betroffenen hier oft allein gelassen. Nach der Entlassung aus der ärztlichen Behandlung fehlt es an klaren Ansagen, wie man es mit der Ernährung halten soll, welche Nahrung zu bevorzugen ist, welchen be-

1 J Hepatol 2023, doi: 10.1016/j.jhep.2023.06.003
2 Z Gastroenterol 2024, doi: 10.1055/a-2309-6052
3 J Hepatol 2019, doi: 10.1016/j.jhep.2018.06.024
4 Clin Nutr. 2020, doi: 10.1016/j.clnu.2020.09.001

sonderen Bedarf man hat und wie das alles in die Praxis umgesetzt werden kann. Bei Weitem nicht alle Betroffenen bekommen eine fachgerechte Ernährungsberatung, viele sind auf sich selbst gestellt.

An dieser Stelle ist ein Kochbuch für Menschen mit Lebererkrankungen besonders wertvoll, denn es kann einen wichtigen Beitrag dazu leisten, Betroffene bei der Ernährung zu unterstützen. „Das große Kochbuch für die Leber" der Deutschen Leberstiftung richtet sich an Menschen mit Lebererkrankungen und zeichnet sich durch eine kompetente und verständliche Vermittlung von Fachwissen zu Leberfunktionen und Lebererkrankungen aus. Darüber hinaus bietet das Kochbuch eine Fülle von Rezepten mit Tagesmenüplänen, die es den Betroffenen ermöglichen, die Zielsetzungen bei der Ernährung zu erfüllen: schmackhafte Gerichte mit ausreichend Nährstoffen, vor allem Eiweiß für den Erhalt der Muskelmasse, Ballaststoffe für eine gute Darmfunktion und Mikronährstoffe für diverse Körperfunktionen. Auch auf die medizinischen Wirkungen verschiedener Nahrungsstoffe wird eingegangen. Dabei wird der praktische Aspekt, insbesondere die Anleitung zur Zubereitung, nie außer Acht gelassen. Die Rezepte sind mit Fotos illustriert, die Lust machen auf Kochen und Essen und die zeigen, dass gesunde, bedarfsgerechte Ernährung und Freude am Essen kein Widerspruch sind.

Die Qualität dieses besonderen Kochbuchs ist nicht zuletzt dem Umstand zu verdanken, dass hier ein interdisziplinäres Team von Diätassistenten, Ernährungsfachkräften und Ärzten sehr effektiv zusammengearbeitet hat. Herausgekommen ist ein höchst praxistaugliches Buch, das sicherlich großen Zuspruch findet, nicht nur bei Menschen mit Lebererkrankungen, sondern auch bei deren Angehörigen und anderen Interessierten. Ich wünsche viel Freunde an diesem Buch!

Stuttgart im August 2025

Prof. Dr. med. Stephan C. Bischoff
Institut für Ernährungsmedizin und Prävention
Universität Hohenheim, Stuttgart

DIE LEBER KOCHT ...

Die Leber ist das zentrale Stoffwechselorgan des Körpers und hat daher sehr viel mit unserer Ernährung zu tun. Ohne sie könnten wir viele Stoffe aus unserem Essen nicht nutzen und nicht speichern. Mit der Art, wie wir uns ernähren, können wir zudem einen großen Einfluss auf die Gesundheit und die Funktionsfähigkeit unserer (kranken) Leber nehmen.

Wenn die Leber wirklich kochen würde, wäre sie eine gute, gesundheitsbewusste Köchin und würde eine große Bandbreite an Rezepten kennen. Denn es kommt bei einer leberbewussten Ernährung auf die Feinheiten an. Um eine gesunde Leber gesund zu halten, würde sie auf ausgewogene Ernährung setzen – ergänzt um die besondere Zutat Bewegung. Bei Menschen mit einer Leberzirrhose würde sie darauf achten, dass bestimmte Stoffe in entsprechender Menge in der Ernährung vorkommen und es immer wieder kleine Mahlzeiten gibt, damit der Körper gut versorgt wird. Bei den von einer Fettlebererkrankung betroffenen Menschen kommt es hingegen darauf an, sich kalorienarm und ausgewogen zu ernähren, um einen positiven Einfluss auf die Erkrankung zu nehmen. Auch bei Speicherkrankheiten der Leber spielt die richtige Ernährung eine große Rolle für das Wohlbefinden. Und bei Patienten nach einer Lebertransplantation würde sie ganz besonders auf die Hygiene achten und bestimmte Nahrungsmittel meiden.

Leider kocht die Leber nicht selbst. Sie erfüllt auch so schon genug Aufgaben für unsere Gesundheit. Daher ist es an uns, unsere Leber durch Ernährung zu unterstützen. Dafür gibt es dieses Buch. Es zeigt, welche Aufgaben die Leber hat, wie sie funktioniert und woran man erkennen kann, dass die Leber krank ist. Es wird erklärt, warum die Ernährung – nicht nur für die Leber – so wichtig ist und was es dabei zu beachten und zu bedenken gibt. Und wir erläutern ausführlich und konkret, welche Ernährung für welche Lebererkrankung geeignet ist.

Im ausführlichen Rezeptteil findet sich die große Bandbreite an Gerichten, die der Leber als Köchin vorschweben würde. Durch Symbole lässt sich schnell und eindeutig erkennen, welches Rezept für welche Erkrankungen geeignet ist. Alle Rezepte sind sorgfältig erarbeitet und vielfach geprüft. Es macht Vergnügen, die Gerichte zu kochen. Und sie schmecken – auch mit einer gesunden Leber!

Natürlich kann dieses Kochbuch eine medizinische und individuelle Ernährungsberatung nicht ersetzen. Es kann daher sinnvoll sein, die Hilfe einer zertifizierten Ernährungsfachkraft in Anspruch zu nehmen.

Lebergesunde Ernährung ist gar nicht so schwer und kann gut schmecken – probieren Sie es aus. Wir wünschen Ihnen viel Vergnügen bei der Lektüre und beim Kochen!

Die Autoren

Aufbau und Funktionen der Leber

Aufbau der Leber

Die Leber ist ein dunkles, rötlich-braunes Organ, das im Durchschnitt etwa 1,5 kg wiegt. Sie befindet sich im oberen rechten Teil der Bauchhöhle, unterhalb des Zwerchfells und über dem Magen, der rechten Niere und dem Darm. Sie hat somit einen direkten Lagebezug zu vielen anderen wichtigen Organen. An der Unterseite der Leber befindet sich die sogenannte Leberpforte bzw. Eintrittszone. Hier führen Blutgefäße in das Organ hinein, während der große Gallengang sowie Lymphgefäße und Nervenfasern aus dem Organ heraustreten. Die großen zuführenden Blutgefäße sind die Pfortader und die Leberarterie. Die Pfortader transportiert vor allem das nährstoffreiche Blut aus dem Verdauungstrakt in die Leber, wo es weiterverarbeitet wird. Die Leberarterie hingegen versorgt die Leber selbst mit sauerstoffreichem Blut.

Grob lässt sich die Leber in den größeren rechten und den kleineren linken Leberlappen einteilen, insgesamt setzt sie sich aus acht Lebersegmenten zusammen. Jedes dieser Segmente besteht aus vielen, ein bis zwei Millimeter großen Leberläppchen, die eine sechseckige Form haben. An der Stelle, an der sich je drei Läppchen berühren, befindet sich eine kleine Bindegewebszone. Dort verlaufen jeweils ein kleiner Ast der Leberarterie und der Pfortader sowie eine kleine Verzweigung der Gallenwege. Die einzelnen Läppchen bestehen größtenteils aus Leberzellen (Hepatozyten). Diese weisen eine hohe Stoffwechselaktivität auf und sind hauptverantwortlich für die Leberfunktion.

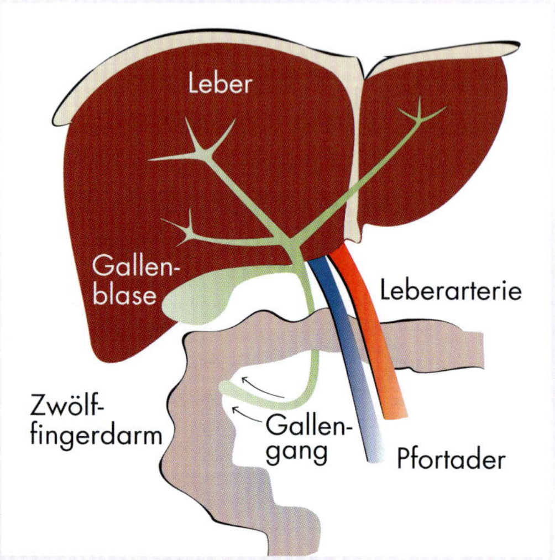

Abbildung 1: Aufbau der Leber

Funktionen der Leber

Als zentrales Stoffwechselorgan des menschlichen Körpers ist die Leber außerordentlich fleißig und übernimmt zahlreiche Funktionen. Sie spielt eine wichtige Rolle im Energiestoffwechsel und produziert zudem viele wesentliche Enzyme, um diesen zu regulieren. Zu ihren Aufgaben gehört unter anderem die Produktion von Bluteiweißen (Albumin, Gerinnungsfaktoren), Galle und Abwehrstoffen, die Speicherung von Vitaminen, die Produktion von Ausgangsprodukten für die Hormonproduktion, die Speicherung von Energiereserven und die Entgiftung des Körpers.

Entgiftung und Verdauung

Als große Drüse produziert die Leber ca. 700 bis 1.000 Milliliter Gallenflüssigkeit pro Tag. Die Gallenflüssigkeit besteht größtenteils aus

Wasser, zudem enthält sie Phospholipide und Lecithin sowie Cholesterin und die Gallensäuren, die von den Leberzellen aus Cholesterin aufgebaut werden. Die Galle gelangt über die Gallenkanälchen und Gallengänge zunächst in die Gallenblase und wird dort gelagert, bevor sie mahlzeitenabhängig über den Hauptgallengang in den Zwölffingerdarm abgegeben wird.

Die Hauptaufgabe der Gallenflüssigkeit umfasst den Transport von schlecht wasserlöslichen Stoffen, welche so in den Darm gelangen und über den Stuhl ausgeschieden werden. Auch für die Fettverdauung spielt die Galle eine große Rolle, da die Gallenflüssigkeit die Nahrungsfette im Speisebrei des Darms zu kleinen Fett-Tröpfchen löst (emulgiert) und diese so den fettverdauenden Enzymen optimal zugänglich macht.

Da der Gallensäurebedarf des Körpers höher ist als die in der Leber täglich produzierte Menge, wird die Gallenflüssigkeit am Ende des Dünndarms – dem sogenannten „terminalen Ileum“ – vor Eintritt in den Dickdarm wieder in den Blutkreislauf aufgenommen und erneut zur Leber transportiert. Diese Art von Recycling nennt sich „enterohepatischer Kreislauf“. Hierüber werden sechs- bis zehnmal täglich ca. 90 Prozent der Gallenflüssigkeit wiederverwendet.

Die Leber spielt eine große Rolle bei der zentralen Entgiftung des Körpers. So werden körpereigene Giftstoffe, die beispielsweise während Stoffwechselprozessen entstehen, direkt in der Leber umgewandelt und unschädlich gemacht. Sie werden entweder über die Niere ausgeschieden oder gelangen mit hilfe der Gallenflüssigkeit in den Darm und werden dann ausgeschieden.

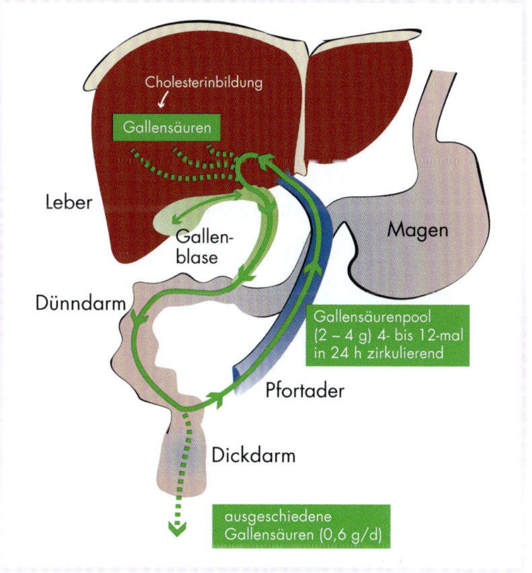

Abbildung 2: Stoffwechsel der Galle zwischen Leber und Darm

Das Gleiche gilt für körperfremde Stoffe wie einige Medikamente und Alkohol. Hier wirkt die Leber wie eine Filteranlage: Das Blut aus dem Verdauungstrakt gelangt über die Pfortader zunächst in die Leber und wird hier gefiltert, bevor es in den Körperkreislauf gelangt. Dieser Filtereffekt führt unter anderem dazu, dass Medikamente zu einem großen Teil neutralisiert werden und nur ein geringer Teil des Wirkstoffes letztlich in den großen Körperkreislauf gelangt.

Leber und Darm sind eng miteinander verbunden und übernehmen vielfältige Aufgaben in der Verdauung, der Nährstoffverarbeitung und der Entgiftung.

Regulation des Zuckerhaushaltes

Die Leber speichert in ihren Zellen unter anderem Zucker, Fett, Eiweißbausteine und Vitamine. Insbesondere für den Zuckerhaushalt hat die Leber eine besondere Bedeutung. Die Leber reguliert – unter anderem gesteuert durch die wichtigen Hormone Insulin und Glukagon, die aus der Bauchspeicheldrüse stammen – den Blutzuckerspiegel und den Zuckerhaushalt. Insulin führt in der Leber zur Umwandlung von Zucker in die Speicherform Glykogen und hemmt den Abbau von Fett. Ist der Blutzuckerspiegel jedoch zu niedrig, sorgt das Gegenspieler-Hormon Glukagon in der Leber für einen Glykogen-Abbau und damit für eine Freisetzung von Zucker (Glukose) in den Blutkreislauf. So kann es bei fortgeschrittenen Lebererkrankungen auch zu Einschränkungen des Zuckerhaushaltes mit der Gefahr von Unterzuckerung kommen.

Produktion wichtiger Eiweiße

Die Leber erfüllt eine essenzielle Funktion bei der Eiweißproduktion (Proteinsynthese) des Körpers. Diese Eiweiße sind für viele Körperfunktionen wichtig, unter anderem spielen sie eine Rolle beim Wachstum und der Erneuerung von Körperzellen. Sie haben aber auch eine wichtige Funktion in Form von Hormonen und Enzymen.

Die Leber ist unter anderem zuständig für die Produktion von Albumin. Dieses Eiweiß ist maßgeblich an der Verteilung von Körperflüssigkeiten beteiligt. Zudem sind viele wasserunlösliche Stoffe im Blut an Albumin gebunden und werden so transportfähig.

Neben dem Albumin produziert die Leber noch viele weitere wichtige Transporteiweiße des Blutes, wie beispielsweise Transferrin für den Eisentransport oder Caeruloplasmin für den Kupfertransport. Des Weiteren ist die Leber auch an der Produktion von wichtigen Eiweißen zur Aufrechterhaltung der Immunabwehr beteiligt. Zudem bildet sie viele wichtige Blutgerinnungsfaktoren, weshalb es bei Leberschäden oft zu schweren Veränderungen der Blutgerinnung kommen kann – mit einem erhöhten Risiko sowohl für Blutungen als auch für Blutgerinnselbildung (Thrombosen).

Die wichtigsten Leberwerte

Erkrankungen der Leber werden häufig erst spät erkannt: Die Leber verursacht bei Erkrankung keinen Schmerz; Symptome treten nicht immer auf und sind dann unspezifisch – wie Müdigkeit, Abgeschlagenheit oder ein Druckgefühl im Oberbauch. Daher bleibt ein zunächst leichter Leberschaden meist unbemerkt. Viele Lebererkrankungen sind im frühen Stadium aber hervorragend zu behandeln oder lassen sich durch eine Änderung des Lebensstils gut beeinflussen. Eine frühe Diagnose ist daher sehr wichtig. Diagnostizieren kann man Erkrankungen der Leber meist über die Leberwerte im Blut.

Die Leberwerte sind bestimmte Stoffe (Enzyme), die an den Stoffwechselabläufen in der Leber beteiligt sind und beim Abbau von Leberzellen ins Blut freigesetzt werden. Sie können etwas über den Zustand und die Funktionsfähigkeit der Leber aussagen. Veränderte Leberwerte im Blut können auf eine Lebererkrankung hinweisen. Ihre Ursache sollte daher immer abgeklärt werden.

GPT (ALT/ALAT)
Bei der GPT (Glutamat-Pyruvat-Transaminase), auch ALT/ALAT (Alanin-Aminotransferase) genannt, handelt es sich um ein leberspezifisches Enzym. Bei Leberzelluntergang steigt dieser Wert im Blut an und gibt somit direkte Hinweise auf einen aktuell bestehenden Leberzellschaden.

GOT (AST/ASAT)
Das Enzym GOT (Glutamat-Oxalazetat-Transaminase), auch AST/ASAT (Aspartat-Aminotransferase) genannt, kommt nicht nur in der Leber vor, sondern auch unter anderem in Muskel- und Herzmuskelzellen. Sterben die Zellen, wird das Enzym in den Blutkreislauf abgegeben und steigt an. Somit muss ein Anstieg dieses Laborwertes immer auch in Zusammenhang mit den anderen Leberwerten und sonstigen Laborwerten betrachtet werden.

AP
Die im Blut gemessene Alkalische Phosphatase (AP) wird aus der Leber, dem Dünndarm, den Knochen und der Plazenta freigesetzt. Somit kann ein erhöhter Wert in Zusammenhang mit Veränderungen der Leber und der Gallengänge stehen, es können jedoch auch andere Ursachen – wie beispielsweise der Knochenhaushalt – dazu führen. So muss dieser Laborwert immer im Zusammenhang mit anderen Laborwerten beurteilt werden.

GGT
Das Enzym GGT (Gamma-Glutamyl-Transferase) des Aminosäurestoffwechsels kommt vornehmlich in der Leber vor und ist ein empfindlicher Marker für Störungen der Leber und des Gallesystems. Die höchsten Werte finden sich klassischerweise beim Gallestau in der Leber oder bei alkoholbedingten Leberschäden.

Bilirubin
Bilirubin entsteht als Abbauprodukt des roten Blutfarbstoffes der roten Blutkörperchen. In der Leber wird das Bilirubin in eine wasserlösliche Form umgewandelt, die dann über den Urin und den Stuhl ausgeschieden werden kann. Der Bilirubin-Wert kann bei verschiedenen Erkrankungen, wie beispielsweise bei einem erhöhten Zerfall an roten Blutkörperchen, erhöht sein und äußert sich oft in einer Gelbverfärbung des Augenweiß und der Haut. Dies kann jedoch auch in Zusammenhang mit Lebererkrankungen oder bei Abflussstörungen der Gallenwege vorkommen.

CHE
Das Enzym CHE (Cholinesterase) wird direkt in der Leber gebildet und gibt somit einen Hinweis auf die Leberleistung. Bei Leberschäden kommt es durch die verminderte Produktionsleistung meist zu erniedrigten CHE-Werten im Blut. Zu beachten ist, dass der CHE-Wert durch viele Faktoren, wie beispielsweise Entzündungen oder Leberverfettung, beeinflusst werden kann.

Quick-Wert
Die Mehrzahl aller Faktoren des Blutgerinnungssystems wird in der Leber gebildet. Mit dem sogenannten Quick-Wert (Thromboplastinzeit) und INR (International Normalized Ratio) wird die Blutgerinnungszeit ge-

messen. Ist der Wert erniedrigt, bedeutet dies eine zu lange Blutgerinnungszeit. Dies kann auf eine verminderte Leberproduktionsleistung hinweisen.

Thrombozyten
Die Anzahl der Blutplättchen (Thrombozyten) ist kein Leberwert im eigentlichen Sinne, da die Blutplättchen nicht in der Leber gebildet werden. Ihre Anzahl kann aber bei Menschen mit einer fortgeschrittenen Leberzirrhose erniedrigt sein. Die Bestimmung der Blutplättchen wird daher von den Ärzten zur Beurteilung von Lebererkrankungen herangezogen.

Grundlegende Regeln für die Ernährung

Grundprinzip einer lebergesunden Ernährung

Viele Lebererkrankungen sind in unserer modernen Lebensweise begründet und entstehen durch Über- und Fehlernährung. Eine falsche Ernährung und mangelnde Bewegung, Übergewicht, aber auch der gesellschaftlich anerkannte Alkoholkonsum und bestimmte Medikamente begünstigen die Entstehung von Lebererkrankungen. Die Ernährungstherapie ist deshalb ein besonders wichtiger Baustein für die Behandlung dieser Erkrankungen.

Unsere Esskultur wird mittlerweile von hoch verarbeiteten Lebensmitteln bestimmt, deren Zusammensetzung und Nährwerte selbst für Fachleute schwer zu beurteilen sind. Diese Industrieprodukte versprechen häufig sehr viel, sind aber nur selten der Gesundheit zuträglich.

Die Leber spielt bei der Verarbeitung von Nahrung eine wichtige Rolle. Durch eine gesunde, dem Stadium der jeweiligen Erkrankung angepasste Ernährung kann jeder eigenverantwortlich einen wesentlichen Beitrag zur Vorbeugung von Lebererkrankungen und/oder zur Unterstützung ihrer Therapie leisten.

Dabei stellen die unterschiedlichen Stoffwechselsituationen eine besondere Herausforderung dar, weil eine lebergesunde Ernährung sowohl der Fettlebererkrankung bei Überernährung als auch der fortgeschrittenen Lebererkrankung mit Funktionseinschränkung und dem Risiko der Mangelernährung gerecht werden muss.

Die Ernährungspyramide

Die Ernährungspyramide zeigt (eingeteilt in Lebensmittelgruppen), wie unsere Ernährung prinzipiell aufgebaut werden sollte. Die Basis bilden die energiearmen Getränke, die zur Deckung des Flüssigkeitshaushalts und als Durststiller den größten Anteil unserer Ernährung ausmachen. Ein bis eineinhalb Liter kalorienfreie Getränke (Kaffee, Tee, Mineralwasser, Wasser) pro Tag sind in der Regel sinnvoll.

Drei Portionen Gemüse und zwei Portionen Obst decken den Bedarf an Vitaminen und Mineralien, liefern wertvolle Ballaststoffe und sekundäre Pflanzenstoffe. Wichtige Energielieferanten sind die Kohlenhydrate in Form von täglich vier Portionen Getreideprodukte wie Brot, Nudeln und Getreideflocken (am besten aus Vollkorn) sowie Reis und Kartoffeln. Diese sind eine wichtige Ballaststoffquelle und liefern zusätzlich Vitamine und Mineralien.

Darüber folgen die Eiweißlieferanten: Milch, Fleisch und Fisch sowie Hühnereier. Milch und Milchprodukte helfen mit drei Portionen pro Tag, den Kalziumbedarf zu decken. Zu empfehlen sind außerdem ein bis zwei Portionen Fisch pro Woche, da sie neben wertvollem Eiweiß und Fischöl auch Jod und Selen liefern. Etwa 300 bis 600 Gramm Fleisch und Wurst pro Woche dürfen ebenfalls auf dem Speiseplan stehen. Auch ein Hühnerei (pur oder verarbeitet) darf ein- bis zweimal pro Woche gern genossen werden. Da Fette und Öle die höchste Energiedichte haben, sollten sie in kleineren, begrenzten Mengen verzehrt werden. Nüsse nehmen hier eine Sonderstellung ein, weil sie Energie in Form von wertvollen Fettsäuren liefern. Deshalb sind bis zu drei Walnüsse täglich empfehlenswert.

An der Spitze stehen die Süßigkeiten und Snacks, die in kleinen Mengen auch sein dürfen, wie etwa ein Riegel Schokolade oder vier bis sechs Kekse pro Tag. Auch bei den Süßigkeiten ist es möglich, die Qualität durch gesunde Zutaten zu verbessern, sodass man sie ohne schlechtes Gewissen genießen kann. Ein Kuchen aus Vollkornmehl mit frischen Früchten und weniger Zucker ist eine gesündere Leckerei als eine Tüte Gummibärchen und enthält wesentlich mehr gesunde Nährstoffe wie Ballaststoffe und Vitamine oder Mineralstoffe.

Somit ist die Ernährungspyramide eine gute Orientierung für die in diesem Buch dargestellten Ernährungskonzepte. Sie gibt die anerkannten Empfehlungen für die gesunde Ernährung der Bevölkerung wieder.

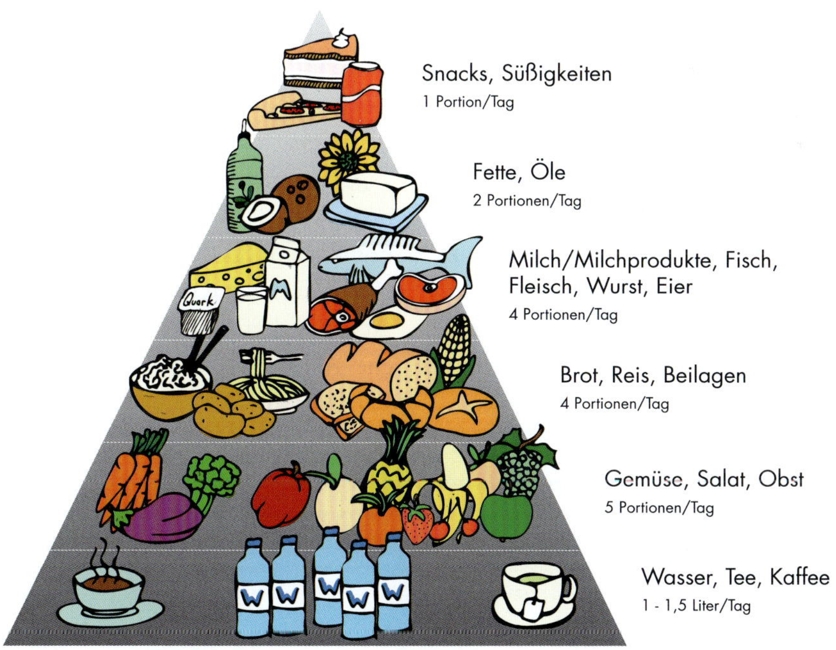

Abbildung 3: Die Ernährungspyramide

Energiebilanz

Die Leber reguliert wie ein Energiekraftwerk maßgeblich die Energiebilanz des Organismus. Für alle Funktionen des Körpers wird Energie benötigt, die durch die Nahrung zugeführt werden muss. Energieträger sind vor allem Kohlenhydrate, Fette und Eiweiße. Der Energiehalt wird in Kilokalorien (kcal) oder Kilojoule (kJ) bemessen (Umrechnung der Energieeinheiten: 1 kcal = 4,19 kJ; 1 kJ = 0,24 kcal).

Die wichtigsten Energieträger sind Kohlenhydrate und Fette, denn sie werden im Laufe vieler Umbauprozesse mithilfe von Sauerstoff im Körper zu Kohlendioxid und Wasser verbrannt. Die dabei entstehende Energie kann vom Körper zum großen Teil verwendet werden.

Eiweiße werden hauptsächlich als lebenswichtiger Baustoff vom Organismus benötigt. Sie werden nicht vollständig verbrannt, sondern zu stickstoffhaltigen Produkten umgebaut – vor allem zu Harnstoff, der mit dem Urin ausgeschieden wird.

Das bedeutet, dass der physikalische Energiegehalt von Eiweißen nur teilweise vom Körper genutzt werden kann und Energieverluste anfallen. Die aus der Verbrennung nutzbare Energie wird als physiologischer Brennwert bezeichnet und liegt bei den Eiweißen deutlich unter dem physikalischen Energiegehalt. Er variiert je nach Verwertbarkeit des jeweiligen Eiweißtyps.

Zur Deckung des Energieverbrauchs hat jeder Mensch einen individuellen Energiebedarf. Der Gesamtenergiebedarf errechnet sich aus dem Grundumsatz zur Erhaltung lebensnotwendiger Funktionen wie Atmung, Blutkreislauf, Thermoregulation oder Verdauung und die zusätzliche Energie, die jeder Mensch benötigt – zum Beispiel für seine körperliche Aktivität, für Wachstum, Schwangerschaft, Stillzeit, bei Fieber oder bei energiezehrenden Erkrankungen, wozu auch bestimmte Lebererkrankungen gehören.

Damit wird deutlich, dass der Gesamtenergiebedarf eines Menschen nicht so einfach zu bestimmen ist und stark schwanken kann. Der Grundumsatz kann zwar gemessen werden, er wird jedoch in der Praxis aus Tabellen ermittelt oder anhand von Formeln berechnet, die das Geschlecht, das Alter, die Körpergröße und das Körpergewicht berücksichtigen.

Um den Gesamtenergiebedarf zu berechnen, wird der Grundumsatz anschließend mit einem Aktivitätsfaktor (AF) multipliziert, der sich nach der physikalischen Aktivität aus Arbeit und Freizeit richtet. Körperliche Arbeit wie die eines Bauarbeiters oder Landwirtes (2,0–2,4) sowie Sport steigern

Tabelle 1: Brennwerte der Hauptnährstoffe

ENERGIETRÄGER	PHYSIOLOGISCHER BRENNWERT PRO GRAMM		PHYSIKALISCHER BRENNWERT PRO GRAMM	
Kohlenhydrate	4,1 kcal	17 kJ	4,1–4,2 kcal	17–18 kJ
Fette	9,3 kcal	39 kJ	9,2–9,5 kcal	39–40 kJ
Eiweiße	4,1 kcal	17 kJ	5,8–9,2 kcal	24–39 kJ

dementsprechend den Energieumsatz, während vorwiegend sitzende Tätigkeiten wie die eines Büroangestellten (1,4–1,5), ebenso wie körperliche Bewegungseinschränkungen und Bettlägerigkeit (1,2) einen niedrigen Aktivitätsfaktor in die Energiebedarfsrechnung einbringen. Anstrengende Sportaktivitäten (vier- bis fünfmal pro Woche 30 bis 40 Minuten) können den AF zusätzlich um 0,3 pro Tag steigern.

Tabelle 2: Aktivitätsfaktoren nach körperlicher Anstrengung

TÄTIGKEIT	AKTIVITÄTSFAKTOR (AF)
Ausschließlich sitzende oder liegende Lebensweise	1,2
Ausschließlich sitzende Tätigkeit mit wenig anstrengender Freizeittätigkeit	1,4–1,5
Vorwiegend sitzende Tätigkeit, zeitweise auch gehend oder stehend	1,6–1,7
Vorwiegend gehende oder stehende Tätigkeit	1,8–1,9
Körperlich anstrengende Arbeit, Sportler	2,0–2,4

Die Leber selbst benötigt für ihren gesunden Erhalt und ihre Funktionen viel Energie. Sie verbraucht ca. 25 Prozent des Grundumsatzes. Im Vergleich dazu benötigt die gesamte Skelettmuskulatur (in Ruhe) lediglich 18 Prozent. Bei Erkrankungen der Leber kann sich, abhängig von der Funktionseinschränkung, der Grundumsatz durch die Stoffwechselumstellung und chronische Entzündungsreaktionen erheblich steigern. Beispielsweise geht man davon aus, dass der Grundumsatz bei Lebererkrankungen um folgende Faktoren erhöht sein kann:

Tabelle 3: Steigerung des Grundumsatzes bei Lebererkrankungen

LEBERERKRANKUNG	ERHÖHUNGSFAKTOR (EF)
Fettleber (ohne Entzündung)	1,0
Akute Leberentzündung (Hepatitis)	1,2–1,3
Leberzirrhose	1,2–1,5 und höher

Um den Grundumsatz nicht immer neu bestimmen zu müssen, geben die medizinischen Fachgesellschaften wie die Deutsche Gesellschaft für Ernährungsmedizin e.V. (DGEM) und die Deutsche Gesellschaft für Gastroenterologie, Verdauungs- und Stoffwechselkrankheiten (DGVS) in ihren Leitlinien Empfehlungen zur Energiezufuhr, die sich auf das Normalgewicht bei einem Body-Mass-Index (BMI) von 22–24,5 kg/m^2 beziehen.

Der BMI dient zur Abschätzung des Körperfettanteils und zur Orientierung der Gewichtsklasse eines Menschen. Für die Berechnung des BMI wird das Körpergewicht in ein Verhältnis zur Körpergröße gesetzt: Er wird aus dem Quotienten aus Körpergewicht und Quadrat der Körpergröße (kg/m^2) berechnet. Für ein Rechenbeispiel nehmen wir eine Frau, die 1,70 Meter groß ist und 70 Kilogramm wiegt. Zunächst wird die Körpergröße in Metern zum Quadrat gesetzt: 1,70 m x 1,70 m = 2,89. Durch diese Zahl wird das Körpergewicht geteilt: 70/2,89. Das ergibt einen BMI von 24,2.

Tabelle 4: Klassifikationen des Gewichts nach dem Body-Mass-Index

BMI kg/m²	KLASSIFIKATION
< 18,5	Untergewicht
18,5–24,9	Normalgewicht
25,0–29,9	Übergewicht
30,0–34,9	Adipositas Grad I
35,0–39,0	Adipositas Grad II
> 40	Adipositas Grad III

Die früher oft benutzte Broca-Formel wird ebenfalls nach wie vor praktiziert, da sie sehr einfach im Kopf zu berechnen ist. Normalgewicht nach Broca in kg : Körpergröße (cm) – 100.

Vom Normalgewicht zu unterscheiden ist das Idealgewicht, das auch häufig angegeben wird. Dieses liegt unter dem Normalgewicht (für Frauen Normalgewicht minus 15 Prozent und für Männer minus 10 Prozent) und gibt eher die untere Gewichtsgrenze an. Dieser Wert wird bevorzugt in der Adipositas-Therapie herangezogen. Wassereinlagerungen, die meist nur geschätzt werden können, sollten vom gemessenen Gewicht abgezogen werden.

Ein wichtiger Messwert ist zudem der Taillenumfang, da er sehr gut den Anteil des Bauchfetts widerspiegelt. Je größer der Taillenumfang, desto mehr schädliches Bauchfett ist vorhanden. Der Fettanteil spielt bei der Verursachung von Diabetes mellitus Typ II und der Fettlebererkrankung eine bedeutende Rolle und erhöht das Risiko für Folgeerkrankungen und Sterblichkeit. Bei Frauen gilt das Risiko bei einem Taillenumfang ab 80 Zentimetern als leicht und ab 88 Zentimetern als deutlich erhöht. Bei Männern ist das Risiko bei einem Taillenumfang ab 94 Zentimetern leicht und ab 102 Zentimetern deutlich erhöht.

In aller Regel beziehen sich die Angaben in diesem Buch auf das Normalgewicht. Danach kann der Energiebedarf des Menschen abgeschätzt und an das Therapieziel, nämlich die Verhinderung von Mangelernährung bei Leberfunktionseinschränkungen oder die Gewichtsreduktion zur Behandlung der Fettlebererkrankung, angepasst werden.

Tabelle 5: Empfehlungen für die Energiezufuhr bei Lebererkrankungen
(Die Angaben beziehen sich auf das Normalgewicht; bei nicht adipösen Menschen mit Leberzirrhose kann das aktuelle Gewicht herangezogen werden, von dem Wassereinlagerungen abgezogen wurden.)

LEBERERKRANKUNG	ENERGIEZUFUHR PRO kg NORMALGEWICHT PRO TAG
Fettleber (ohne Entzündung)	20–25 kcal
Akute Leberentzündung (Hepatitis)	30–35 kcal
Leberzirrhose	30–35 (40) kcal

Mangelernährung richtig erkennen und behandeln

Die bedarfsdeckende Energie- und Nährstoffzufuhr ist für die Gesundheit der Leber und des gesamten Organismus von großer Bedeutung. Mangelernährung kann durch einen unfreiwilligen Gewichtsverlust, einen niedrigen BMI, verminderte Muskelmasse, durch eine verminderte Nahrungseinnahme oder -verwertung sowie durch eine schwere Grunderkrankung begründet sein. Im Fall einer chronischen Lebererkrankung spricht man von einer krankheitsassoziierten Mangelernährung.

Mangelernährung verzögert die Genesung und kann sogar die Lebenszeit verkürzen, da sie das Risiko für weitere Erkrankungen wie zum Beispiel Infektionen erhöht und die Funktion aller Organe beeinträchtigt. Darüber hinaus verschlechtert der mit der Mangelernährung einhergehende Muskelabbau die Mobilität und Lebensqualität erheblich. Wissenschaftlich gut belegt ist zudem, dass der Erfolg einer Lebertransplantation wesentlich vom Ernährungsstatus vor der Operation beeinflusst wird.

Mangelernährung bedeutet mehr als nur eine mangelhafte Energiezufuhr. Sie kann auch durch eine unzureichende Qualität der Nahrung mit nicht bedarfsdeckender Zufuhr von Eiweiß oder Mikronährstoffen wie Vitaminen, Mineralstoffen und Spurenelementen verursacht werden. Das ist der Grund, weshalb eine Mangelernährung sogar bei Übergewicht auftreten kann.

Die Erhebung des Ernährungsstatus sollte deshalb Bestandteil jeder ärztlichen Untersuchung sein, damit drohende oder manifeste Ernährungsdefizite rechtzeitig erkannt und zur Verbesserung der Prognose frühzeitig behandelt werden können. Eine bedarfsdeckende Energie- und Eiweißzufuhr ist für Menschen mit Lebererkrankungen lebensnotwendig.

Gewichtsverlust allein ist häufig kein eindeutiges Kriterium für eine Mangelernährung. Beispielsweise verfälschen Wassereinlagerungen wie Bauchwasser (Aszites) bei Lebererkrankungen das Gewicht. Daher kann eine Mangelernährung vorliegen, auch wenn man kein Gewicht verliert. Oft ist die Bestimmung der Körperzusammensetzung durch eine Bioimpedanzmessung eine sinnvolle Untersuchung, zumindest sofern kein Aszites vorliegt. Noch einfacher sind die Kraftmessung mit einem Hand-Dynamometer bzw. mit Gehtests und die Messung des Armumfangs, vor allem in der Verlaufskontrolle. Das spiegelt zwar nicht einen Gewichtsverlust wider, aber im Wesentlichen geht es bei den Verlaufsmessungen um den Erhalt der Muskelzellmasse und der Muskelfunktionalität, die durch diese Methoden gut erfasst werden können.

Die Leitlinien der DGEM haben bestimmte Kriterien aufgestellt, die dem Arzt bei der Diagnose der Mangelernährung helfen. Diese lauten: ein BMI unter 18,5 kg/m^2 oder ungewollter Gewichtsverlust von mehr als zehn Prozent in den letzten drei bis sechs Monaten oder ein BMI unter 20 kg/m^2 und unbeabsichtigter Gewichtsverlust von mehr als fünf Prozent in den letzten drei bis sechs Monaten. Für Erwachsene ab 65 Jahren werden leicht abweichende Kriterien für den BMI und den Gewichtsverlust vorgeschlagen (BMI unter 20 kg/m^2, ungewollter Gewichtsverlust von mehr als fünf Prozent in drei Monaten).

Appetitlosigkeit, Übelkeit, Völlegefühl, Blähungen und Schmerzen können die Nahrungsaufnahme erheblich beeinträchtigen oder sogar unmöglich machen. Erschwerend kommen nicht selten Verdauungsprobleme hinzu, beispielsweise Durchfälle mit verminderter Resorption der Nährstoffe. Vermehrte Fettausscheidungen bei Gallen- und Bauchspeicheldrüsenerkrankungen führen nicht nur zu einem Verlust von Energieträgern und lebensnotwendigen Fettsäuren, sondern auch zu einem Verlust von fettlöslichen Vitaminen wie dem für den Knochen- und Muskelstoffwechsel wichtigen Vitamin D.

Da die Leber auch ein Speicherorgan für Nährstoffe ist, kann diese wichtige Funktion bei Lebererkrankungen eingeschränkt sein. Das betrifft insbesondere den Kohlenhydratspeicher Glykogen, den man sich als eine lange Kette verbundener Zucker (Traubenzucker = Glukose) vorstellen kann. Aus dem Glykogen kann die Leber bei Bedarf Glukose freisetzen und dem Körper sehr rasch zur Verfügung stellen. Eine sehr effektive Maßnahme, die der Erschöpfung dieser Kohlenhydratspeicher entgegenwirkt, sind leicht verdauliche, kohlenhydratreiche Spätmahlzeiten vor dem Schlafengehen.

Um Mangelernährung vorzubeugen, gibt es allgemeine Empfehlungen:

- Mehrere (sechs bis zehn) kleine Mahlzeiten über den Tag verteilt
- Den Tag mit einem reichhaltigen Frühstück beginnen
- Kleine Zwischenmahlzeiten bereithalten: Nüsse, Obst, Sahnejoghurt, Pudding, Schokoriegel, Sahneeis, energiereiche Getränke und Trinknahrung, auch gekühlt oder erwärmt
- Getränke mit Abstand zu den Mahlzeiten einnehmen
- Spätmahlzeiten einplanen
- Speisen und Getränke energiereich aufwerten, beispielsweise mit Maltodextrin, Sahne, Butter, neutraler Trinknahrung oder Eiweißkonzentrat
- Vorlieben und Geschmack berücksichtigen, Gewürze und frische Kräuter verwenden
- Tiefkühlkost bereithalten für den spontanen Appetit, um nicht kochen zu müssen
- Speisen frisch und appetitlich anrichten
- Mahlzeiten in Gesellschaft sowie in angenehmer und ruhiger Atmosphäre einnehmen
- Körperliche Aktivitäten wie einen Spaziergang vor der Mahlzeit einplanen
- Bei Blähungen und Völlegefühl auf kohlensäurehaltige Getränke sowie auf blähende Speisen wie Zwiebel, Knoblauch, Kohl und frischen Hefeteig verzichten

Falls die natürliche Ernährungsform nicht ausreichen sollte, um den Energie- und Nährstoffbedarf zu decken, kann und sollte auch künstliche Ernährung eingesetzt werden. Diese wird als industriell hergestellte Trinknahrung im Tetra Pak oder in Pulverform in Apotheken und Drogeriemärkten in vielfältigen Geschmackrichtungen angeboten. Sie ist nach der Diätverordnung nährstoffdefiniert, das heißt, die aus Lebensmitteln gewonnenen Nährstoffe und ihre Zusammensetzung sind genau festgesetzt und deklariert.

Neutrale Nährlösungen lassen sich sehr gut in natürliche Speisen einarbeiten oder mit Gewürzen und Aromen geschmacklich verwandeln. Diese Nährlösungen können auch als Zwischenmahlzeit oder Spätdrink eingenommen werden. Trinknahrung sollte am besten durch einen Arzt in Zusammenarbeit mit einer Ernährungsfachkraft verordnet werden. Die DGEM hat hierzu eine Leitlinienempfehlung herausgegeben. Es ist zudem möglich, fehlende Nährstoffe einzeln zu ergänzen. Das betrifft häufig Vitamine, Mineralien und Spurenelemente, aber auch Eiweiß. Auch Letzteres kann als eiweißreiche

Trinknahrung oder als Eiweißpulver eingenommen werden. In jedem Fall gilt ebenso, dass eine ärztliche Verordnung und Unterweisung durch eine Ernährungsfachkraft notwendig sind.

Als weitere Möglichkeit kann die parenterale Ernährung genutzt werden. Dabei werden die Nährstoffe dem Körper über einen venösen Zugang zugeführt. Dies kann zum Beispiel während der Nachtruhe (auch zu Hause) erfolgen. Die Aufnahme regulärer Mahlzeiten ist weiterhin möglich. Diese Art der Unterstützung sollte als letzte Option gewählt werden, da die natürliche Nährstoffzufuhr über den Magen-Darm-Trakt immer besser ist.

Eiweiß – der Baustoff des Lebens

Eiweiße sind die Baustoffe des Lebens. Das Bauprinzip ist immer gleich, und doch ist ihre Variabilität durch die Anzahl und Zusammensetzung ihrer kleinsten Funktionseinheit (den Aminosäuren) unendlich. Sie bestimmen die biologische Wertigkeit der Eiweiße. Mit diesem Wert wird ausgedrückt, wie viel vom Nahrungseiweiß in körpereigenes Eiweiß umgewandelt werden kann.

Denn nicht nur der Eiweißgehalt eines Lebensmittels ist wichtig, sondern auch die Qualität, um daraus körpereigenes Eiweiß herstellen zu können. Hochwertige Eiweiße sind möglichst fettarme und naturbelassene Eier und Milchprodukte. Aber auch pflanzliche Eiweiße aus Kartoffeln und Hülsenfrüchten stellen wertvolle Eiweißquellen dar, die fast alle Aminosäuren liefern.

Der Darm verdaut das Nahrungseiweiß, indem er es zu Aminosäuren abbaut. Erst diese kleinen Bauteile können durch die Darmwand aufgenommen und über den Blutweg zur Leber transportiert werden. Die meisten dieser Aminosäuren kann der menschliche Organismus, insbesondere die Leber, selbst produzieren. Allerdings gibt es einige Aminosäuren, die der Organismus nicht selbst herstellen kann, aber unbedingt braucht. Diese neun Aminosäuren müssen aus der Nahrung aufgenommen werden und werden als essenziell bezeichnet. Aminosäuren, die nur unter bestimmten Bedingungen nicht in ausreichender Menge hergestellt werden können, heißen semi-essenziell.

Tabelle 6: Wichtige Eiweißlieferanten

ETWA 10 g HOCHWERTIGES EIWEISS SIND ENTHALTEN IN:
300 ml Milch, Buttermilch, Joghurt, Sojamilch
1 l Hafermilch
100 g Quark, Frischkäse, Skyr, Hüttenkäse
50 g Schnittkäse, Schinken
50 g Fisch, Fleisch (roh)
1 großes Ei
120 g Tofu
50 g Hülsenfrüchte, getrocknet
120 g Hummus
150 g Getreide und Pseudogetreide wie Amaranth
200 g Erbsen, frisch
500 g Kartoffeln
100 ml Trinknahrung, eiweißreich
10–15 g Eiweißpulver (1–1,5 gehäufte Esslöffel)

Da die Zusammensetzung der verschiedenen Aminosäuren in jedem Lebensmittel variiert, ist auch die biologische Wertigkeit des Eiweißes jeweils unterschiedlich. Grundsätzlich wird tierisches Eiweiß besser verwertet als pflanzliches. Günstig ist oft auch eine Kombination aus hochwertigem tierischem und pflanzlichem Eiweiß, um dadurch eine optimale biologische Wertigkeit zu erreichen.

Tabelle 7: Lebensmittelkombinationen zur Verbesserung der biologischen Wertigkeit

LEBENSMITTELKOMBINATIONEN	BIOLOGISCHE WERTIGKEIT
64 % Kartoffel + 36 % Vollei	136
75 % Milch + 25 % Weizenmehl	125
60 % Hühnerei + 40 % Soja	124
68 % Hühnerei + 32 % Weizen	123
76 % Hühnerei + 24 % Milch	119
51 % Milch + 49 % Kartoffel	114
78 % Rindfleisch + 22 % Kartoffel	114
55 % Soja + 45 % Reis	111
52 % Bohnen + 48 % Mais	99

Eine bedarfsdeckende Eiweißzufuhr ist ein wichtiges Ziel zur Behandlung und Vorbeugung bei Lebererkrankungen, denn etwa 80 Prozent der Menschen mit einer fortgeschrittenen Lebererkrankung (Leberzirrhose) leiden unter Eiweißmangel.

Die Empfehlung zum Eiweißbedarf pro Kilogramm Normalgewicht pro Tag lautet:

- bei gesunden Menschen: 0,8 g/kg
- bei kompensierter Leberzirrhose ohne Mangelernährung: 1,0–1,2 g/kg
- bei Leberzirrhose mit Mangelernährung und Muskelabbau: 1,2–1,5 g/kg
- bei Eiweißverlusten oder Adipositas und energiereduzierter Diät: 1,7–2,0 g/kg

Fett – viel mehr als nur ein Energieträger

Fett weist von allen Nährstoffen die höchste Energiedichte auf. Es ist damit ein sehr wichtiger Energielieferant und für unsere Gesundheit unverzichtbar. Bei Erkrankungen des Fettstoffwechsels sowie bei Übergewicht sollte die Fettzufuhr reduziert und bei Mangelernährung gesteigert werden. Wichtiger als die Fettmenge ist jedoch die Fettqualität; sie wird unter anderem durch die Zusammensetzung der Fettsäuren bestimmt. Fette folgen einem Bauprinzip, bei dem ein Glyzerinmolekül drei Fettsäuren bindet, daher auch die wissenschaftlich-medizinische Bezeichnung Triglyzeride.

Wir unterscheiden gesättigte, einfach ungesättigte und mehrfach ungesättigte Fettsäuren. Alle Fettsäuren haben ihre ernährungsphysiologische Bedeutung und können den Stoffwechsel vielfältig beeinflussen: als Brennstoff zur Energiegewinnung, als Energiespeicher im Fettgewebe, aber auch als Baustoff für Zellen und Botenstoffe des Stoffwechsels. Für die Fette in der Ernährung wird ein ausgewogenes Verhältnis der Fettsäuren empfohlen. Dies hat sich sowohl in der Prävention als auch in der Behandlung von Herz-Kreislauf- und Fettlebererkrankungen bewährt.

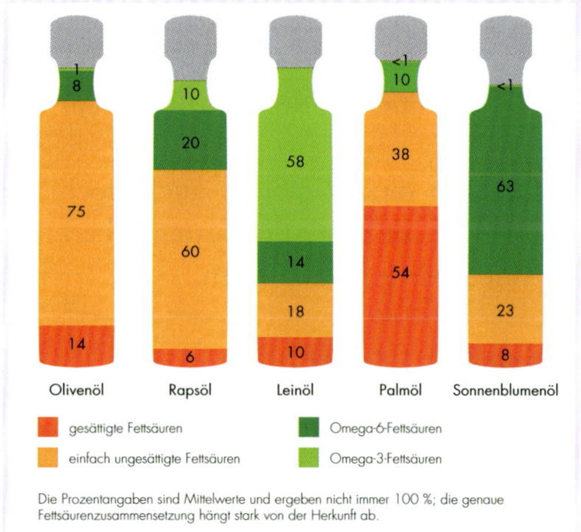

Abbildung 4: Fettsäureverteilung der wichtigsten Öle

Was sind gesättigte und ungesättigte Fettsäuren?

Besonders tierische Lebensmittel wie Wurst, Butter, Sahne und Käse enthalten gesättigte Fettsäuren und sollten bei Fettstoffwechselstörungen, Adipositas, Diabetes mellitus und Fettlebererkrankung nur selten auf dem Speiseplan stehen. Der vorwiegende Anteil, das heißt mehr als ein Drittel der Nahrungsfette, sollte aus einfach ungesättigten Fettsäuren wie der Ölsäure (Olivenöl, Rapsöl) bestehen, die vorwiegend von Pflanzen geliefert werden. Sie haben keinen Einfluss auf die Lebererkrankung. Besonders das Rapsöl kann in der Küche wegen seines neutralen Geschmacks zum Braten und in Streichfetten vielfältig eingesetzt werden.

Wichtige ungesättigte Fettsäuren, die sogenannten Omega-3- und Omega-6-Fettsäuren, gehören zu den lebensnotwendigen Nährstoffen: Der menschliche Körper braucht sie, kann sie aber nicht selbst herstellen, sondern nur mit der Nahrung aufnehmen. Diese Fettsäuren spielen besonders bei anti-entzündlichen Ernährungsformen, zum Beispiel bei Autoimmunerkrankungen, eine bedeutsame Rolle. Dabei ist das Verhältnis von Omega-3- zu Omega-6-Fettsäuren entscheidend. Es wird ein Verhältnis von fünf (Omega-6) zu eins (Omega-3) empfohlen. In diesem Verhältnis wirken sie sich am günstigsten im Fett- und Leberstoffwechsel aus.

Omega-3-Fettsäuren finden sich in Form der Alpha-Linolensäure aus pflanzlichen Quellen in Rapsöl und Leinöl. Auch Walnüsse sind schmackhafte Lieferanten für Omega-3-Fettsäuren. Am wertvollsten sind jedoch die Omega-3-Fettsäuren als Fischöl (Eicosapentaensäure, EPH und Docosahexaensäure, DHA) aus fettreichen Kaltwasserfischen wie Hering, Makrele, Lachs und Thunfisch. Empfohlen wird deshalb, zweimal pro Woche Seefisch zu essen.

Bei der Auswahl der Öle und Fette ist zudem auf eine hohe Qualität zu achten: Es sollten möglichst kalt gepresste, wenig verarbeitete Öle verwendet werden. Damit bleiben auch die wertvollen sekundären Pflanzenstoffe erhalten.

Zu den Fetten, die Entzündungsvorgänge fördern können und daher möglichst wenig aufgenommen werden sollten, gehört die Arachidonsäure (auch eine Omega-6-Fettsäure) aus fettem Fleisch, Wurst und Schmalz.

In diesem Zusammenhang sind auch die Transfettsäuren zu erwähnen. Sie sind vor allem in industriell gehärteten Fetten hoch verarbeiteter Lebensmittel wie minderwertiger Margarine, Fertigprodukten oder Hocherhitztem wie Backwaren, Keksen, Chips oder auch Popcorn und Frittiertem enthalten. Sie sind für die Gesundheit, insbesondere für den Leberstoffwechsel, den Fettstoffwechsel und bei Diabetes mellitus, sehr ungünstig.

Darüber hinaus gibt es auch noch die MCT-Fette, die in der Ernährung Leberkranker eine Rolle spielen können.

Was sind MCT-Fette?

MCT ist die Abkürzung für *middel chain triglycerides,* die im Deutschen als mittelkettige Triglyzeride bezeichnet werden. Dabei handelt es sich um Fette, die aus einem Glyzerinmolekül und ausschließlich mittelkettigen Fettsäuren bestehen. Sie nehmen eine gewisse Sonderstellung ein, da sie nur nach Verordnung und Empfehlung einer Ernährungsfachkraft bei Fettverdauungsstörungen eingesetzt werden sollten. MCT-Fette sind in natürlicher Form nur in Palmkernöl, Kokosöl und in geringem Maße in Milchfett zu finden.

Zwar sollten sie auch von gesunden Menschen nicht unbedingt in großen Mengen aufgenommen werden, sie haben jedoch gegenüber den natürlich vorkommenden Fetten mit langkettigen Fettsäuren einige Vorteile: Sie gelten als schnelle und sofort verfügbare Energiequelle. Ihre Verdauung und Resorption erfolgt rascher und ist unabhängig von Gallensäuren, sodass sie bei manchen Lebererkrankungen verwendet werden.

Allerdings ist beim Einsatz dieser MCT-Fette küchentechnisch eine ganze Menge zu beachten: Sie können oft nur langsam einschleichend gut vertragen werden. Deshalb empfiehlt es sich, den Verdauungstrakt an diese Fette zu gewöhnen, indem sie nach und nach in den Speiseplan eingebaut werden. Dadurch können Bauchschmerzen und Übelkeit vermieden werden. Am besten beginnt man mit zehn Gramm pro Tag und steigert bis zu 60 bis 70 Gramm pro Tag.

MCT-Fette haben eine deutlich niedrigere Haltbarkeit und müssen angebrochen im Kühlschrank aufbewahrt werden. Beispielsweise wäre eine MCT-Margarine bei Zimmertemperatur flüssig. Deshalb sind MCT-Streichfette am besten direkt gekühlt zu verzehren. Die Margarine eignet sich gut als Streichfett oder auch zur Herstellung von Mürbeteig. Die Erhitzung dieser Fette ist jedoch problematisch. Einige dieser Produkte sind deshalb nur eingeschränkt zum Braten und Backen geeignet. Sie werden bevorzugt am Ende der Zubereitung in die Speise eingearbeitet, wie zum Beispiel in einen Kartoffelbrei oder im Salatdressing.

Kohlenhydrate – Brennstoff fürs Leben

Kohlenhydrate machen im Allgemeinen mindestens 50 Prozent der Gesamtenergiezufuhr aus. Kohlenhydrate sind aber nicht gleich Kohlenhydrate. Es werden die hochmolekularen Kohlenhydrate, also Mehrfachzucker wie Stärke oder Bestandteile von Pflanzenfasern wie Zellulose, von den niedermolekularen Kohlenhydraten wie Einfach- oder Zweifachzuckern unterschieden. In der Theorie gehören auch die Ballaststoffe zu den Kohlenhydraten, sie haben jedoch eine gesonderte Stellung.

Die Einfach- und Zweifachzucker

Zu den Einfach- und Zweifachzuckern zählen unter anderem Traubenzucker (Glukose), Fruchtzucker (Fruktose) und Haushaltszucker (Saccharose) in Lebensmitteln wie Obst,

Honig und Süßigkeiten. Diese Zucker müssen während der Verdauung nicht oder kaum gespalten werden und werden vom Körper sofort in die Blutbahn aufgenommen. Dadurch steigt der Blutzuckerspiegel steil an, nur um danach umso schneller wieder zu fallen und damit wieder und wieder ein Hungergefühl auszulösen. Achtung also bei Frühstückscerealien, Bonbons, Keksen oder Weißbrot. Diese stecken voller ungünstiger Kohlenhydrate.

Die Mehrfachzucker

Mehrfachzucker dagegen schaffen es, länger satt zu machen. Stärke aus Mehrfachzucker kann vom Körper nur aufgenommen werden, wenn sie zuvor in Mund und Darm in Einfachzucker gespalten wird. Der bei der Verdauung von Mehrfachzuckern entstehende Zucker wird langsamer aufgenommen – zumal oft zusätzlich Ballaststoffe enthalten sind. Sie werden deshalb dem Stoffwechsel langsamer zur Verfügung gestellt. Dies wirkt sich günstig auf den Blutzucker aus. Ungezuckertes Müsli, Vollkornbrot, Pumpernickel, Vollkornnudeln, aber auch Pellkartoffeln oder Weizenvollkornbrot sind demnach in gewissem Maße positiv zu beurteilen.

Grundsätzlich sollten vor allem Mehrfachzucker, möglichst in Kombination mit Ballaststoffen wie Vollkornbrot oder Müsli, gegessen werden, anstelle der oft üblichen ballaststoffarmen Zuckervarianten aus Weizentoast und Gummibärchen.

Die deutsche Bevölkerung nimmt zwar etwa 55 Prozent der Gesamtenergie in Form von Kohlenhydraten auf, jedoch macht hierbei der Verzehr von Einfach- und Zweifachzuckern, die vor allem aus Süßwaren und gesüßten Getränken stammen, einen wesentlichen Anteil aus.

Glykämischer Index (GLYX-Index)

Der glykämische Index (GLYX-I) stellt ein Maß dafür dar, wie sich ein kohlenhydrathaltiges Lebensmittel auf den Blutzuckerspiegel und die Insulinantwort auswirkt. Dabei gilt grundsätzlich: Je geringer der glykämische In-

Tabelle 8: Formen von Kohlenhydraten

KOHLENHYDRAT	NAME	VORKOMMEN
Einfachzucker	Glukose (Traubenzucker)	Weintrauben, Traubenzucker
Einfachzucker	Fruktose (Fruchtzucker)	Früchte, Honig
Zweifachzucker	Saccharose (Haushaltszucker)	Süßigkeiten
Zweifachzucker	Maltose (Malzzucker)	Malzbier
Zweifachzucker	Laktose (Milchzucker)	Milchprodukte
Oligosaccharide	Dextrine, Maltodextrin	Sportlernahrung, Gemüse
Polysaccharide	Stärke	Kartoffeln, Brot
Polysaccharide	Zellulose	Pflanzenfasern wie Getreideschalen

dex, desto weniger und langsamer steigt der Blutzuckerspiegel an. Lebensmittel mit einem niedrigeren GLYX-Index sind also vorzuziehen.

Wichtiger ist jedoch der Wert glykämische Last (GLYX-L), der aus dem GLYX-I bezogen auf den Kohlenhydratanteil errechnet wird. So haben rohe Möhren zwar einen GLYX-I von 71 Prozent, aber eine GLYX-L von nur 4, also sehr wenig. Damit sind sie gut für einen gesunden Blutzuckerspiegel.

Hohe GLYX lassen den Blutzucker schnell ansteigen und bewirken eine entsprechend hohe Insulinausschüttung, die die Fettverbrennung hemmt. Daher sind Lebensmittel mit niedrigem GLYX, wie Vollkornbrot und Haferflocken-Kleie, gut geeignet, um einer Leberverfettung vorzubeugen oder diese zu behandeln. Wenn Lebensmittel mit dem GLYX-Label vermarket werden, ist das jedoch keine eindeutige Definition und kann nicht vorhersagen, welchen Einfluss diese Lebensmittel auf den individuellen Zuckerstoffwechsel haben werden.

Tabelle 9: Glykämischer Index von Lebensmitteln

GLYX	LEBENSMITTEL
≤ 55	Vollkornbackwaren, Hülsenfrüchte, Naturreis, Getreideflocken, naturbelassene Sauermilchprodukte
55–70	Körnerbrot/-brötchen, Roggenbrot, Pumpernickel, Müsli mit Trockenfrüchten, Pellkartoffel, Nudeln, Reis, Mais, Hülsenfrüchte, Tomatensaft, Äpfel, Birnen, Orangen, Erdbeeren
≥ 70	Fruchtsaft, Fruchtjoghurt, Weißbrot, Zwieback, Kartoffelbrei, Instantreis, Kekse, Cornflakes, Bananen, Weintrauben, Rosinen, Marmelade, Honig, Fruchtgummi, Haushaltszucker, Traubenzucker

Probiotika – für die Darmgesundheit

Der Darm ist nicht nur wichtig für die Verdauung von Nahrung, sondern hat als wichtigstes immunologisches Organ einen erheblichen Einfluss auf die Gesundheit des gesamten Organismus, insbesondere auf die Entgiftungsfunktion der Leber, die Infektionsabwehr und die Nahrungsverwertung. Er ist damit durchaus hilfreich in der Adipositas-Therapie.

Für die Darmgesundheit sind die Darmbakterien von entscheidender Bedeutung. Dieses mikrobiologische Ökosystem des Darms, auch als Mikrobiom bezeichnet, wird durch die Art der Ernährung entscheidend beeinflusst. Mikroorganismen, die sich fördernd auf die Darmgesundheit auswirken, werden als Probiotika bezeichnet. Sie sind in Sauermilchprodukten wie Joghurt, Kefir und fermentiertem Gemüse wie Sauerkraut (Laktobazillen, Bifidobakterien) enthalten. Milchsäure (besonders konzentriert in Sauermolke) bietet dabei den „guten" Darmkeimen durch die Ansäuerung ein Wohlfühlmilieu im Darm und unterstützt die Entgiftungsfunktion bei Lebererkrankungen, indem sie die Produktion und auch die Resorption von Ammoniak hemmt.

Ballaststoffe – mehr als nur Ballast

Auch wenn man bei dem Wort „Ballaststoffe" möglicherweise an überflüssigen Ballast denkt: Überflüssig sind sie in unserer Ernährung ganz und gar nicht. Es sind pflanzliche Faser- und Quellstoffe, die überwiegend unverdaut den Dickdarm erreichen.

Sie unterstützen die Darmgesundheit durch Förderung der Darmtätigkeit sowie Entgiftung und sind besonders bei Problemen wie Verstopfung und hartem Stuhlgang sehr hilfreich. Darüber hinaus binden sie Cholesterin und erweisen sich auch bei Gallenwegserkrankungen als nützlich. Ballaststoffe können anhand verschiedener Eigenschaften eingeteilt werden. Eine Unterscheidung richtet sich danach, ob sie löslich oder unlöslich sind.

Die wasserlöslichen Ballaststoffe können viel Wasser (bis zu 60 ml/g) aufnehmen, davon ist auch die Quellfähigkeit abhängig. Das gilt besonders für das Pektin, das Betaglukan und die Flohsamenschalen. Erst im sauren Verdauungsmilieu (nicht im Wasser) löslich sind Zellulose und Hemizellulosen. Der größte Teil der mit der Nahrung aufgenommenen Ballaststoffe entstammt den pflanzlichen Zellwänden der Nahrung und ist unlöslich.

Lösliche Ballaststoffe, resistente Stärke und (wenn auch weniger) die Hemizellulosen dienen den Darmkeimen als Futter und werden deshalb als fermentierbare Ballaststoffe zusammengefasst. Sie fördern das Mikrobiom und hemmen das Wachstum von Fäulniskeimen sowie krankmachenden Mikroorganismen. Damit sind sie wichtige Helfer des körpereigenen Abwehrsystems und können Entzündungsreaktionen, wie sie unter anderem bei akuten Leberentzündungen vorkommen, mildern. Ballaststoffe bewirken eine Ansäuerung des Darmmilieus, fördern die Entgiftung von Ammoniak und beugen Verwirrtheitszuständen (Enzephalopathie) bei fortgeschrittener Leberzirrhose vor.

Lösliche Ballaststoffe sind bei der Ernährung zu bevorzugen, weil sie weniger unerwünschte Wirkungen wie Blähungen verursachen. Das ist gerade für Menschen mit einer fortgeschrittenen Lebererkrankung bedeutend. Sie sollten deshalb nach und nach in die Ernährung eingebaut werden. Ballaststoffe senken darüber hinaus den Blutzuckeranstieg nach dem Essen um bis zu 35 Prozent und helfen bei der Gewichtsregulation. Wer genügend Ballaststoffe verzehrt, verringert außerdem das Risiko für Arteriosklerose und Darmkrebs.

Empfohlen wird eine tägliche Einnahme von etwa 30 Gramm Ballaststoffen. Durch eine Kost, die reich an Vollkornprodukten, Obst und Gemüse ist, wie sie in der Ernährungspyramide genannt wird, ist diese Menge durchaus erreichbar. Die Alleskönner Nüsse (besonders Haselnüsse) und Mandeln, Haferflocken, Samen (Leinsamen) wie auch Kohl- und Wurzelgemüse sind hervorragende Ballaststofflieferanten. Bestimmte Ballaststoffe stehen auch als Isolat (beispielsweise Flohsamen, Inulinpulver) zur Verfügung, wenn die natürlichen Quellen nicht ausreichen oder nicht vertragen werden.

Abbildung 5: Verschiedene Ballaststoffe, ihr Vorkommen und ihre Wirkung

Mikronährstoffe – kleine, aber wichtige Helfer

Zu den Mikronährstoffen zählen sowohl Vitamine als auch Mineralien und Spurenelemente. Sie sind lebenswichtig und regulieren auf vielfältige Weise Stoffwechselvorgänge sowie das Zellwachstum. Im Gegensatz zu Vitaminen können Mineralstoffe in der Regel nicht durch Hitze zerstört werden, jedoch können sie durch das Kochwasser aus dem Lebensmittel ausgewaschen werden.

Unterschieden wird bei den Mineralstoffen zwischen Mengen- und Spurenelementen. Diese Unterscheidung bezieht sich lediglich auf das mengenmäßige Vorkommen im menschlichen Organismus. Sehr bekannte Mengenelemente sind zum Beispiel Kalium und Natrium. Bekannte Spurenelemente sind Eisen, Jod oder Zink.

Eine gesunde, vollwertige Ernährung liefert in der Regel ausreichend Mikronährstoffe. Aber Menschen mit fortgeschrittener Lebererkrankung (besonders verursacht durch Alkohol und Gallengangserkrankungen) haben ein hohes Risiko für einen Mangel an den Vitaminen B1 (Thiamin), C und D sowie an Folsäure und Zink, sodass der Bedarf bei einer vorhandenen Lebererkrankung durchaus höher sein kann, als es die Empfehlungen für gesunde Menschen angeben. B-Vitamine wie Thiamin sind für den Nervenstoffwechsel sehr wichtig und können bei Leberfunktionseinschränkung nicht mehr ausreichend in der Leber gespeichert werden. Zink unterstützt die Entgiftung von Ammoniak.

Zur Orientierung zeigen die folgenden Tabellen eine Auswahl an Lebensmitteln, die reich an diesen Mikronährstoffen sind. Falls eine Deckung des Mikronährstoffbedarfs durch die Ernährung nicht gewährleistet ist, können – besonders in Mangelsituationen – Nahrungsergänzungsmittel verordnet werden.

Vitamin C

Der Vitamin-C-Bedarf liegt für einen gesunden Erwachsenen bei ca. 100 Milligramm pro Tag, für Raucher bei 150 Milligramm. Vitamin C kann nicht gespeichert werden und muss dem Körper regelmäßig zugeführt werden. Es ist für den Aufbau von Bindegewebe, für die Wundheilung, die Abwehrkräfte und die Resorption von Eisen notwendig. Den Bedarf kann man über die Ernährung relativ einfach decken.

Tabelle 10: Vitamin-C-Gehalt von Lebensmitteln

LEBENSMITTEL	VITAMIN C IN mg/100 g
Ahornkirsche (Acerola)	1.700
Hagebutten	1.250
Sanddornbeeren	450
Brennnessel	300
Johannisbeeren schwarz	177
Petersilie	159
Paprika	120
Brokkoli, Rosenkohl, Sauerampfer, Meerrettich	110–120
Grünkohl	105
Fenchel	93
Kohlrabi, Blumenkohl	60–70
Gartenkresse, Rotkohl, Wirsing, Spinat	50–60
Erdbeere, Apfelsine, Clementine, Zitrone	50–60
Grapefruit, Kiwi, Limone, Physalis	40–50
Mango, Melone, Stachelbeeren, Johannisbeeren rot, Mandarine	30–40

Mehr als 150 Milligramm Vitamin C sind beispielsweise enthalten in

- einer halben roten Paprika und einem kleinen Glas Orangensaft oder
- 200 g Kartoffeln, 150 g Spinat und einer Apfelsine oder
- 50 g Rosenkohl, einem Apfel und zwei mittelgroßen Tomaten.

Vitamin D

Vitamin D nimmt unter den Vitaminen eine Sonderstellung ein, da es sowohl über die Ernährung zugeführt als auch vom Menschen durch Sonnenbestrahlung selbst gebildet werden kann. Die Mengen werden in Mikrogramm (µg) oder internationalen Einheiten (IE) angegeben. 1 µg entspricht 40 IE und 1 IE entspricht 0,025 µg. Der Vitamin-D-Bedarf liegt für einen gesunden Erwachsenen bei 20 bis 25 µg (800 bis 1.000 IE) pro Tag. Für ältere Menschen kann der Bedarf deutlich höher liegen, mit bis zu 100 µg (4.000 IE) pro Tag. Die Zufuhr über die Ernährung mit den üblichen Lebensmitteln reicht oft nicht aus. Ein täglicher Spaziergang an der frischen Luft ersetzt bei vielen Menschen die Einnahme eines Vitamin-D-Präparats.

Tabelle 11: Vitamin-D-Gehalt von Lebensmitteln

LEBENSMITTEL	VITAMIN D IN µg/100 g
Lebertran	330
Aal geräuchert	90
Bückling	30
Ostsee-Hering	8
Lachs	4
Hühnerei, Pilze, Avocado	3

Vitamin B1 (Thiamin)

Thiamin ist ein wasserlösliches Vitamin, das der Körper nur in geringem Maße speichern kann. Es muss deshalb regelmäßig mit der Nahrung aufgenommen werden. Erwachsene, gesunde Menschen benötigen täglich 1,0 bis 1,3 Milligramm Thiamin. Vitamin B1 unterstützt den Energiestoffwechsel und ist für Nerven und Muskulatur sehr wichtig. Besonders viel Thiamin steckt in Vollkornprodukten, in Samen wie Sonnenblumen- und Pinienkernen, in Muskelfleisch (insbesondere Schweinefleisch) sowie in Hülsenfrüchten wie Erdnüssen und Erbsen. Eine vollwertige Ernährung mit täglich verzehrtem Vollkorngetreide und vielen Hülsenfrüchten liefert ausreichend Thiamin.

Tabelle 12: Vitamin-B1-Gehalt von Lebensmitteln

LEBENSMITTEL	THIAMIN IN mg/100 g
Weizenkeime, Sonnenblumenkerne	1,8–2,0
Schweinefleisch mager, geräucherter Schinken	0,9–1,1
Amaranth, Erdnusskerne, Mohnsamen, Pekannüsse	0,8–1,0
Cashewkerne, Kochschinken, Lachsschinken, Weizenkleie, Pistazien, Buchweizenvollkornmehl, Haferflocken	0,6
Weizenvollkorn	0,5
Walnuss, Speck, Bambussprossen, Naturreis	0,4

Vitamin E

Vitamin E gehört zu den fettlöslichen Vitaminen. Es zählt zu den wichtigen Zellschutzvitaminen, weil es aggressive Sauerstoffverbindungen, sogenannte „freie Radikale“, in ihrer schädlichen Wirkung entschärft. Der gesunde Erwachsene benötigt 11 bis 15 Milligramm Vitamin E pro Tag. Vitamin E findet sich insbesondere in „guten“ Pflanzenölen und in Nüssen.

Tabelle 13: Vitamin-E-Gehalt von Lebensmitteln

LEBENSMITTEL	VITAMIN E IN mg/100 g
Weizenkeimöl	185
Arganöl	72
Safloröl, Sonnenblumenöl	40–50
Maiskeimöl, Traubenkernöl	30–40
Erdnussöl, Palmöl, Sesamöl, Sojaöl, Rapsöl	20–30
Haselnüsse, Mandeln, Weizenkeime	20–30
Olivenöl, Pinienkerne, Erdnusskerne	10–20

Folsäure/Folat

Folat ist ein wasserlösliches Vitamin. Die industriell hergestellte Form des Vitamins wird Folsäure genannt. Es findet sich vor allem in vielen Gemüsesorten, Nüssen und Vollkorngetreide. Folat ist wichtig für viele Stoffwechselprozesse, zum Beispiel für die Zellteilung und das Wachstum sowie für die Nerven und die Blutbildung. Es gehört zu den wenigen Vitaminen, mit denen die Menschen in Deutschland oft nicht optimal versorgt sind. Gesunde Erwachsene benötigen 300 µg pro Tag.

Tabelle 14: Folsäure-Gehalt von Lebensmitteln

LEBENSMITTEL	FOLSÄURE IN µg/100 g
Weizenkeime	520
Grünkohl, Erdnüsse, Speisekleie, Erbsen	150–200
Roggen, Sonnenblumenkerne, Feldsalat, Brokkoli, Endivie, Lauch, Spinat, Rosenkohl, Spargel, Hülsenfrüchte, Sojabohnen	100–150
Vollkornhaferflocken, Weizen, Sauerkirschen, Blumenkohl, Knollensellerie, Rote Bete, Wirsing, Haselnüsse, Walnüsse, Schnittlauch	70–100
Hühnerei, Süßkirschen, Gerste, grüne Bohnen, Chinakohl, Kohlrabi, Paprika, Pastinake, Pistazie, Brie und Camembert	50–70
Hafer, Apfelsine, Avocado, Erdbeeren, Himbeeren, Honigmelonen, Weintrauben, Aubergine, Chicorée, Fenchel, Steckrübe, Kürbis, Mangold, Rotkohl, Limburger Käse, Roquefort, Kokosnuss, Paranüsse, Mandeln, Kakaopulver	30–50

Zink

Zink ist Bestandteil zahlreicher Enzyme und Eiweiße. Es ist an einer Vielzahl von Reaktionen im Körper beteiligt. Der gesunde, erwachsene Mensch benötigt 7 bis 16 Milligramm Zink pro Tag. Die hohe Spanne erklärt sich dadurch, dass die Aufnahme von Zink in den menschlichen Organismus vom Phytatgehalt in der Ernährung abhängt. Eine hohe Phytataufnahme, beispielsweise aus Vollkorngetreide und Hülsenfrüchten, kann die Zinkaufnahme um bis zu 45 Prozent vermindern. Deshalb muss bei einer hohen Phytatzufuhr gleichzeitig die Zufuhr von Zink erhöht werden. Durch Einweichen, Keimung oder Sauerteiggärung kann das Phytat abgebaut und damit die Bioverfügbarkeit von Zink erhöht werden. Eine zeitgleiche Aufnahme von tierischen Lebensmitteln erhöht die Bioverfügbarkeit von Zink. Rind- und Schweinefleisch, Käse, Milch und Eier, aber auch Cashew- und Pekannüsse, Weizen- oder Roggenkeimlinge sind gute Zinklieferanten.

Tabelle 15: Zink-Gehalt von Lebensmitteln

LEBENSMITTEL	ZINK IN mg/100 g
Weizenkeime	18
Weizenkleie, Kürbiskerne, Mohnsamen	6–9
Leinsamen, Edamer, Appenzeller, Emmentaler, Sojabohnen	4–6
Amaranth, Dinkel, Hafer, Knäckebrot, Erbsen, Linsen, Camembert, Gouda, Tilsiter, Parmesan, Rindfleisch, Kalb- und Lammfleisch	3–4
Cashewkerne, Sonnenblumenkerne, Walnuss, Mandeln, Erdnüsse, Schweinefleisch, Feta, Bohnen, Mungobohnen, Kichererbsen	2–3

Kalzium

Kalzium ist mengenmäßig der wichtigste Mineralstoff im menschlichen Körper. Fast 100 Prozent des Kalziums sind in Knochen und Zähnen enthalten, aber es ist auch wichtig für die Blutgerinnung und die Funktion jeder Körperzelle, denn es stabilisiert die Zellwände und ist an der Signalübermittlung in der Zelle sowie an der Weiterleitung von Reizen im Nervensystem und in der Muskulatur beteiligt.

Der gesunde Erwachsene benötigt 1.000 bis 1.200 Milligramm Kalzium pro Tag. Für Menschen, die gerne Milch- und Milchprodukte zu sich nehmen, ist dieser Wert leicht zu erreichen. 250 Milliliter Milch und zwei

Tabelle 16: Kalzium-Gehalt von Lebensmitteln

LEBENSMITTEL	KALZIUM IN mg/100 g
Bergkäse, Emmentaler, Parmesan, Leerdammer, Edamer, Butterkäse, Gouda, Tilsiter, Mohnsamen, Sesamsamen	750–1.200
Feta, Camembert, Limburger, Ziegenkäse, Brennnessel	400–750
Schafskäse, Haselnuss, Mandeln, Vollmilchschokolade, Hagebutten, Gartenkresse, Grünkohl	200–400
Schafsmilch	183
Kuhmilch, Buttermilch, Joghurt, Kefir, Dickmilch, Frischkäse, Leinsamen, Paranüsse, Pistazien, Rucola (Rauke), Mangold, Spinat, Sojabohnen, Kichererbsen	100–200
Quark, Haferkleie, Oliven, Staudensellerie, Ingwer, Brokkoli	75–100

Scheiben Käse decken diesen Bedarf bereits. Auch einige Gemüsearten wie Brokkoli, Grünkohl und Rucola oder auch Nüsse sind wichtige Kalziumlieferanten. Wer Milch- und Milchprodukte nicht gut verträgt, kann auch ein kalziumreiches Mineralwasser mit mehr als 150 Milligramm Kalzium pro Liter nutzen. Der Kalziumgehalt wird auf dem Etikett angegeben.

Magnesium

Magnesium ist wichtig im Energiestoffwechsel für die Aktivierung zahlreicher Enzyme. Es wird für die Reizübertragung von Nerven auf Muskeln sowie bei der Muskelarbeit benötigt und hat eine Bedeutung für die Knochenmineralisierung. Eine Unterversorgung mit Magnesium kann zu Zittern, Krämpfen, Verwirrtheit oder Herzrhythmusstörungen führen. Das sollten Menschen beachten, die harntreibende Medikamente (Diuretika) einnehmen müssen. Der gesunde Erwachsene benötigt 300 bis 400 Milligramm Magnesium pro Tag. Besonders gute Magnesiumquellen sind Vollkornprodukte, Nüsse, Milch und Milchprodukte, Geflügel, Fisch, Kartoffeln, viele Gemüsearten, Beerenobst, Orangen und Bananen.

Was bietet die Ernährung noch?

Pflanzenstoffe

Zahlreiche Pflanzen bieten neben ihrem Nährstoffgehalt vor allem auch sekundäre Pflanzenstoffe, denen eine gesundheitsfördernde oder sogar heilende Wirkung zugeschrieben wird. Sie werden auch in den sogenannten „Superfoods" vermarktet. Besser jedoch, als industriell stark verarbeitete Lebensmittel zu essen, ist es, das Naturprodukt zu verwenden. Es ist nicht notwendig, hoch verarbeitete, teure Produkte oder seltene Übersee-Nahrungsmittel zu beschaffen. Regionale Produkte ohne lange Lieferwege und saisonales Gemüse und Obst sind zu bevorzugen. Der heimische Markt bietet alles, was gesund ist und schmeckt.

Neben Gemüse können auch bestimmte Kräuter sowie Lauch- und Knollengewächse die Verdauung und die Leberfunktion unter-

Tabelle 17: Magnesium-Gehalt von Lebensmitteln

LEBENSMITTEL	MAGNESIUM IN mg/100 g
Amaranth, Weizenkleie, Kürbiskerne, Sesam, Sonnenblumenkerne	300–500
Haferkleie, Weizenkeime, Cashewkerne, Pinienkerne	200–300
Buchweizen, Hafer, Hirse, Reis, Roggen, Hagebutte, Salbei, Ingwer, Linsen, Sojabohnen, Saubohnen, Erdnüsse, Haselnüsse, Mandeln, Pistazien, Walnüsse	100–200
Brennnessel, Spinat	50–100
Banane, Brombeere, Himbeere, Holunderbeere, Kiwi, Mirabelle, Sanddornbeere, Erbsen, Gartenkresse, Kohlrabi, Knollensellerie, Bergkäse, Leerdammer, Tilsiter, Parmesan, Seezunge, Steinbutt, Zander, Huhn, Kokosnüsse	30–50

stützen. Sie können zur Speisenwürze genutzt oder als Tee zubereitet werden. Belastbare wissenschaftliche Daten gibt es hierzu allerdings nicht, sodass die medizinischen Leitlinien keine Empfehlungen dafür aussprechen.

Bestimmte Stoffe können positive Auswirkungen auf Entzündungs- oder Stoffwechselprozesse haben, wie zum Beispiel das Cynarin und die Flavonoide aus der Artischocke. Diese Wirkungen sind aber nicht zuverlässig. Zudem sind sie (wie immer in der Heilkunst) dosisabhängig, und die Menge der Stoffe ist in der naturbelassenen Pflanze sehr viel geringer als in Konzentraten und Medikamenten.

Die Pflanzen haben daher keinen Stellenwert für die Heilung von Lebererkrankungen, aber sie können unter Umständen zur Linderung von Symptomen beitragen, die häufig mit Lebererkrankungen einhergehen: Appetitlosigkeit und Verdauungsbeschwerden wie Blähungen, Verstopfung und Völlegefühl. Kräuter und Gewürze steigern das Geschmackserlebnis, sie liefern Kalium und helfen dabei, die Kochsalzzufuhr zu reduzieren. Sie sind daher besonders bei einer salzbewussten Ernährung, wie sie bei Bauchwasser-

Tabelle 18: Pflanzen, denen eine günstige Wirkung auf die Verdauungs- und Leberfunktion zugeschrieben wird

PFLANZE	ZUGESCHRIEBENE WIRKUNG
Artischocke	fördert die Verdauung bei Störung der Leber-Galle-Funktion, cholesterinsenkend
Bockshornklee	günstig für den Cholesterin-Zucker-Stoffwechsel, appetitanregend
Brennnessel	entzündungshemmend
Flohsamen	fördert die Verdauung, die Stuhlregulation, die Entgiftung des Dickdarms
Gelbwurz	fördert die Verdauung, gegen Blähungen und Völlegefühl, entzündungshemmend
Ingwer	lindert Magen-Darm-Beschwerden, wirkt gegen Übelkeit und Erbrechen, entzündungshemmend
Kamille	lindert Magen-Darm-Beschwerden und Schmerzen
Knoblauch	cholesterinsenkend, reduziert Leberwerte und das Risiko für Leberzellkrebs
Kümmel	lindert Verdauungsbeschwerden, krampfartige Schmerzen, Blähungen und Völlegefühl
Löwenzahn	lindert Verdauungsstörungen, fördert den Gallefluss, appetitanregend
Mariendistel	unterstützt die Entgiftungsfunktion und Therapie bei chronisch-entzündlichen Lebererkrankungen und Zirrhose
Pfefferminze	lindert krampfartige Schmerzen im Verdauungstrakt, stimuliert den Gallefluss
Schafgarbe	lindert Verdauungsbeschwerden, appetitanregend, fördert den Gallefluss
Soja	cholesterinsenkend, hilft Leberverfettung und Gallensteinen vorzubeugen

bildung empfohlen wird, großzügig einzusetzen.

Vorsicht ist geboten bei frei verkäuflichen Nahrungsergänzungsmitteln und Tees mit unklarer Zusammensetzung und konzentrierten „Wirkstoffen“, die viel versprechen und meistens nur wenig davon halten. Diese können sogar schädlich sein und schwere Leberversagen verursachen. „Pflanzliches Präparat“ bedeutet also nicht automatisch harmlos! Besonders das Internet bietet einen unkontrollierten Markt. Grundsätzlich sollte diesbezüglich immer der Arzt um Rat gefragt werden.

Kaffee

Tatsächlich gibt es Daten, die gezeigt haben, dass Kaffee die Leberfunktion unterstützt und schützt. Kaffeekonsum ist sogar zur Empfehlung in den Leitlinien der Fachgesellschaften geworden. Er senkt das Risiko für das metabolische Syndrom und die Entstehung einer Fettlebererkrankung, die Entwicklung einer Leberzirrhose sowie die Entstehung von Leberzellkrebs bei allen Lebererkrankungen. Um diese Wirkung zu erreichen, müssen mindestens vier Tassen koffeinhaltiger oder entkoffeinierter Kaffee pro Tag getrunken werden. Das gilt insbesondere für Filter- und Instantkaffee.

Alkohol

Alkohol sollten auch Gesunde nur in Maßen zu sich nehmen: Für gesunde Männer scheint ein Konsum von bis zu 0,5 Liter Bier oder 0,25 Liter Wein am Tag unproblematisch zu sein, für Frauen etwa die Hälfte. Man sollte allerdings nie vergessen, dass Alkohol ein starkes Zell- und Nervengift ist. Auch der Konsum von geringen Alkoholmengen kann eine gesundheitsschädliche Wirkung haben. Zumal Alkohol auch indirekt auf die Leber wirkt – er beeinflusst Stoffwechselvorgänge und Immunantworten, die eine Leberentzündung und -vernarbung fördern.

Im Falle einer fortgeschrittenen Lebererkrankung sollte gänzlich auf Alkohol verzichtet werden. Auch kleine Mengen können schädlich sein und erhöhen das Risiko für einen Leberzellkrebs.

Alkohol hat außerdem eine hohe Energiedichte ohne Nährwert und hemmt gleichzeitig den Energieumsatz (zum Beispiel bei dem Verzehr nach dem Sport), sodass Alkoholkonsum sowohl bei einer angestrebten Gewichtsreduktion als auch bei Mangelernährung kontraproduktiv ist. Regelmäßiger Alkoholkonsum kann die tägliche Lebensführung und die körperliche Gesundheit langfristig schädigen.

Häufig führt Alkoholabhängigkeit zu einer schweren Mangelernährung. Dann besteht ein erhöhter Energiebedarf von ca. 35 kcal pro Kilogramm Körpergewicht mit einem erhöhten Eiweißbedarf von 1,2 bis 1,5 Gramm pro Kilogramm Körpergewicht.

Krankheitsbilder der Leber

Lebererkrankungen können viele verschiedene Ursachen haben. Sie können beispielsweise durch die Infektion mit Hepatitisviren (Hepatitis A bis E) hervorgerufen werden. Zu den stoffwechselbedingten Lebererkrankungen gehören die Fettlebererkrankungen (aus unterschiedlichen Gründen) sowie die Kupferspeicherkrankheit Morbus Wilson und die Eisenspeicherkrankheit Hämochromatose. Bei einer Autoimmunhepatitis richtet sich das Immunsystem gegen die eigenen Leberzellen.

Wenn die Lebererkrankung dauerhaft wird, kann es durch die andauernde Schädigung dazu kommen, dass das entzündete Lebergewebe immer mehr durch Bindegewebe ersetzt wird, was zu einer Leberzirrhose führen kann.

Die Fettlebererkrankung (Steatotische Lebererkrankung)

Die Fettlebererkrankung, auch als Steatotische Lebererkrankung bezeichnet, ist derzeit die häufigste Lebererkrankung und betrifft mindestens 20 Millionen Menschen in Deutschland. Auch ist mittlerweile bereits jedes dritte übergewichtige Kind von dieser Erkrankung betroffen. Die Häufigkeit der Fettlebererkrankung hat in den letzten Jahren deutlich zugenommen und wird voraussichtlich in den nächsten Jahren noch weiter ansteigen.

Was sind die Ursachen für eine Fettleber?

Grundsätzlich gibt es mehrere Ursachen für die Verfettung der Leber. Die wichtigste Ursache ist das metabolische Syndrom – die Sammelbezeichnung für verschiedene Erkrankungen, die aufgrund von Veränderungen im Stoffwechselprozess vor allem mit einem erhöhten Risiko für Herz-Kreislauf-Erkrankungen verbunden sind. Hierzu zählen Übergewicht/Adipositas, Insulinresistenz/Diabetes mellitus Typ II, Fettstoffwechselstörung sowie Bluthochdruck. Das kann zu einer metabolisch bedingten Fettlebererkrankung führen, die als MASLD, also eine Metabolische dysfunktions-assoziierte steatotische Lebererkrankung bezeichnet wird. In Abgrenzung dazu gibt es die Alkohol-assoziierte Lebererkrankung, die auf einen deutlich erhöhten Alkoholkonsum zurückzuführen ist. Eine Fettlebererkrankung, die durch ein metabolisches Syndrom in Kombination mit erhöhtem Alkoholkonsum entstanden ist, wird als Metabolische dysfunktions-assoziierte steatotische Lebererkrankung mit erhöh-

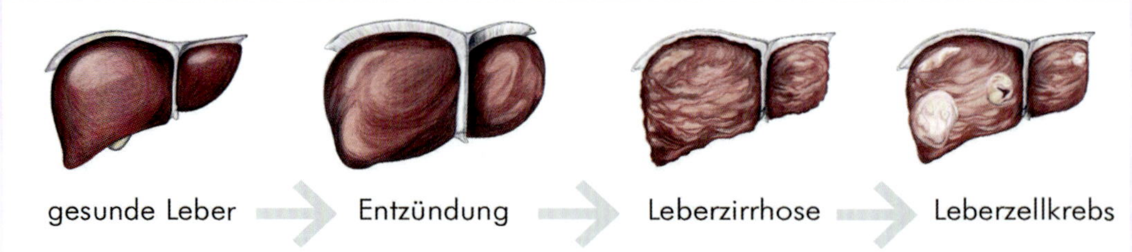

Abbildung 6: Stadien einer chronischen Lebererkrankung

tem Alkoholkonsum bezeichnet. Neben diesen häufigen Ursachen einer SLD können aber auch bestimmte Medikamente, andere Erkrankungen wie zum Beispiel Morbus Wilson, eine Hepatitis-C-Virusinfektion oder Mangelernährung (aufgrund des gestörten Stoffwechsels) eine Verfettung der Leber auslösen. Auch eine genetische Vorbelastung oder falsche Ernährung können Ursachen für eine Fettleber sein. Die nachfolgende Übersicht zeigt die aktuellen Bezeichnungen für die verschiedenen Fettlebererkrankungen.

Tabelle 19: Bezeichnungen der Fettlebererkrankungen

Steatotische Lebererkrankung (Steatotic Liver Disease – SLD)	umfasst alle Fettlebererkrankungen, unabhängig von deren Ursache
Metabolische dysfunktions-assoziierte steatotische Lebererkrankungen (Metabolic Dysfunction-associated Steatotic Liver Disease – MASLD)	sind Fettlebererkrankungen, die im Zusammenhang mit dem metabolischen Syndrom auftreten. Das metabolische Syndrom beschreibt eine Kombination aus metabolischen und kardiovaskulären Risikofaktoren wie (Prä-)Diabetes, Übergewicht, Bluthochdruck, erhöhte Triglyzeride und erhöhtes LDL-Cholesterin.
Metabolische dysfunktions-assoziierte Steatohepatitis (Metabolic Dysfunction-associated Steatohepatitis – MASH)	ist die Bezeichnung für die entzündete Fettleber, die in Zusammenhang mit dem metabolischen Syndrom entstanden ist.
Metabolische dysfunktions-assoziierte steatotische Lebererkrankung mit erhöhtem Alkoholkonsum (MASLD and increased alcohol intake – MetALD)	bezeichnet eine Fettlebererkrankung, die durch ein metabolisches Syndrom in Kombination mit erhöhtem Alkoholkonsum entstanden ist. Gemäß den deutschen Leitlinien besteht erhöhter Alkoholkonsum bei mehr als durchschnittlich zehn Gramm (bei Frauen) bzw. 20 Gramm Alkohol pro Tag (bei Männern). In anderen europäischen Ländern gelten durchschnittlich 20 bzw. 30 Gramm Alkohol pro Tag als Grenzwert.
Alkohol-assoziierte Lebererkrankung (Alcohol-related Liver Disease – ALD)	ist der Begriff für eine Fettlebererkrankung, die sich aufgrund eines deutlich erhöhten Alkoholkonsums entwickelt hat.
SLD mit spezifischer Ätiologie	umfasst Fettlebererkrankungen, die aufgrund von anderen besonderen Erkrankungen entstehen. Dazu gehören arzneimittelbedingte Leberschädigungen, monogenetische Erkrankungen wie Lysosomale Saure Lipase-Defizienz (LAL-D) oder Morbus Wilson und andere Erkrankungen wie zum Beispiel eine Hepatitis-C-Virusinfektion oder Zöliakie.
Kryptogene SLD	ist der Oberbegriff für Fettlebererkrankungen mit unbekannter Ursache, die also beispielsweise nicht durch metabolische Faktoren oder Alkoholkonsum verursacht werden.

Was ist eine Fettlebererkrankung?

Unter dem Oberbegriff der Fettlebererkrankung werden verschiedene Stadien zusammengefasst. Besteht lediglich eine Verfettung der Leber von mehr als fünf Prozent des Lebergewebes, so bezeichnet man diesen Zustand als Fettleber (Steatose).

Diese Verfettung der Leber kann dann im weiteren Verlauf zu einer Entzündung der Leber führen, der Fettleberhepatitis (Steatohepatitis). Diese Entzündung schädigt die Leberzellen. Nach einer kurzfristigen Schädigung können sich die Leberzellen noch erholen. Bei einer länger anhaltenden Entzündung führt dieser Prozess jedoch zu einem Absterben der Leberzellen, welche dann durch Bindegewebe ersetzt werden (Leberfibrose). Dieser Prozess kann schließlich zu einem kompletten, bindegewebigen Umbau der Leber (Leberzirrhose) führen, wodurch die Funktion der Leber deutlich beeinträchtigt werden kann. Darüber hinaus ist zu beachten, dass bei einer Fettlebererkrankung das Risiko für die Entwicklung eines Leberzellkrebses deutlich erhöht ist.

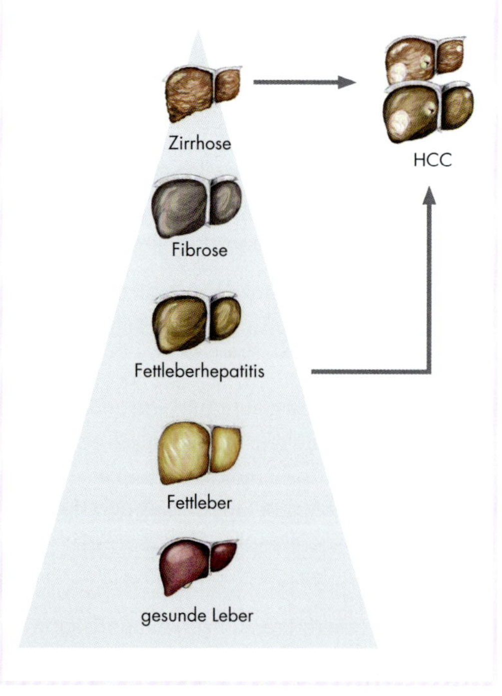

Abbildung 7: Stadien der Fettlebererkrankung

Wie entsteht eine MASLD?

Der wichtigste Mechanismus bei der Entstehung der Leberverfettung ist die Insulinresistenz. Das Hormon Insulin wird bei der Aufnahme von Kohlenhydraten/Glukose aus der Bauchspeicheldrüse (Pankreas) ausgeschüttet. Dies führt dazu, dass die Glukose aus dem Blut als Energie in die Körperzellen aufgenommen wird. Gleichzeitig hemmt Insulin die Neubildung von Glykogen in der Leber, ebenso wie die Umwandlung von gespeicherten Fetten in freie Fettsäuren im Fett- und Muskelgewebe.

Bei der Insulinresistenz ist die Wirkung des Hormons Insulin vermindert, sodass die Glukose schlechter in die Körperzellen aufgenommen werden kann. Dadurch entsteht ein erhöhter Blutzuckerspiegel. Die Bauchspeicheldrüse muss deshalb mehr Insulin ausschütten, um den Glukosespiegel im Blut zu senken und die Körperzellen mit Glukose zu versorgen. Gleichzeitig werden der Glykogenaufbau sowie der Fettabbau nicht mehr adäquat gehemmt, sodass es zu einem weiteren Anstieg von Glukose und Fettsäuren im Blut kommt. Diese übermäßige Menge an freien Fettsäuren wird primär in der Leber gespeichert – die Leberverfettung entsteht.

Aber auch bei Übergewicht und Adipositas kommt es aufgrund der überhöhten Energiezufuhr im Vergleich zum Energiebedarf zu einer Speicherung der zusätzlichen Energie in Form von Fett und freien Fettsäuren im peripheren Fettgewebe sowie in der Leber.

Benötigt der Körper Energie, baut er gespeicherte Fette ab. Dabei entstehen freie Fettsäuren, die von der Leber zur Energiegewinnung verarbeitet werden. Bei einem übermäßigen Aufkommen freier Fettsäuren ist der Abbau in der Leber jedoch gestört. Die Folgen sind Schädigungen der Leberzellen sowie die Auslösung einer Entzündungsreaktion in der Leber – die Metabolische dysfunktions-assoziierte Steatohepatitis (MASH) entsteht. Das kann zu einer dauerhaften Schädigung der Leberzellen führen, sodass sie letztendlich absterben und durch Bindegewebe ersetzt werden. Es entsteht die Leberzirrhose.

In den letzten Jahren sind verschiedene Genvarianten identifiziert worden, die zum Teil erklären, warum einige Menschen eine Fettlebererkrankung entwickeln und andere nicht. Das bietet Ansätze für neue Therapien.

Welche Rolle spielt die Ernährung?

Die Ernährung spielt eine bedeutende Rolle bei der Entwicklung einer Fettleber. Die wichtigste Ursache ist die hyperenergetische Ernährung, das heißt, es wird mehr Energie aufgenommen, als eigentlich benötigt wird. Diese überflüssige Energie wird dann sowohl im peripheren Fettgewebe als auch in der Leber gespeichert. Schon vor der Entwicklung von sichtbarem Übergewicht kann dies zu einer Leberverfettung führen.

Aber auch die Art der zugeführten Nährstoffe kann die Entwicklung einer Leberverfettung beeinflussen. Insbesondere die übermäßige Zufuhr von einfachen Kohlenhydraten und gesättigten Fettsäuren ist für die Entwicklung einer Leberverfettung verantwortlich. Diese Zusammensetzung ist zum Beispiel typisch für Fast Food: stark verarbeitete Lebensmittel mit einem hohen Anteil an gesättigten Fettsäuren (zum Beispiel frittiertes Essen), hoher Fleischanteil, wenig Gemüse/Rohkost und dazu gesüßte Getränke.

Hinsichtlich der Kohlenhydrate ist insbesondere die übermäßige Zufuhr von Glukose, Saccharose und Fruktose mit der Entwicklung einer Fettleber verbunden. Die Fruktose wurde lange als besonders gefährlich angesehen, denn der Abbau von Glukose im Körper wird durch die Insulinausschüttung reguliert, während der Abbau von Fruktose insulinunabhängig in der Leber erfolgt. Allerdings zeigen neuere Analysen, dass das Problem nicht die Fruktose an sich ist. Denn der alleinige Verzehr von fruktosehaltigem Obst ist nicht mit einem erhöhten Risiko für eine Fettleber verbunden, sondern kann ganz im Gegenteil sogar vor der Entwicklung einer Fettleber schützen. Viel problematischer ist die Isoglukose – eine Mischung aus Glukose- und Fruktosesirup, welche heutzutage die größte Fruktosequelle in Lebensmitteln darstellt. Studien haben gezeigt, dass der Verzehr von mit Isoglukose versetzen Softdrinks mit einem deutlich erhöhten Risiko für die Entstehung einer Fettlebererkrankung einhergeht. Die Isoglukose wird aufgrund der starken Süßungskraft für viele Lebensmittel verwendet, vor allem für Getränke wie Softdrinks oder vermeintlich „gesunde" Fruchtsäfte. Oftmals ist dies auf den ersten Blick für den Verbraucher nicht ersichtlich.

Ein großes Problem ist daher auch hier

wieder die „unbemerkte“ hohe Energiezufuhr. Ein Glas (250 ml) Cola oder Limonade enthält beispielsweise 27 Gramm Zucker. Fruchtsäfte und Smoothies aus Früchten beinhalten ebenfalls etwa 25 Gramm Zucker und somit deutlich mehr Fruktose, als man über den Verzehr von rohem Obst zu sich nehmen würde. Shakes und Milchmixgetränke enthalten pro Glas oft sogar noch etwas mehr Zucker.

Gemäß den aktuellen Empfehlungen sollte ein Erwachsener nicht mehr als 50 Gramm Zucker pro Tag zu sich nehmen, das entspricht etwa fünf bis zehn Teelöffeln.

Auch eine fettreiche Ernährung kann die Entwicklung einer Fettlebererkrankung fördern. Durch die hohe Energiedichte kommt es schnell zu einer übermäßigen Energiezufuhr. Weil Fett ein guter Geschmacksträger ist, wird es häufig zum Vehikel für ungünstige Kohlenhydrate. Es kommt aber auch auf die Art der Fette an. Denn während der Verzehr von gesättigten Fettsäuren wie Butter, Palmöl, Schweineschmalz oder Fleischerzeugnissen das Risiko für eine Leberverfettung verstärkt, haben ungesättigte Fettsäuren wie zum Beispiel pflanzliche Öle, Nüsse oder Fischöl sogar einen schützenden Effekt.

Wie entsteht eine ALD?

In Abgrenzung zur MASLD entsteht die ALD durch einen längerfristigen, übermäßigen Alkoholkonsum. Alkohol wird in der Leber verstoffwechselt und führt auf mehreren Wegen zu einer Schädigung der Leber. Bei jedem Abbau von Alkohol entstehen Abbauprodukte, welche die Leberzellen und deren Stoffwechsel schädigen. Darüber hinaus kommt es bei einem übermäßigen und länger andauernden Alkoholkonsum zu einer Störung des Fettstoffwechsels in der Leber und zu einer vermehrten Bildung von freien Fettsäuren, welche dann in der Leber gespeichert werden und somit zu einer Leberverfettung führen.

Die Schwellendosis für schädlichen Alkoholkonsum ist bei jedem Menschen unterschiedlich. Als Grenzwerte für die Entstehung eines chronischen Leberschadens werden gemäß den deutschen Leitlinien mehr als 20 Gramm reinen Alkohols pro Tag für Männer und zehn Gramm Alkohol pro Tag für Frauen vermutet. Zehn Gramm reiner Alkohol ist zum Beispiel in 0,2 Liter Bier bzw. 0,1 Liter Wein oder Sekt enthalten. In anderen europäischen Ländern gelten durchschnittlich 30 bzw. 20 Gramm Alkohol pro Tag als Grenzwert.

Bei jeder fortgeschrittenen Lebererkrankung und besonders bei einer ALD und der MetALD gilt die Null-Toleranz-Grenze für Alkohol.

Wie entsteht eine MetALD?

Wenn übergewichtige Menschen, die bereits an einem metabolischen Syndrom leiden, zusätzlich übermäßig Alkohol konsumieren, spricht man von einer „Metabolisch dysfunktions-assoziierten steatotischen Lebererkrankung mit erhöhtem Alkoholkonsum“. Für die Leber gilt hier: Eins plus eins ist mehr als zwei. Bei dieser Form der Fettlebererkrankung ist das Risiko für die Entwicklung einer Lebervernarbung überproportional erhöht.

Symptome einer Fettlebererkrankung

Die Entstehung einer Fettlebererkrankung läuft meistens über einen langen Zeitraum hinweg unbemerkt ab. Die Fetteinlagerungen können zu einer Lebervergrößerung (Hepatomegalie) führen. Es kann zu unspezifischen Symptomen kommen, wie zum Beispiel Müdigkeit, Druckgefühl im rechten Oberbauch oder Übelkeit.

Auch die Fettleberentzündung bleibt oft lange Zeit unentdeckt. Im Blut zeigt sich die Leberschädigung häufig durch einen Anstieg der Transaminasen Aspartat-Aminotransferase (AST) und Alanin-Aminotransferase (ALT) sowie der Gamma-Glutamyl-Transferase (GGT).

Bei zunehmendem Funktionsverlust der Leber kann es zu den allgemeinen Symptomen eines Leberversagens wie Gelbfärbung von Haut und Augen (Ikterus), Bildung von Bauchwasser (Aszites) und vermehrter Müdigkeit kommen. Auch in den Blutwerten zeigt sich neben den erhöhten Leberwerten eine zunehmend eingeschränkte Funktion der Lebersynthese und -entgiftung.

Fettleber und Herz-Kreislauf-Erkrankungen

Patienten mit einer Verfettung der Leber haben ein erhöhtes Risiko für kardiovaskuläre Erkrankungen wie Bluthochdruck, eine koronare Herzerkrankung, Herzrhythmusstörungen oder eine Störung der Herzfunktion (Herzinsuffizienz). So ist es wenig verwunderlich, dass kardiovaskuläre Erkrankungen die häufigste Todesursache bei Patienten mit einer MASLD sind. Dabei gilt: Je stärker das Ausmaß der Leberverfettung ist, desto höher ist auch das Risiko für eine kardiovaskuläre Erkrankung. Besonders hoch ist das Risiko für Patienten mit einer MASLD und einem gleichzeitig bestehenden Diabetes mellitus. Der enge Zusammenhang zwischen den Erkrankungen basiert auf den Stoffwechselveränderungen bei beiden Erkrankungen. Hierbei sind insbesondere die Störungen im Fettstoffwechsel sowie die Insulinresistenz von Bedeutung. Diese sind maßgeblich für die Entwicklung von degenerativen Veränderungen und Ablagerungen im Gefäßsystem (Arteriosklerose) verantwortlich, was dann wiederum zu den genannten Herz-Kreislauf-Erkrankungen führen kann. Darüber hinaus lässt sich auch ein Zusammenhang zwischen der MASLD und (chronischen) Nierenerkrankungen zeigen.

Wie kann man eine Fettlebererkrankung behandeln?

Die wichtigsten Therapiesäulen für die Behandlung einer Fettlebererkrankung sind Gewichtsreduktion, Ernährungsumstellung sowie sportliche Aktivität. Zur medikamentösen Behandlung der Fettlebererkrankung sind einige Medikamente, die verschiedene Ansatzpunkte verfolgen, in der Entwicklung oder bereits zugelassen. Allerdings kann eine optimale Therapie der Risikofaktoren, wie zum Beispiel Diabetes, eine Fettlebererkrankung verbessern.

Gewichtsreduktion

Die Gewichtsreduktion ist der wichtigste Baustein in der Therapie der MASLD. Bereits eine Reduktion um ca. fünf Prozent bewirkt eine Abnahme der Leberverfettung. Allerdings benötigt man eine Gewichtsreduktion von sieben bis zehn Prozent des Ausgangsgewichts, um eine Verbesserung der Entzündungs- und Fibrosierungsprozesse in der Leber zu erreichen und dadurch die Entwicklung einer Leberzirrhose zu verhindern.

Ein weiterer positiver Effekt der Gewichtsreduktion ist, dass auch die anderen Erkrankungen des metabolischen Syndroms günstig beeinflusst werden. Die Verbesserung der diabetischen Stoffwechsellage und des Fettstoffwechsels wiederum reduzieren die Verfettung der Leber. Auch das Risiko für Herz-Kreislauf-Erkrankungen wird durch die Gewichtsreduktion gesenkt.

Eine besonders effektive Gewichtsreduktion wird durch die Kombination aus Ernährungsumstellung und sportlicher Aktivität erzielt.

Ernährungsumstellung

Da die zu energiereiche Ernährung der wichtigste beinflussbare Faktor bei der Entstehung einer MASLD ist, zielt eine Ernährungsumstellung primär auf die Energiereduktion ab und führt dadurch oft zum Gewichtsverlust.

Experten empfehlen ein tägliches Energiedefizit von 500 kcal, um einen adäquaten Gewichtsverlust zu erzielen und dadurch die Fettspeicher in der Leber abzubauen. Dementsprechend muss zuerst der Energiebedarf berechnet werden (siehe Kapitel „Energiebilanz“), von dem 500 kcal abgezogen werden, um die empfohlene Energiezufuhr zu ermitteln. Dabei ist darauf zu achten, dass ausreichend Eiweiß aufgenommen wird (mindestens 1,2 Gramm Eiweiß pro Kilogramm wünschenswertem Körpergewicht).

Hinsichtlich der Ernährungsumstellung ist es wichtig, dass der Ernährungsplan den individuellen Bedürfnissen des Patienten angepasst wird. So können die angestrebten Ziele erreicht und der Plan auch langfristig durchgehalten werden.

Kaffeekonsum senkt das Risiko für das metabolische Syndrom und die Entstehung einer Fettleber und deren Folgeerkrankungen. Es muss jedoch angemerkt werden, dass der Kaffee ungesüßt und mit möglichst wenig Milch getrunken werden sollte.

Der Nutzen der zusätzlichen Einnahme von ausgewählten Mikronährstoffen (zum Beispiel Vitamin D oder Vitamin C) ist bisher nicht ausreichend belegt.

Mediterrane Ernährung

Eine empfohlene Ernährungsform bei der MASLD ist die mediterrane Diät. Sie basiert traditionell auf frischem Gemüse (vorzugsweise Tomaten, Paprika, Fenchel, Zucchini etc.) und Obst, ergänzt durch Hülsenfrüchte und Getreideprodukte. In der neuen Variante wird zusätzlich auf Vollkornprodukte und Kartoffeln Wert gelegt.

Bei der mediterranen Ernährung gilt bewusst nicht das Low-Fat-Prinzip, sondern es wird vielmehr auf die Wahl der richtigen Fette geachtet. Ein wesentlicher Fettlieferant ist das Olivenöl, reich an einfach ungesättigten Fettsäuren. Die Zufuhr an ungesättigten Fettsäuren hat einen positiven Einfluss auf den Fettstoffwechsel und den Leberfettgehalt. Quellen für Omega-3-Fettsäuren sind Nüsse, Saaten und Fisch. Fisch (ursprünglich Mittelmeer- und Süßwasserfische der mediterranen Region) und Meeresfrüchte stellen gleichzeitig eine wesentliche Eiweißquelle in dieser Ernährungsform dar, während Fleisch (bevorzugt Geflügel) lediglich ein- bis zweimal pro

Woche auf den Speiseplan gehört. In Maßen kommen noch Milchprodukte (Käse und Joghurt) hinzu, traditionell gerne aus Ziegen- und Schafsmilch, in der neuen Variante auch als fettreduzierte Kuhmilchprodukte.

Raffinierte Zucker, Süßigkeiten, zuckerhaltige Getränke, Kuchen und industriell hoch verarbeitete Lebensmittel spielen keine Rolle. Zur traditionellen mediterranen Ernährung ist auch ein Glas Wein erlaubt. Bei Lebererkrankungen und Fettstoffwechselstörungen mit hohen Triglyzeriden sollte darauf allerdings verzichtet werden.

Diese Ernährungsform hat nicht nur einen positiven Einfluss auf die Fettlebererkrankung, sondern senkt gleichzeitig das Risiko für Herz-Kreislauf-Erkrankungen, sogar unabhängig von der Gewichtsreduktion.

Intermittierendes Fasten

Mehrere Studien haben die Effekte von Intervallfasten (zum Beispiel zwei Tage Energieeinschränkung oder 16 Stunden Nüchternheit) auf die Leber untersucht und konnten zeigen, dass intermittierendes Fasten einer Leberverfettung entgegenwirkt.

Maßgeblich für die Verbesserung des Leberfettgehalts ist es jedoch nicht, wann man isst, sondern wie viel man isst. Allerdings fällt es vielen Mensch durch das Intervallfasten leichter, weniger Energie zu sich zu nehmen. Somit gilt auch hier, dass der Patient die Ernährungsform wählen sollte, die für ihn im Alltag am besten umgesetzt werden kann.

Körperliche Aktivität

Bewegung ist ein weiterer maßgeblicher Baustein in der Therapie der MASLD. Zwar ist der alleinige Effekt der körperlichen Aktivität auf die Leber geringer als eine Gewichtsreduktion, jedoch steigert körperliche Aktivität signifikant die Effekte einer Ernährungsumstellung zur Reduzierung des Gewichts.

Darüber hinaus wird durch Bewegung kurzfristig die Insulinsensitivität der Muskelzellen und dadurch der Glukosestoffwechsel verbessert. Außerdem reduziert körperliche Aktivität Entzündungsprozesse im Körper und verbessert den Fettstoffwechsel. Auch hat körperliches Training einen wichtigen Einfluss auf die Herzfunktion und reduziert damit wiederum das Risiko für Herz-Kreislauf-Erkrankungen.

Insgesamt empfehlen Experten mindestens 150 Minuten moderate körperliche Aktivität pro Woche. Für die Empfehlung einer speziellen Trainingsart (zum Beispiel Ausdauertraining statt Krafttraining) gibt es keine Daten, sodass auch hier die eigenen körperlichen Möglichkeiten und Vorlieben berücksichtigt werden sollten.

> Gewichtsverlust durch Ernährungsumstellung und Steigerung der körperlichen Aktivität ist der wichtigste Therapieansatz der MASLD. Um ein Wiederauftreten der MASLD zu vermeiden, muss diese Therapie langfristig fortgeführt werden.

Bariatrische Operation

Bei einer bariatrischen (gewichtsreduzierenden) Operation wird entweder der Magen verkleinert oder ein Teil des Darms „ausgeschaltet“, um eine Gewichtsabnahme einzuleiten. Sie ist bereits eine etablierte Therapie bei ausgeprägter Adipositas und medikamentös nicht behandelbarem Diabetes mellitus. Aufgrund der erheblichen und meist nachhaltigen Gewichtsreduktion konnte auch eine deutliche Verbesserung der MASLD gezeigt werden. Allerdings gilt eine MASLD bislang nicht als alleinige Indikation für eine bariatrische Operation.

Falls eine bariatrische Operation geplant ist, muss vor der Operation unbedingt eine fachgerechte Ernährungsberatung stattfinden, um den Patienten auf die Ernährungsumstellung einzustellen. Die Ernährung nach der Operation folgt besonderen Regeln, die sowohl die Speisemengen als auch ihre Zusammensetzung betreffen. Mikronährstoffe und Eiweiße (besonders unmittelbar nach der Operation) müssen, gegebenenfalls mithilfe künstlicher Ernährung, verordnet werden.

> FL Im Rezeptteil sind Gerichte, die bei Fettlebererkrankung zu empfehlen sind, an dem Symbol FL erkennbar.

Morbus Wilson

Bei Morbus Wilson handelt es sich um eine angeborene, erbliche Kupferspeicherkrankheit. Durch eine Veränderung im sogenannten Wilson-Gen kommt es zu einer gestörten Kupferausscheidung in der Galle. Daher lagert sich Kupfer in der Leber und im Gehirn ab. Die Erkrankung macht sich an der Leber frühestens nach dem 6. Lebensjahr, in Gehirn und Nerven nach dem 10. Lebensjahr bemerkbar.

Häufig kommt es zunächst zu einer unspezifischen Leberschädigung mit Leberwerterhöhung, im Verlauf kann dann eine Leberzirrhose entstehen. Oft zeigen sich zudem Persönlichkeitsveränderungen oder Depressionen. Überdies können parkinsonähnliche Veränderungen mit Sprachstörungen, Bewegungsstörungen sowie Muskelzittern und Muskelsteife auftreten. Zusätzlich kann sich am Auge durch Kupferablagerungen eine goldbraun-grüne Verfärbung um die Pupille bilden – der sogenannte Kayser-Fleischer-Kornealring. Auch Nierenfunktionsstörungen, Bluterkrankungen (hämolytische Anämie) und Herzrhythmusstörungen durch Herzmuskelveränderungen sind mögliche Folgen der Erkrankung. Die Therapie des Morbus Wilson umfasst vor allem die Verhinderung der übermäßigen Kupferablagerung. Hierzu stehen verschiedene Medikamente zur Verfügung, die die Kupferbindung und -ausscheidung fördern. Eine kupferarme Diät kann die Kupferzufuhr verringern.

Kupferreduzierte Ernährung

Eine streng kupferarme Diät ist im Alltag schwer durchführbar, aber eine Reduzierung der Kupferzufuhr ist gut möglich. Lebensmittel mit hohem Kupfergehalt wie beispielsweise Innereien (vor allem Leber), Schalentiere/Meeresfrüchte, Nüsse, Kakao und dunkle Schokolade sollten unbedingt gemieden werden. Insbesondere Cashewkerne sind große (oft unerkannte) Kupferlieferanten. In alten Häusern kann es (aufgrund alter Kupferrohre) zudem sinnvoll sein, das Trinkwasser auf dessen Kupfergehalt zu prüfen. Der örtliche Wasserlieferant gibt Auskunft über den Kupfergehalt des Leitungswassers. Ab einem Kupfergehalt von > 80 µg pro Liter verwendet man besser entmineralisiertes Wasser. Außerdem sollten weder Kochgeschirr noch Haushaltsgeräte aus Kupfer bestehen. Zu bevorzugen sind Mineralwässer mit einem niedrigen Kupfergehalt. Entgegen der generellen Empfehlung bei Lebererkrankungen ist bei Morbus Wilson Vorsicht geboten bei hohem Kaffeekonsum oder Genuss von zu viel schwarzem Tee.

Tabelle 20: Lebensmittel, die reich an Kupfer und bei Morbus Wilson zu vermeiden sind

LEBENSMITTEL	KUPFERGEHALT IN µg/100 g
Cashewkerne, Kakaopulver	3.700–3.800
Rinderleber	3.200
Schwarzer Tee (getrocknete Blätter)	2.500
Gerösteter Kaffee (Pulver)	1.700
Haselnüsse, Walnüsse, Kürbiskerne	1.200–1.500
Garnelen	1.100
Vollkorngetreide im Vergleich: Weizenmehl Typ 405	450–600 150
Champignons, Steinpilze	280–350

MW Im Rezeptteil sind Gerichte, die bei Morbus Wilson zu empfehlen sind, an dem Symbol MW erkennbar.

Hämochromatose

Bei der Hämochromatose handelt es sich um eine angeborene, erbliche Eisenspeicherkrankheit. Durch genetische Veränderungen entsteht eine erhöhte Eisenaufnahme aus dem Darm, und es kommt zu einer Erhöhung des Körpereisens über das Zehnfache der Norm. Das führt zu Eisenablagerungen in der Leber, der Bauchspeicheldrüse, der Hirnanhangsdrüse, dem Herzmuskel und weiteren Organen. Symptome zeigen sich klassischerweise zwischen dem 30. und dem 50. Lebensjahr – bei Männern ca. zehnmal häufiger als bei Frauen. Dies ist auf den monatlichen Eisenverlust im Rahmen der Menstruationsblutung zurückzuführen.

Durch die Eisenablagerungen in der Leber kommt es zu einem fortschreitenden, chronischen Leberschaden, der im Endstadium in einer Leberzirrhose mündet. Die Eisenablagerungen in der Bauchspeicheldrüse haben einen zunehmenden Funktionsverlust des Organs mit Ausbildung eines Diabetes mellitus zur Folge. Zugleich können dunkle Hautverfärbungen (vor allem an den Achseln) auftreten – was der Gesamtkombination aus Diabetes und Hautverfärbungen den charakteristischen Namen „Bronzediabetes" verleiht. Ist der Herzmuskel zunehmend durch Eisenablagerungen geschädigt, kann es zu Herzmuskelschwäche und Herzrhythmusstörungen kommen.

Die Therapie der Hämochromatose umfasst grundsätzlich das Prinzip der verminderten Eisenzufuhr sowie der verstärkten Eisenausscheidung. Therapeutisch kann in regelmäßigen Abständen ein Aderlass durchgeführt werden, da große Teile des Körpereisens in den roten Blutkörperchen enthalten sind. Alternativ stehen Medikamente zur Verfügung, die Eisen verstärkt binden.

Eisenreduzierte Ernährungstherapie

Das Ziel dieser Ernährungstherapie ist es, die Eisenaufnahme über die Ernährung einzuschränken, um den Eisenspiegel im Körper zu senken. Zu diesem Zweck werden Eisenlieferanten, insbesondere tierische, vermieden. Dabei ist eine eisenfreie Ernährung weder umsetzbar noch das Ziel der Ernährungstherapie. Der Körper braucht Eisen, da es eine wichtige Rolle bei der Blutbildung, dem Sauerstofftransport und der Energiegewinnung spielt.

Der Körper kann tierisches Eisen (Fleisch, Wurst und Innereien) besser aufnehmen als pflanzliches Eisen (Getreide, Gemüse, Hülsenfrüchte). Aus diesem Grund sollten rotes Fleisch und daraus hergestellte Wurst nicht verzehrt werden, da sie einen sehr hohen Eisengehalt aufweisen. Zu den ungeeigneten tierischen Eisenquellen zählen Fleischerzeugnisse aus Rind, Schwein, Lamm, Wild etc. Bevorzugt werden sollten Geflügelprodukte, insbesondere unverarbeitetes Fleisch. Aber auch Geflügelwurst ist mit bis zu maximal 600 Gramm pro Woche erlaubt. Eine Ausnahme bilden die Innereien.

Auch wenn es erst einmal widersprüchlich erscheint, so können pflanzliche Eisenlieferanten wie Kürbiskerne, Amaranth, Leinsamen, Quinoa, Linsen, Pistazien, Haferflocken oder getrocknete Aprikosen aufgrund der schlechteren Aufnahme durch den Körper gut und ohne Einschränkung verzehrt werden – auch da sie generell weniger verfügbares Eisen enthalten als Fleisch und außerdem Ballaststoffe als natürliche Absorptionshemmer liefern.

Bei dem Verzehr von eisenreichen Lebensmitteln (pflanzlich oder tierisch) sollte dennoch darauf geachtet werden, dass diese immer in Kombination mit Absorptionshemmern und nicht mit Absorptionsförderern verzehrt werden. Ungünstige Absorptionsförderer, die nicht mit eisenreichen/-haltigen Lebensmitteln kombiniert werden sollten, sind: Vitamin-C-Bomben (Obst, insbesondere Obstsaft, Zitrusfrüchte), Paprika, Brokkoli und Fruchtsäure. Günstige Absorptionshemmer, die mit eisenreichen/-haltigen Lebensmitteln kombiniert werden sollten, sind: Gerbsäuren (Schwarzer Tee), Kalzium (Milchprodukte, Käse), Phosphate (Salz, Schmelzkäse, Cola, Milchprodukte, Vollkornbrot, Eigelb, Pilze, Hülsenfrüchte, Nüsse), Phytate (Vollkorngetreideprodukte), Oxalsäure (Kakao, Spinat, Rhabarber, Mangold) und Ballaststoffe (Vollkorngetreideprodukte, Gemüse, Kartoffeln, Naturreis). Töpfe und Pfannen aus Eisen sollten zur Speisenzubereitung vermieden werden.

Die vermehrte Eisenaufnahme führt dazu, dass der Körper weniger Zink aus der Nahrung aufnehmen kann. Es kann daher sinnvoll sein, Zink in medikamentöser Form ärztlich zu verordnen. Multivitaminpräparate sollten hingegen nicht ohne ärztliche Verordnung eingenommen werden, da diese oftmals mit Eisen angereichert sind. Auch Säfte, Bonbons, Müsliriegel, Joghurts mit Getreideanteil und insbesondere Frühstückscerealien sind oftmals mit Eisen angereichert. Obst sollte aufgrund des enthaltenen Vitamin C nicht zu den Mahlzeiten, sondern mit einem zeitlichen Abstand verzehrt werden.

Bei der Getränkeauswahl gibt es keine wesentlichen Einschränkungen. Insbesondere vor und nach dem Aderlass ist eine Flüssigkeitszufuhr von Bedeutung, um den Blutverlust auszugleichen. Zu diesem Zweck empfiehlt es sich, vor dem Aderlass etwa 0,5 Liter eisenarmes, mineralstoffreiches Wasser zu trinken, wohingegen sich nach dem Aderlass isotone Getränke wie eine Fruchtsaftschorle (Verhältnis 1:3) anbieten. Zudem sollte nach dem Aderlass eine kohlenhydratreiche Mahlzeit, wie ein Marmeladenbrötchen oder Obst, verzehrt werden. Aufgrund des Eiweißverlustes während des Aderlasses ist der Eiweißbedarf erhöht und liegt bei mindestens einem Gramm Eiweiß pro Kilogramm Körpergewicht. Als Eiweißquelle können Milch- und Milchprodukte, Hühnereier, Hülsenfrüchte, aber auch Fisch eingesetzt werden.

Falls sich der Ferritinwert durch den Verzicht auf Fleisch und Fleischerzeugnisse nicht verbessert, müssen pflanzliche und andere Eisenquellen ebenfalls wegfallen. Diese sollten dann auch nicht mit Vitamin-C-reichem Gemüse, Obstsorten oder Säften kombiniert werden. Kräuter sollten nur als Gewürz und zum Abschmecken eingesetzt werden, nicht in Form von Pesto oder Aufstrich.

Tabelle 21: Lebensmittel, die reich an Eisen und bei Hämochromatose zu vermeiden sind

LEBENSMITTEL	EISENGEHALT IN mg/100 g
Innereien (insbesondere Leber, Herz, Niere), Kürbiskerne, Mohnsamen, Rübensirup	9–13
im Vergleich: Fleisch ohne Innereien	1–3
Amaranth, Weizenkeime	9
Grünkern, Hafer, Hirse, Quinoa, Trockenobst, Pfifferlinge, Hülsenfrüchte, Chiasamen, Leinsamen, Pistazien, Sonnenblumenkerne	5–8

HC Im Rezeptteil sind Gerichte, die bei Hämochromatose zu empfehlen sind, an dem Symbol HC erkennbar.

Cholestatische Lebererkrankungen

Gallensteinleiden (Cholezystolithiasis)

Das Gallensteinleiden ist die häufigste Erkrankung des Gallensystems: Bis zu 20 Prozent der europäischen Bevölkerung leiden darunter. Die Steinbildung kommt vor allem durch ein Ungleichgewicht der in der Galle gelösten Stoffe zustande. Hier kann es zu verschiedenen Gallensteinbildungen kommen: Die wohl häufigste Form sind die sogenannten Cholesterinsteine, die ca. 75 Prozent aller Gallensteine ausmachen. Sie entstehen, wenn der Anteil an Cholesterin in der Galle den Anteil an Gallensäuren deutlich überwiegt. Andere Formen von Gallensteinen sind Pigmentsteine oder gemischte Steine.

Prinzipiell gibt es viele Risikofaktoren, die mit einem Gallensteinleiden verbunden sind. Frauen sind häufiger betroffen, was mit dem höheren Östrogenspiegel zusammenhängt. Weitere Risikofaktoren sind unter anderem ein höheres Lebensalter, familiäre Häufungen von Gallensteinleiden sowie eine helle Hautfarbe. Hervorzuheben ist, dass übergewichtige Personen ein deutlich erhöhtes Risiko für ein Gallensteinleiden haben. Anderseits kann eine sehr energiearme Diät mit einem zu schnellen, hohen Gewichtsverlust eine Gallensteinbildung fördern.

Die allgemeine Empfehlung lautet, auf eine gesunde, ausgewogene, fettarme Ernährung zu achten. Eine adäquate tägliche körperliche Aktivität senkt das Risiko einer Gallensteinbildung ebenfalls. Im Vordergrund steht das Streben nach Normal- bzw. die Vermeidung von Übergewicht. Erfahrungsgemäß kann es zur Vermeidung von Unwohlsein, Bauchschmerzen und Koliken sinnvoll sein, die tägliche Fettmenge in der Nahrung zu reduzieren und die Speisen möglichst fettarm zuzubereiten. Zu empfehlen ist der Verzicht auf stark geröstete, geräucherte und gepökelte Speisen sowie auf sehr blähende Lebensmittel und vor allem Alkohol.

Primär biliäre Cholangitis (PBC)

Bei der primär biliären Cholangitis (PBC) handelt es sich um eine seltene Autoimmunerkrankung der Leber, die zu einer andauernden chronischen Entzündung der kleinen Gallengänge führt. Dadurch kommt es zur Zerstörung dieser Gänge und in der Folge zu einem Gallenstau in der Leber, der zu einem schweren Leberschaden bis hin zu einer Leberzirrhose führen kann.

Die Ursache dieser Erkrankung ist bis heute nicht gänzlich geklärt. Auffallend ist jedoch die Häufung der Erkrankung bei Frauen – 90 Prozent der PBC-Betroffenen sind weiblich. Auch eine genetische Komponente scheint für die Krankheitsentstehung von Bedeutung zu sein. Typischerweise zeigen sich in den frühen Erkrankungsstadien zunächst nur wenige Symptome, während mit zunehmendem Fortschreiten der Gallengangszerstörung Beschwerden wie Juckreiz und Müdigkeit bzw. Leistungsminderung auftreten. Zudem kann es zu einer gestörten Gallensäurenausscheidung kommen, die mit Fettstühlen und einer verminderten Aufnahme von fettlöslichen Vitaminen einhergehen kann. Auch das Risiko für Osteoporose scheint bei PBC-Patienten erhöht zu sein.

Bei dieser Erkrankung kann der Einsatz von mittelkettigen Fettsäuren (MCT) hilfreich sein, um eine ausreichende Energiezufuhr durch Fette aufrechtzuerhalten. Diese können auch ohne Gallensäurebindung vom Darm aufgenommen werden (weitere Informationen finden Sie im Kapitel „Fett – viel mehr als nur ein Energieträger“ ab Seite 20). Zudem sollte bei Vitaminmangel auf die Einnahme der fettlöslichen Vitamine A, D, E und K geachtet werden. Wegen des erhöhten Risikos für eine Osteoporose ist ernährungsmedizinisch auch auf eine ausreichende tägliche Zufuhr von Kalzium und Vitamin D sowie auf einen gesunden Lebensstil mit täglicher Bewegung im Sonnenlicht zu achten. Falls das nicht ausreichen sollte, können entsprechende Nahrungsergänzungsmittel verordnet werden.

Primär sklerosierende Cholangitis (PSC)

Die primär sklerosierende Cholangitis (PSC) ist eine seltene chronische Entzündung der großen und kleinen Gallenwege. Es kommt zu einer narbigen Verhärtung (Sklerose) der Gallengänge, die oft in einer perlschnurartigen Einengung der Gallengänge mündet. Auch hier können die Gallengangsveränderungen im Endstadium zu einer Leberzirrhose führen.

Die Ursache für eine PSC ist bis heute unbekannt. Männer sind circa doppelt so häufig betroffen wie Frauen. Zudem besteht ein Zusammenhang dieser Erkrankung mit anderen Autoimmunerkrankungen wie den chronisch-entzündlichen Darmerkrankungen Morbus Crohn und Colitis ulcerosa, der Autoimmunhepatitis oder dem Sjögren-Syndrom. Die Symptome einer PSC können sehr unterschiedlich sein und bilden sich abhängig vom Stadium aus. Mit Fortschreiten der Erkrankung kann es zu Juckreiz, Müdigkeit/Leistungsminderung, Oberbauchbeschwerden, Gewichtsverlust und Gallestau mit Gelbfärbung des Augenweiß und der Haut (Ikterus) kommen. Da PSC-Patienten ein erhöhtes Risiko für Gallengangs- und Darmtumore haben, bedürfen sie ab Diagnosestellung zudem einer besonderen Überwachung.

Es gibt keine spezifischen Ernährungsempfehlungen für PSC-Patienten. Eine Mangelernährung sollte allerdings unbedingt verhindert werden. Insbesondere wenn es zur Beeinträchtigung der Fettverdauung kommt, können MCT-Fette eingesetzt werden. In diesem Fall sollten auch die fettlöslichen Vitamine medikamentös ersetzt werden. Bei zusätzlichem Vorliegen einer chronisch-entzündlichen Darmerkrankung muss zudem je nach Schubaktivität der Erkrankung das Ernährungsverhalten entsprechend angepasst werden.

Leberzirrhose

Bei einer fortgeschrittenen Lebererkrankung findet sich zunehmend Bindegewebe in der Leber, das das gesunde Lebergewebe verdrängt. Dieser Vorgang kann in einen kompletten narbigen Umbau, die sogenannte Leberzirrhose, münden.

Für diese Schädigung der Leber kommen unterschiedliche Ursachen infrage, vor allem:

- Fettlebererkrankung
- chronische Entzündungen der Leber durch Viren
- übermäßiger Alkoholkonsum
- einige Medikamente
- Autoimmunerkrankungen (zum Beispiel Autoimmunhepatitis)
- Hämochromatose
- Morbus Wilson
- Alpha-1-Antitrypsin-Mangel (eine angeborene Stoffwechselerkrankung)
- andere Speicher- und Stoffwechselerkrankungen

Die chronischen Schädigungen der Leber führen zu einer Zerstörung der Leberzellen. So verliert die Leber mit voranschreitendem Zellverlust immer mehr die Fähigkeit, Giftstoffe aus dem Blut zu entfernen, und auch der Blutfluss durch die Leber wird zunehmend schwieriger.

Anfangs reicht das verbliebene, gesunde Lebergewebe noch aus, um die Funktion der Leber in normalen Lebenssituationen aufrechtzuerhalten. Wenn aber weitere funktionierende Leberzellen wegfallen, kann die Leber ihre Aufgaben nicht mehr ausreichend bewältigen – es kommt zu Symptomen eines Leberversagens (Leberinsuffizienz). Gerade in diesem Zustand ist es besonders entscheidend, die noch gesunde Restleber zu schützen und die entstandenen Folgen zu begrenzen. Ein wichtiger Faktor ist hier die Ernährung, mit der die einzelnen Funktionen der Leber verbessert werden können.

Ein chronischer Schaden der Leber führt langfristig zum Verlust der Leberfunktionen sowie zum Blutstau vor der Leber.

Folgen und Symptome einer Leberzirrhose

Ein chronisches Leberversagen bei Leberzirrhose kann sich zu Beginn wie eine generelle Erschöpfung bemerkbar machen. Es kommt zu einer dauerhaften Müdigkeit mit eingeschränkter Leistungsfähigkeit und Konzentrationsschwäche. Weitere Symptome können eine Gelbfärbung der Haut (Ikterus) und häufige blaue Flecke sein. Außerdem können sich Flüssigkeitsansammlungen im Bauchraum (Aszites) und/oder Krampfadern in der Speiseröhre (Varizen) bilden. Eine anfängliche Konzentrationsschwäche kann sich im weiteren Verlauf zu einer schweren Verwirrtheit bis hin zu einem Koma entwickeln. Problematisch ist hierbei, dass die typischen Symptome einer chronischen Erkrankung der Leber in der Regel sehr spät, das heißt bei einem Leberversagen auftreten, da die Leber lange Zeit über große Reserven verfügt. Zu diesem Zeitpunkt ist die Leber aber häufig bereits irreparabel geschädigt.

Die Folgen einer Leberzirrhose lassen sich nicht selten auch „auf" und „unter" der Haut beobachten. So kann es sein, dass sich die Fußsohlen oder Handinnenflächen rötlich einfärben. Es können kleine schmerzhafte Wunden an den Mundwinkeln (Rhagaden) entstehen. Überall auf der Haut können sich unter Umständen kleine rote Punkte mit spinnenbeinähnlichen Ausziehungen (Spider naevi) bilden. Zunge und Lippen können ebenso betroffen sein, und es kann zu einer auffallend rötlich glänzenden Erscheinung kommen (Lackzunge und Lacklippen). Bei Männern kann es zusätzlich zu einem Ausfallen und fehlenden Nachwachsen der Bauchbehaarung und ggf. auch der Schambehaarung kommen. Auffallend kann auch eine vermehrte Neigung zu blauen Flecken oder Nasenbluten sein.

Mit fortschreitender Leberzirrhose können sich auch bei der Nahrungsaufnahme einige Dinge ändern. So berichten viele Patienten im Laufe der Erkrankung über ein deutliches und sehr störendes Völlegefühl. Diese Beschwerden treten häufig bereits nach der Aufnahme von sehr geringen Nahrungsmengen auf und sind teilweise auch ohne vorherige Nahrungsaufnahme vorhanden. Zusätzlich nimmt bei zunehmender Leberschwäche der generelle Appetit ab. Auch ein verändertes Geschmacksempfinden kann vorkommen. Die Folge dieser Entwicklungen kann sein, dass zu wenig Nährstoffe aufgenommen werden. Zusätzlich ist häufig eine Zunahme des Bauchumfangs bemerkbar. Dies ist ein Zeichen für die Entwicklung von Aszites. Die Wassereinlagerungen können allerdings nicht nur im Bauchraum, sondern auch um die Lunge (Pleuraerguss) oder in den Beinen sowie im gesamten Körper (Ödeme) auftreten.

Reduzierte Magen-Darm-Tätigkeit

Bei einer Leberzirrhose staut sich schlecht abfließendes Blut in der Pfortader zurück bis in den Darm. Es entsteht der sogenannte Pfortaderhochdruck (portale Hypertension). Durch den Blutstau kommt es zum Anschwellen der Magen- und Darmwand. Hierdurch werden die Beweglichkeit des Darms und die Nährstoffresorption beeinträchtigt. Überdies verändert sich die Magen-Darm-Schleimhaut, was die Nährstoffverwertung zusätzlich verschlechtert und zu einer Störung des enterohepatischen Kreislaufs führt. Bei Patienten mit Leberzirrhose verändert

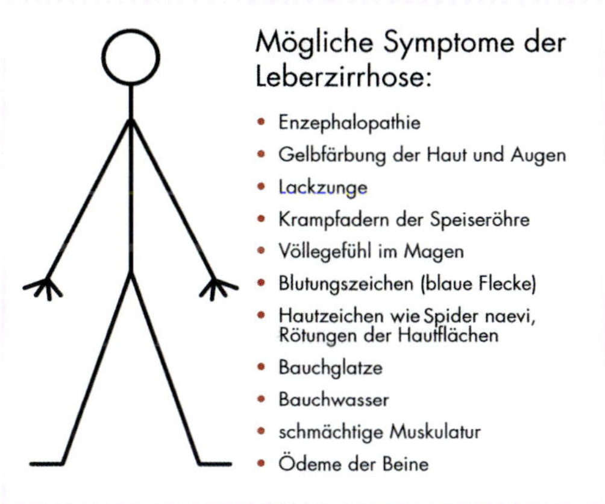

Abbildung 8: Mögliche Symptome der Leberzirrhose

sich zudem die Anzahl und Zusammensetzung der Darmbakterien, des sogenannten Mikrobioms. Dies bedeutet nicht nur eine erhöhte Infektanfälligkeit, sondern auch die Verschlechterung der Verdauung der über die Nahrung aufgenommenen Nährstoffe.

Die reduzierte Magen-Darm-Tätigkeit führt zu einem schnell einsetzenden oder nicht endenden Völlegefühl. Häufig treten Beschwerden wie Sodbrennen und Übelkeit auf, was den Appetit weiter reduziert. Durch die gestörte Entgiftungsfunktion und die dadurch entstehenden Verwirrtheitszustände kann zusätzlich das Essen vergessen werden.

Reduzierte Bildung von Eiweißen

Die Leber ist an der Bildung von zahlreichen lebenswichtigen Funktionseiweißen und Hormonen beteiligt, die den Muskelstoffwechsel regulieren. Bei einer Leberzirrhose ist diese Funktion erheblich beeinträchtigt. Davon betroffen sind unter anderem Gerinnungsfaktoren, was sowohl vermehrte Blutungen als auch Thrombosen verursachen kann. Die verminderte Eiweißproduktion beeinflusst zudem Immunantworten, sodass Menschen mit einer Leberzirrhose eine erhöhte Infektanfälligkeit haben. Eine ausreichende Eiweißbildung ist wichtig für den Wasserhaushalt des Körpers, der wiederum die Nieren- und Herz-Kreislauf-Funktionen beeinflusst. Daher kann bei Patienten mit Leberzirrhose die Nieren- und Herz-Kreislauf-Funktion eingeschränkt sein.

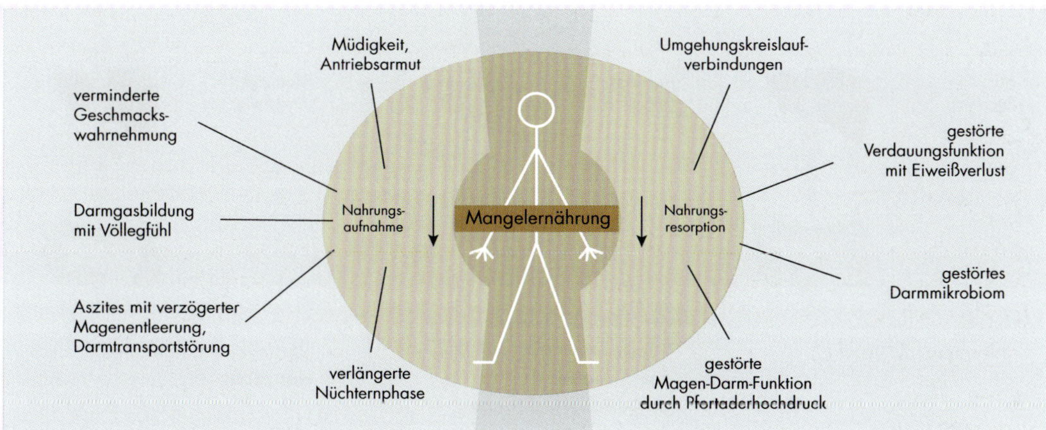

Abbildung 9: Mangelernährung bei Leberzirrhose

Sarkopenie (Muskelschwund)

Patienten mit fortgeschrittener Leberzirrhose leiden häufig an Muskelschwund. Dieser kann verschiedene Ursachen haben. Neben einem allgemeinen Eiweißmangel kommt es im Rahmen der Leberzirrhose zur Bildung von Entzündungseiweißen, die den Abbau von Muskulatur einleiten. Giftstoffe, die von der Leber entsorgt werden sollten, führen wiederum zu einem verstärkten Abbau und geringeren Aufbau der Muskulatur. Zusätzlich kommt es aufgrund der Leberschwäche zu einem Missverhältnis zwischen den Geschlechtshormonen Östrogen und Testosteron. Alles zusammen führt zu einem schnellen und schwerwiegenden Muskelabbau. Dieser folgenschwere Verlust an Muskelmasse und -funktionalität wird Sarkopenie genannt. Aufgrund der fehlenden Muskelmasse und dem damit einhergehenden Kraftverlust sind Patienten mit Leberzirrhose schlechter in der Lage, sich zu bewegen, was wiederum den Muskelabbau mangels Trainings weiter beschleunigt. Das Ergebnis ist die zunehmende Hinfälligkeit und der Verlust an Selbstständigkeit und Lebensqualität.

Eiweiße sind lebenswichtig für alle Körperfunktionen. Eine kranke Leber beeinträchtigt viele Stoffwechselvorgänge, sodass auch die lebensnotwendige Muskulatur vermehrt abgebaut und in ihrer Funktionalität beeinträchtigt wird.

Hepatische Enzephalopathie

Die gestörte Entgiftungsfunktion betrifft vor allem giftige Abbaustoffe, wie sie bei der Verdauung von Eiweiß im Darm anfallen. Einer dieser Abbaustoffe ist das Ammoniak, das bei gesunden Menschen durch die Leber zu Harnstoff abgebaut und über den Urin ausgeschieden wird.

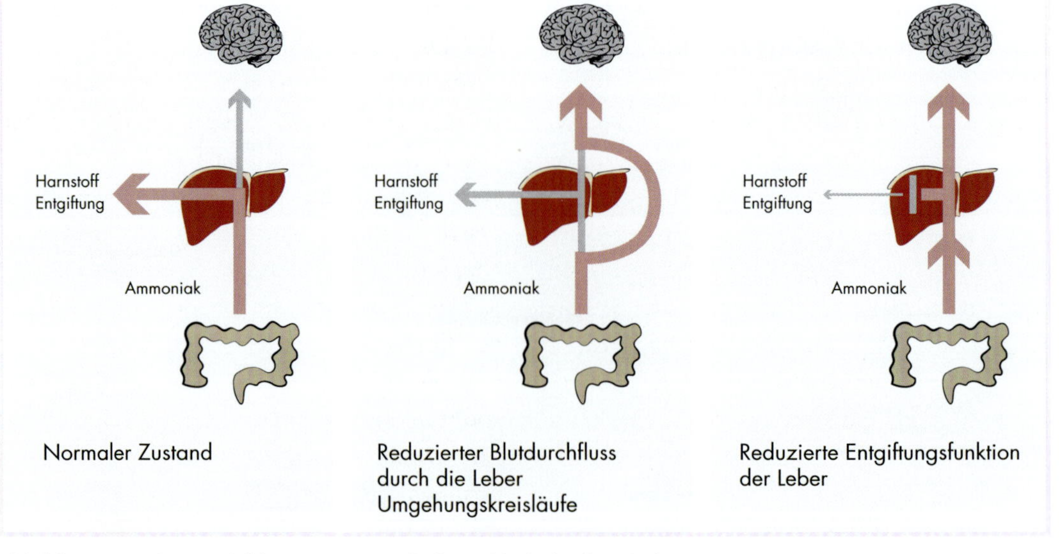

Abbildung 10: Die Entwicklung von Enzephalopathie bei Leberzirrhose

Bei einer eingeschränkten Leberfunktion kann Ammoniak nicht mehr ausreichend durch die Leber abgebaut werden. In der Folge kann es zu einem Ammoniakanstieg im Blut und damit zu Störungen der Hirnfunktion kommen. Man nennt dies hepatische Enzephalopathie. Typische Symptome sind Müdigkeit, Konzentrationsschwäche und Bewusstseinsstörungen, die bis zum Leberkoma reichen können.

Diese Symptome können allerdings auch bei einem normalen Ammoniakspiegel auftreten, was darauf hinweist, dass die Enzephalopathie komplexer abläuft als hier dargestellt werden kann und weitere Stoffe beteiligt sind, die im Rahmen von Routineuntersuchungen nicht bestimmt werden können.

Aszites

Viele Patienten mit Leberzirrhose bekommen im Laufe ihrer Erkrankung eine Ansammlung von Flüssigkeit in ihrem Bauchraum, den sogenannten Aszites (Bauchwasser). Der grundlegende Mechanismus für die Entstehung von Flüssigkeit im Bauchraum ist die Entwicklung der portalen Hypertension, also einem Blutstau in der Pfortader. Hierdurch kommt es zu einer deutlichen Änderung des Blutflusses im Bauchraum.

Typischerweise entwickeln die Betroffenen zudem eine Neigung zu niedrigen und sogar sehr niedrigen Blutdruckwerten, was zu einer Minderung der Nierendurchblutung führt. Der Körper setzt daraufhin verschiedene Prozesse in Gang, um wieder ausreichend Blutdruck aufzubauen. Je weiter die Lebererkrankung und damit auch die Leberzirrhose voranschreitet, desto aufwendiger wird es für den Organismus, dieses Gleichgewicht aufrechtzuerhalten. Das Gleichgewicht kann aber auch durch andere Umstände gestört werden: Auch eine Infektion oder eine Blutung aus Krampfadern der Speiseröhre können beispielsweise zum Zusammenbruch dieses Gleichgewichts führen. Es kommt zur Entwicklung von Bauchwasser.

Eine wichtige Komplikation ist die Entzündung der Bauchhöhle (spontan bakterielle Peritonitis), die durch die Wanderung von Bakterien durch die Darmwand in das Bauchwasser entsteht. Bei Vorhandensein von Bauchwasser verbraucht der Körper noch mehr Energie und Eiweiß.

> Patienten mit Bauchwasser verbrauchen noch mehr Energie als Patienten mit Leberzirrhose ohne Bauchwasser.

Ösophagusvarizen

Für die Entstehung von Krampfadern ist ebenfalls die portale Hypertension hauptverantwortlich. Das Blut staut sich nicht nur in den Darm zurück, sondern „sucht“ sich den Weg um die Leber herum. Hierzu dienen unter anderem venöse Gefäße im Bereich der Speiseröhre. So entstehen dort Krampfadern (Ösophagusvarizen). Auch in Magen und Darm können Krampfadern entstehen, was aber seltener geschieht.

Die Adern sind für solch eine große Menge Blut nicht vorgesehen. Sie dehnen sich wulstig aus und bilden Krampfadern, die spontan oder unter Belastung einreißen können. Diese Blutungen können akut lebensbedrohlich sein. Wenn die Krampfadern einreißen oder es zu einer akuten Blutung kommt, können in einer Speiseröhren-Magenspiegelung die Varizen mit Gummibändern abgeklemmt (ligiert) oder verödet werden. Da eine akute Blutung extrem gefährlich ist und die Leberfunktion weiter herabsetzt, sollte diese möglichst vermieden werden.

Ernährung bei Leberzirrhose

Es gibt einige wenige, aber sehr effektive Möglichkeiten, um die Ernährung für Patienten mit Leberzirrhose zu optimieren. Betroffene sollten eine Ernährungsberatung durch eine Ernährungsfachkraft erhalten.

Um nicht in den auszehrenden Hungerstoffwechsel zu gelangen, sollten drei bis fünf Mahlzeiten pro Tag konsumiert werden. Auch ein spätabendlicher Snack kurz vor dem Schlafengehen ist sehr wichtig, um die nächtliche Fastenphase so kurz wie möglich zu halten.

Patienten mit Leberzirrhose und Mangelernährung sollten generell auf eine höhere Energieaufnahme achten – vor allem wenn ein immer wiederkehrender Aszites vorliegt. Pro Tag sollten ca. 35 kcal pro Kilogramm Körpergewicht verzehrt werden, um dem erhöhten Energiebedarf gerecht zu werden. Das kann im Einzelfall auch mehr sein, bis zu 40 kcal pro Kilogramm Körpergewicht.

Eine besondere Situation ist die Leberzirrhose mit starkem Übergewicht (Adipositas). Hier muss ein individueller Ernährungsplan entwickelt werden, der eine Gewichtsabnahme unter Reduktion des Fettgewebes bei Erhalt der Muskulatur ermöglicht.

Fett ist aufgrund seiner hohen Energiedichte grundsätzlich ein sehr wichtiger Energielieferant. Zusätzlich kann es Nahrung schmackhafter wirken lassen. Für Patienten mit Leberzirrhose sollte Fett dementsprechend ein wichtiger Bestandteil der Ernährung sein. Entscheidend ist dabei eine hohe Qualität der Fette (siehe Kapitel „Fett – viel mehr als nur ein Energieträger“ ab Seite 20), um ihre positive Auswirkung auf den Stoffwechsel zu nutzen.

Außerdem sollte unbedingt auf einen erhöhten Eiweißgehalt der Ernährung geachtet werden. Empfohlen werden 1,5 Gramm Eiweiß pro Kilogramm Körpergewicht pro Tag, wenn bereits eine Mangelernährung vorliegt. Auch wenn noch keine Mangelernährung besteht, sollte der Eiweißgehalt der täglichen Ernährung auf ca. 1,2 Gramm Eiweiß pro Kilogramm Körpergewicht gesteigert werden. Dieser Wert sollte auch erreicht werden, wenn in der Vergangenheit Episoden hepatischer Enzephalopathie aufgetreten sind.

Zuckerstoffwechsel

Die Leber spielt eine wichtige Rolle im Zuckerstoffwechsel. Sie ist vor allem am Speichern überschüssigen Blutzuckers in Form von Glykogen beteiligt. Wenn dringend Zucker als Energielieferant benötigt wird, zum Beispiel in Fasten- oder Hungerphasen, kann die Leber aus der gespeicherten Energie Zucker freisetzen und dem Körper zur Verfügung stellen. Bei einer Leberzirrhose geht diese Funktion immer mehr verloren. Speicher können nicht mehr gefüllt oder aufgebaut werden, die Herstellung von Zucker aus den Speichern wird schwieriger.

Gerade in längeren Phasen ohne Nahrungszufuhr muss bei einer kranken Leber die Energieversorgung über andere Stoffwechselwege erfolgen, unter anderem aus der Fettverbrennung. Dies geschieht deutlich früher als bei lebergesunden Menschen. So kommt es bereits nach kurzen Fastenphasen (zum Beispiel über Nacht) zu Stoffwechselsituationen, wie sie bei Lebergesunden erst nach mehreren Tagen des Fastens auftreten. Auch hierdurch geht weitere wertvolle Muskelmasse verloren und der Zustand der Sarkopenie verschärft sich.

Vitamine und Mineralien

Bei einer Leberzirrhose kommt es häufig zu Mangelzuständen (Vitamine, Mineralien und Spurenelemente), vor allem, wenn sie durch übermäßigen Alkoholkonsum verursacht wurde. Diese Mangelzustände können durch eine entsprechende Kost ausgeglichen werden. Besonders zu achten ist auf das für den Energiestoffwechsel wichtige Vitamin B1, das bei einer Leberzirrhose nur noch in geringen Mengen gespeichert werden kann, sowie auf Folsäure und Vitamin D. Das über die Haut gebildete und über den Darm aufgenommene Vitamin D3 wird erst in der Leber (wo es auch gespeichert wird) und weiter in der Niere aktiviert. Darüber hinaus findet sich bei Betroffenen sehr häufig ein Zinkmangel, was zusätzlich den Entgiftungsstoffwechsel von Ammoniak beeinträchtigt.

Wenn die Leberzirrhose weiter fortgeschritten ist und eine Mangelernährung vorliegt, können entsprechende Nahrungsergänzungsmittel verordnet werden.

Energie und Mikronährstoffe können bei Menschen mit einer Leberzirrhose fehlen. Dies hängt häufig von der Ursache der Erkrankung ab, weshalb sie individuell ersetzt werden müssen.

Alkohol

Der wichtigste Schritt bei einer alkoholbedingten Leberzirrhose ist die Beendigung des Alkoholkonsums. Es gibt hier keine noch so kleine tolerable Menge. Die Behandlung der Alkoholkrankheit kann viele Therapieansätze umfassen. Für eine Beendigung des Alkoholkonsums ist es nie zu spät. Selbst bei fortgeschrittener Leberzirrhose kann die vollkommene Alkoholabstinenz die Prognose verbessern.

Alternativen bei Gewichts- und Appetitverlust

Den hohen Energiebedarf, der bei einer Lebererkrankung bestehen kann, zu decken, ist nicht immer einfach. Viele kleine Mahlzeiten über den Tag verteilt können helfen. Auch kann es sinnvoll sein, die Energiedichte der Lebensmittel zu erhöhen.

Eine Salzreduktion kann dazu führen, dass Lebensmittel „an Geschmack verlieren". Es ist wichtig, dies zu vermeiden. Hier kann der Einsatz von Kräutern und Gewürzen helfen. Sollten trotzdem weiterhin Probleme mit der ausreichenden Energiezufuhr bestehen, so kann auf energiereiche Trinknahrung bzw. Pulverzusätze zurückgegriffen werden. Reicht auch dies nicht aus, kann eine Ernährung über den Blutkreislauf, eine sogenannte parenterale Ernährung, eingesetzt werden.

Ernährung bei hepatischer Enzephalopathie

Der Entwicklung einer Enzephalopathie kann mit einer besonderen Auswahl von Eiweißprodukten aus hauptsächlich pflanzlichen Quellen (Hülsenfrüchte, Soja, Vollkornprodukte, Kartoffeln) sowie mit Milch (Joghurt, Quark, Käse) und Eiern entgegengewirkt werden. Durch die Umstellung der Ernährung auf diese Lebensmittel entstehen weniger giftige Abbauprodukte im Darm als bei der Verdauung von Fleisch und Wurstwaren.

Der Vorteil der pflanzlichen Eiweiße und der Milcheiweiße liegt darin, dass sie reicher an verzweigtkettigen Aminosäuren (*branched chain amino acids*, BCAA) sind. Diese BCAAs werden hauptsächlich in der Muskulatur verstoffwechselt und lassen deshalb den Ammoniakspiegel im Blut nicht ansteigen. Die aromatischen Aminosäuren aus Fleisch, Wurst und Fisch hingegen werden in der Leber verstoffwechselt und können den Ammoniakspiegel entsprechend ansteigen lassen.

Die folgenden Lebensmittel enthalten vermehrt verzweigtkettige Aminosäuren und haben eine gute Verträglichkeit: Milch, Milchprodukte, pflanzliches Eiweiß wie Soja, Tofu, Getreide, Hülsenfrüchte, Pilze, Gemüse.

Diese Lebensmittel enthalten vermehrt aromatische Aminosäuren und bergen die Gefahr einer Enzephalopathie: Fleisch, Wurstwaren, Fisch.

Den BCAAs scheint gerade bei Betroffenen mit fortgeschrittener Leberzirrhose eine besondere Rolle zuzukommen. Bei Patienten mit Leberzirrhose konnte eine Reduzierung der Verwirrung beziehungsweise weniger Episoden mit einer deutlichen Verschlechterung erreicht werden. Auch scheint es einen positiven Einfluss auf den Muskelstoffwechsel zu geben. Es ist daher sinnvoll, Lebensmittel mit BCAAs zu bevorzugen. Inwiefern eine zusätzliche Zufuhr in Form von speziellen Ernährungsprodukten sinnvoll ist, sollte im Einzelfall zusammen mit dem Arzt und der Ernährungsfachkraft entschieden werden.

Die früher oft empfohlene Einschränkung der Eiweißzufuhr wird nur noch in besonderen Ausnahmefällen wie der schweren Enzephalopathie verordnet und sollte ausschließlich auf die Dauer der Krise beschränkt werden. Eine zu geringe Eiweißzufuhr kann sogar das Risiko für eine Enzephalopathie erhöhen.

Ist eine Deckung des Eiweißbedarfs wegen der schwer eingeschränkten Funktion der Leber oder durch mangelhafte Aufnahme mit der Nahrung nicht mehr möglich, können Eiweißkonzentrate (angereichert mit verzweigtkettigen Aminosäuren) und künstliche Nahrung in Form von hochkalorischer eiweißreicher Trinknahrung aus der Apotheke oder Drogeriemärkten eingesetzt werden. Diese sind in verschiedenen Geschmacksrichtungen erhältlich und können jederzeit zusätzlich zu den normalen Mahlzeiten zwischendurch und vor allem als Spätmahlzeit eingenommen werden. Bei Bedarf kann der Arzt künstliche Zusatznahrung verordnen, sodass die Kosten ganz oder anteilmäßig von den Krankenkassen erstattet werden.

Eine wesentliche Maßnahme sowohl in der Therapie als auch bei der Vermeidung von Enzephalopathie-Episoden ist die Ballaststoffzufuhr (siehe Kapitel „Ballaststoffe – mehr als nur Ballast“ ab Seite 24). Eine besonders wichtige Rolle kommt dabei dem synthetischen Zweifachzucker Laktulose zu. Der erreicht unverdaut den Dickdarm und wird dort von den Mikroorganismen zu kurzkettigen Fettsäuren abgebaut, die das Darmmilieu ansäuern und die Resorption von Ammoniak hemmen. Laktulose fördert das Wachstum der günstigen Darmbakterien und mindert dadurch unter anderem die Ammoniakproduktion. Außerdem hat Laktulose eine abführende Wirkung und unterstützt somit die Entgiftung.

Ernährung bei Aszites

Die wichtigste Empfehlung ist auch hier die erhöhte Energie- und Eiweißzufuhr. Weiterhin kann es notwendig werden, die Trinkmenge zu reduzieren, was unter Umständen durch das veränderte Durstempfinden bei fortgeschrittener Lebererkrankung sehr schwer werden könnte. Helfen kann dabei das Lutschen von sauren Bonbons oder speziellen mundbefeuchtenden Stäbchen. Die genaue Trinkmenge ist individuell zu bestimmen. Ohne ärztliche Anweisung sollte diese nicht deutlich geändert werden. In die Flüssigkeitsbilanz müssen alle Flüssigkeiten eingerechnet werden, es zählen auch Kaffee oder Tee.

Eine weitere Rolle in der Entstehung von Bauchwasser spielt Natrium, das vor allem in Kochsalz enthalten ist. Auch hier kann eine Reduzierung helfen. Eine verminderte Natriumzufuhr kann die Menge an Bauchwasser und die Geschwindigkeit der Wiederentstehung verringern. Allerdings macht Salz die Speisen schmackhafter, und eine Reduzierung sollte nicht zu einer verminderten Aufnahme an Nahrung und damit lebenswichtiger Energie und Nährstoffe führen. Eine generelle deutliche Minderung der Natriumzufuhr sollte daher nur in bestimmten Fällen erfolgen. Meist genügt es schon, das „Zusalzen“ zu vermeiden und möglichst auf hoch verarbeitete Nahrungsmittel und vor allem auf Fertiggerichte zu verzichten, die häufig viel Kochsalz enthalten. In besonderen Fällen kann die Zufuhr versuchsweise auf 1,4 Gramm Natrium pro Tag reduziert werden. Dies entspricht ca. 4 Gramm Kochsalz. Der Orientierungswert liegt im Normalfall laut DGE bei etwa 6 Gramm Speisesalz pro Tag.

Ernährung bei Ösophasgusvarizen

Je nach Ausprägung der Krampfadern ist es erfahrungsgemäß sinnvoll, auf harte und scharfkantige Lebensmittel wie knusprige Brötchen und Knäckebrot zu verzichten, welche die Varizen verletzen könnten. Ausgiebige Mahlzeiten können den Druck auf die Krampfadern erhöhen, sodass sich die Verteilung in mehrere kleine Portionen über den Tag empfiehlt. Die Speisen sollten nicht heiß verzehrt und gut durchgekaut werden. Obst und Gemüse mit harten Schalen kann gerieben, Nüsse können gemahlen werden. In manchen Fällen müssen die Speisen sogar püriert werden. Hier kann es sich lohnen, einen Fleischwolf oder einen Standmixer anzuschaffen.

> LZ Im Rezeptteil sind Gerichte, die bei einer Leberzirrhose zu empfehlen sind, an dem Symbol LZ erkennbar.

Lebertransplantation

Die Lebertransplantation ist ein etabliertes Therapieverfahren und die einzige kurative Behandlung bei einer fortgeschrittenen Leberzirrhose. Aber auch bei Leberzellkrebs ist die Lebertransplantation mittlerweile eine etablierte Therapieoption.

Allerdings bedeutet eine Lebertransplantation auch, dass trotz der Ausheilung der Grunderkrankung eine lebenslange Therapie mit bestimmten Medikamenten und besonderen Verhaltensweisen durchgeführt werden muss. Auch die Operation selbst birgt potenzielle Risiken.

Die richtige Ernährung ist hier ein wichtiger Baustein in der Begleitung von Patienten vor und nach einer Lebertransplantation. Denn zum einen kann eine gesunde Ernährung den Patienten optimal auf die Lebertransplantation vorbereiten und dadurch das Komplikationsrisiko senken, zum anderen ist auch die richtige Ernährung nach der Transplantation wichtig, um Komplikationen zu vermeiden und die Lebensqualität zu verbessern.

Vor der Lebertransplantation

Besteht eine Lebererkrankung, die eine Lebertransplantation potenziell notwendig macht, so wird im ersten Schritt genau geprüft, ob der Betroffene für eine Lebertransplantation geeignet ist. Hierbei wird die Schwere der Lebererkrankung evaluiert. Zudem wird der allgemeine Gesundheitsstatus des Patienten untersucht, insbesondere die Funktionen von Herz, Lunge und Nieren. Dies ist wichtig, um das individuelle Risiko durch die Operation und die anschließende Immunsuppression einzuschätzen. Am wichtigsten sind aber der Wunsch und die Einwilligung des Patienten. Denn nur, wenn sich der Patient im Bewusstsein der Vorteile, aber auch der notwendigen lebenslangen Einschränkungen für eine Transplantation entschieden hat, ist dieser Eingriff sinnvoll.

Anschließend stellt ein Team aus Experten der Chirurgie und der Gastroenterologie anhand von festgelegten Kriterien fest, ob der Patient für eine Lebertransplantation geeignet ist, und meldet ihn bei der europäischen Zentrale (Eurotransplant) an. Anhand von verschiedenen Laborwerten und klinischen Parametern werden die Schwere der Erkrankung und die damit verbundene Dringlichkeit einer Transplantation regelmäßig an die Organisation gemeldet.

Ernährung vor einer Lebertransplantation

Mangelernährung ist eine sehr häufige Komplikation bei fortgeschrittener Leberzirrhose und kommt deswegen bei dem überwiegenden Teil der Patienten vor, die auf eine Lebertransplantation warten. Sie beeinträchtigt nicht nur die Lebensqualität, sondern erhöht zudem das Risiko für Komplikationen sowie einen tödlichen Verlauf vor und nach einer Lebertransplantation. Viele leiden vor allem an Eiweißmangel und dem Verlust an Muskelmasse (Sarkopenie). Insbesondere die Sarkopenie erhöht das Risiko für Erkrankungen oder den Tod nach einer Lebertransplantation. Aber auch ein ausgeprägtes Übergewicht (BMI >40 kg/m^2) kann im Rahmen einer Lebertransplantation das Risiko für Erkrankungen oder den Tod erhöhen.

Deshalb ist es für jeden Patienten, der in eine Lebertransplantation einwilligt, ratsam, sich bewusst mit seiner Ernährung auseinanderzusetzen. Hierbei ist es empfehlenswert, sich frühzeitig Unterstützung durch den behandelnden Arzt und eine individuelle Ernährungsberatung zu holen.

Besteht eine Mangelernährung, so sollte der Patient auf eine ausreichende Kalorienzufuhr achten (ca. 30 kcal pro Kilogramm Körpergewicht pro Tag). Insbesondere sollte hierbei eine ausreichende Eiweißaufnahme gewährleistet werden (ca. 1,2 bis 1,5 Gramm pro Kilogramm Körpergewicht pro Tag). Wenn vor der Lebertransplantation ein ausgeprägtes Übergewicht (BMI >30) vorliegt, sollte eine mäßige Gewichtsreduktion angestrebt werden. Hierbei können die im Kapitel „Die Fettlebererkrankung“ ab Seite 34 beschriebenen Empfehlungen helfen. Es ist auch hier wichtig, auf eine ausreichende Eiweißzufuhr zu achten, um dem Muskelabbau entgegenzuwirken.

Neben der Ernährung sollte der Patient zudem im Rahmen seiner Möglichkeiten körperlich aktiv bleiben. Hierdurch wird der weitere Abbau von Muskelmasse verhindert und gleichzeitig die kardiovaskuläre Leistungsfähigkeit gestärkt.

Die Transplantation

Bei einer Lebertransplantation wird die Leber des Patienten (Empfänger) entfernt. Dafür erhält er das Organ eines anderen Menschen. In den meisten Fällen ist dies die Leber eines kürzlich verstorbenen Menschen, welcher im Vorfeld in eine Lebertransplantation eingewilligt hat. Eine andere Möglichkeit ist heutzutage eine Lebendspende. Hier wird einem anderen Menschen ein Teil seiner Leber entfernt und dem Empfänger eingesetzt. Bei Spender und Empfänger kann die halbe Leber anschließend ihre Aufgaben dennoch fast vollständig übernehmen.

Das neue Leben nach der Lebertransplantation

Eine Lebertransplantation ist eine große Operation, und der Patient benötigt anschließend genügend Zeit, um sich zu erholen. Da die neue Leber ein „Fremdkörper“ ist, will der Körper sie mit seinem Immunsystem wieder zerstören (Abstoßung). Aus diesem Grund ist es nach einer Lebertransplantation notwendig, verschiedene Medikamente zu nehmen, die das Immunsystem des eigenen Körpers an dieser Abstoßung hindern (Immunsuppression). Diese Medikamente müssen unbedingt regelmäßig (jeden Tag und zur gleichen Zeit) und lebenslang eingenommen werden. Als Nebenwirkung der Immunsuppression kann es bei Transplantierten schneller zu Infektionen kommen.

Nach einer Lebertransplantation sind zudem regelmäßige Laboruntersuchungen und klinische Kontrollen bei einem Experten notwendig, um die Leberfunktion zu überprüfen und eine Abstoßung zu verhindern. Außerdem muss der Patient bestimmte Verhaltensregeln beachten, um eine Infektion und einen erneuten Leberschaden zu verhindern. Hierbei spielt auch die richtige Ernährung eine wichtige Rolle.

Ernährung nach einer Lebertransplantation

Nach der Transplantation normalisiert sich der Stoffwechsel, und der Energiebedarf unterscheidet sich langfristig nicht mehr von dem eines nicht-transplantierten Menschen. Grundsätzlich sollte man nach einer Lebertransplantation auf eine gesunde und abwechslungsreiche Ernährung gemäß den

Empfehlungen der DGE (siehe Kapitel „Die Ernährungspyramide“ ab Seite 12) achten und ein normales Gewicht anstreben. Eine spezielle Diät muss nach einer Lebertransplantation nicht eingehalten werden, allerdings sollten einige Punkte beachtet werden, die nachfolgend erläutert werden.

Übermäßige Gewichtszunahme vermeiden

Langfristig kommt es bei vielen Patienten nach der Lebertransplantation zu einer deutlichen Gewichtszunahme. Dies ist einerseits bedingt durch den verbesserten Appetit und das verbesserte Allgemeinbefinden, aber auch durch die Nebenwirkungen der Medikamente, insbesondere durch das Kortison.

Eine übermäßige Gewichtszunahme ist jedoch mit einem erhöhten Risiko für Herz-Kreislauf-Erkrankungen verbunden, wie zum Beispiel Bluthochdruck, Diabetes mellitus oder Fettstoffwechselstörungen. Daneben kann es auch zu einer Fettlebererkrankung kommen, die langfristig die Organfunktion schädigen und im schlimmsten Fall zu Entwicklung einer erneuten Leberzirrhose führen kann. Aus diesem Grund sollten eine starke Gewichtszunahme und die Entwicklung von Übergewicht frühzeitig durch eine ausgewogene Ernährung und regelmäßige, moderate sportliche Aktivität verhindert werden.

Mikronährstoffe beachten

Viele Medikamente, die für die Immunsuppression eingesetzt werden, haben Einfluss auf den Vitaminhaushalt. So kommt es nach der Lebertransplantation häufig zu einem Vitamin-D-Mangel, der nicht nur eine negative Auswirkung auf den Knochenstoffwechsel hat, sondern möglicherweise auch mit einem erhöhten Risiko für eine Abstoßungsreaktion verbunden ist. Da eine „knochengesunde Lebensweise“ mit regelmäßiger Sonnenlichtexposition oftmals nicht ausreichend ist, wird eine regelmäßige Kontrolle des Vitamin-D-Gehalts und gegebenenfalls die frühzeitige Verordnung eines Vitamin-D-Präparates empfohlen.

Nach der Lebertransplantation kann es langfristig zu einem Kalziummangel kommen, der die Entstehung einer Osteoporose begünstigt. Aus diesem Grund wird eine kalziumreiche Kost empfohlen, zum Beispiel durch den Verzehr von Milchprodukten oder kalziumreichem Mineralwasser. Hierbei sollte die zusätzliche tägliche Kalziumzufuhr von einem Gramm nicht überschritten werden.

Außerdem kann ein Magnesiummangel entstehen, sodass eine Magnesiumeinnahme notwendig werden kann. Auch magnesiumreiche Lebensmittel (zum Beispiel Vollkornprodukte, Milch und Milchprodukte, Nüsse, viele Gemüsearten und magnesiumreiches Mineralwasser) können helfen, einem Mangel vorzubeugen.

Wechselwirkungen vermeiden

Es kann zu Wechselwirkungen zwischen Lebensmitteln und Medikamenten kommen. Einige Lebensmittel können die Wirkung der Immunsuppression stören, sodass der Verzehr dieser Lebensmittel gemieden werden sollte. Hierzu zählen Grapefruit, Granatapfel und Cranberrys – ebenso jede Verarbeitungsform mit diesen Früchten, wie beispielsweise Saft, Joghurt oder Pudding. Auch bei frei verkäuflichen Nahrungsergänzungsmitteln und pflanzlichen Arzneimitteln wie beispielsweise Johanniskraut sollte man Vorsicht walten lassen.

Der Verzehr von Grapefruit, Granatapfel, Pampelmuse, Johanniskraut und Cranberrys sollte bei einer immunsuppressiven Therapie vermieden werden.

Küchenhygiene muss sein

Nach einer Lebertransplantation ist eine gute Küchenhygiene entscheidend.

In den ersten zwölf Monaten nach einer Organtransplantation ist der Körper besonders anfällig für Infekte, daher ist ein Schutz davor auch in der Küche wichtig. Da die Immunsuppression jedoch voraussichtlich lebenslang eingenommen werden muss, sollte ein transplantierter Patient die Grundsätze der Küchenhygiene auch langfristig einhalten.

Hierbei gilt vor allem, dass frisches Obst und Gemüse gut gewaschen werden und das Küchengeschirr nach jedem Gebrauch heiß und mit Spülseife gereinigt werden sollte. Lebensmittel sollten kühl gelagert werden. Besonders bei hohen Außentemperaturen ist es wichtig, Lebensmittel (gekauft oder zubereitet) umgehend in die Kühlung zu geben.

Abgelaufene oder verdorbene Lebensmittel dürfen nicht mehr verzehrt werden. Obst und Gemüse sollte von Sorten stammen, die nicht im Boden oder sehr bodennah wachsen.

Auf den Verzehr von rohen Eiern oder Eierspeisen, die nicht ausreichend erhitzt worden sind (zum Beispiel Tiramisu, Mayonnaise, Spaghetti Carbonara) sollte verzichtet werden, um eine Infektion mit Bakterien zu vermeiden. Eier immer vollständig garen (hart gekocht). Hierauf auch bei der Verarbeitung von Eiern in Speisen achten. Sprossen sollten ebenfalls nur gekocht verzehrt werden.

Gleiches gilt für Rohmilchprodukte. Käse sollte explizit aus pasteurisierter Milch hergestellt werden (dies steht in der Zutatenliste). Ein Rohmilchkäse kann nur verzehrt werden, wenn er beim Kochprozess ausreichend erhitzt wurde. Parmesan ist eigentlich ein Rohmilchkäse, stellt aber eine Ausnahme dar. Durch seine lange Reifezeit und den geringen Wassergehalt besteht kein hohes bakterielles Risiko.

Auch tierische Lebensmittel sollten nur durchgegart verzehrt, auf Produkte mit rohem Fisch oder Fleisch sollte absolut verzichtet werden. Häufig werden Lebensmittelinfektionen durch Salmonellen, Campylobacter, Listerien und Noroviren verursacht. Insbesondere eine Infektion mit dem Hepatitis-E-Virus sollte bei immunsupprimierten Patienten vermieden werden, da dieses Virus bei diesen Patienten zu einer schweren, chronischen Leberentzündung führen kann. Eine Infektion mit dem Virus erfolgt über den Verzehr von rohem oder nur unzureichend gegartem Schweinefleisch (zum Beispiel Mett). Auch Wildtiere und Meeresfrüchte können das Virus anreichern, sodass deren Verzehr ebenfalls zu einer Infektion führen kann. Aus diesem Grund sollten Produkte von Schwein und Wild (zum Beispiel Wildschwein, Reh, Hirsch) nur ausreichend durchgegart verzehrt werden. Das Fleisch sollte für mindestens 20 Minuten bei mehr als 70 °C erhitzt werden.

Beim Erhitzen von Speisen sollten grundsätzlich die folgenden Regeln beachten werden: Es muss die (Kern-)Temperatur gemessen werden, um den Gargrad einzuschätzen. (Farbe und Muster eines Lebensmittels sind dafür unzureichend.) Auch bei großen Mengen von zuzubereitenden Lebensmitteln ist darauf zu achten, dass der Gargrad einheitlich erreicht ist. Reste (Soßen, Marinade, Suppen etc.) müssen bei der Wiederverwendung zum Kochen gebracht werden.

Tiefgefrorene Beerenfrüchte können bakteriell belastet sein und dürfen daher nur verwendet werden, wenn sie ausreichend erhitzt wurden. Besser ist es, in der Saison frische Beeren aus Deutschland zu verwenden und diese vor dem Verzehr gründlich zu waschen.

Wenn das Leitungswasser nicht gesichert von hoher Qualität ist, sollte ausschließlich abgekochtes Leitungswasser oder abgefülltes Mineralwasser getrunken und auch keine Eiswürfel aus Leitungswasser verwendet werden. In Ländern mit niedrigem Hygienestandard sollten nur ausreichend erhitzte Speisen verzehrt werden. Es gilt die Regel: *Cook it, peel it or leave it* (Koche es, schäle es oder vergiss es)!

Im ersten Jahr nach der Transplantation sollte mit dem Transplantationszentrum geklärt werden, ob getrocknete Kräuter und Gewürze in nicht erhitzten Speisen verwendet werden dürfen. Das Gleiche gilt für Nüsse, die mit Schimmelpilzen belastet sein können.

> LT Im Rezeptteil sind Gerichte, die nach einer Lebertransplantation zu empfehlen sind, an dem Symbol LT erkennbar. Bitte beachten Sie auch dort besonders die Hygienetipps.

Tabelle 22: Übersicht der wichtigsten Ernährungsregeln nach einer Lebertransplantation

BESSER NICHT!	SO GEHT'S RICHTIG!
Rohes oder nicht ausreichend erhitztes Fleisch oder Fisch; geräucherte oder luftgetrocknete Waren, Sushi	Ausreichend erhitztes Fleisch oder Fisch
Unpasteurisierte Milch/Rohmilch	Pasteurisierte Milch
Rohei oder nicht ausreichend erhitzte Eier	Gekochte Eier
Ungewaschene Lebensmittel	Gewaschene/geschälte Lebensmittel
Rohmilchkäse	Käse aus pasteurisierter Milch
Rohe Sprossen	Gekochte Sprossen
Grapefruit, Cranberry, Granatapfel, Pampelmuse und Johanniskraut	Verzicht

Jetzt wird es praktisch: Die lebergesunde Ernährung

In der Küche

Wir möchten Sie motivieren, Ihre Ernährung selbst und leberbewusst zu gestalten. Diese Rezepte sollen Ihnen dabei helfen und Sie für das eigene Zubereiten von Speisen begeistern. Unsere Ratschläge und Rezepte sind vielfach erprobt, sehr praktikabel und durch erfahrene Ernährungsfachkräfte den aktuellen wissenschaftlichen Erkenntnissen angepasst worden.

Zu den Rezepten

Bei allen Rezepten finden Sie in der Symbolleiste eine Angabe dazu, bei welchen Lebererkrankungen diese geeignet sind. Dabei verwenden wir folgende Symbole:

- FL Fettlebererkrankungen
- LZ Leberzirrhose
- HC Hämochromatose
- MW Morbus Wilson
- LT Rezepte, die nach einer Lebertransplantation geeignet sind

Unsere Rezepte können mit Abwandlungen bei verschiedenen Lebererkrankungen und nach einer Lebertransplantation eingesetzt werden. In diesen Fällen ist das Symbol grau hinterlegt und die dafür notwendige Variante im Anschluss an das Rezept angegeben.

Küchentipps

So putzen Sie Gemüse und Obst

In unseren Rezepten ist meist von „Gemüse und Obst putzen" die Rede. Putzen bedeutet, dass alle nicht essbaren Teile entfernt und Schadstellen abgeschnitten werden. Je nach Verschmutzungsgrad sollten Sie das Obst und Gemüse vorher und/oder hinterher außerdem gründlich säubern.

So erkennen Sie, dass Ihr Gebäck durchgebacken ist

Machen Sie eine Garprobe, indem Sie mit einem Holzstäbchen in die Mitte eines Gebäcks stechen. Wenn kein Teig mehr am Stäbchen kleben bleibt, ist das Gebäck fertig.

Bei einem Brot erkennen Sie am besten, dass es fertig gebacken ist, wenn Sie es aus der Form nehmen und von unten dagegenklopfen. Klingt es hohl, ist es perfekt.

So verwenden Sie Vollkornmehl

In vielen Backrezepten geben wir bei unterschiedlichen Kostformen den Tipp, Vollkornmehl zu verwenden. Da diese Mehle quellfähiger sind, kann sich der Flüssigkeitsbedarf etwas erhöhen. Sollte der Teig noch etwas zu fest sein, geben Sie einfach esslöffelweise Flüssigkeit dazu, bis die gewünschte Konsistenz erreicht ist.

So gelingt Ihr Hefeteig

Ein Hefeteig benötigt Zeit. Nicht nur beim Aufgehen, sondern auch beim Ansetzen. Die Hefe wird durch gutes Kneten erst richtig aktiviert. Das kann bis zu zehn Minuten dauern. Wenn Sie einen glatten, nicht mehr klebrigen Teig haben, ist er perfekt.

So tauen Sie richtig und hygienisch auf

Geben Sie beispielsweise Fischfilets im gefrorenen Zustand in ein Abtropfsieb mit Unterteller oder Schale und lassen Sie es so im Kühlschrank auftauen. Auch in kaltem Wasser oder in der Mikrowelle ist das Auftauen problemlos möglich. Raumtemperatur bietet Bakterien zu gute Bedingungen für eine schnelle Vermehrung. Ganz wichtig: Gießen Sie das Auftauwasser anschließend sofort weg.

So vermeiden Sie Verfärbungen

In einigen Rezepten werden frische Rote Bete und Kurkuma verarbeitet. Um eine starke Verfärbung der Finger zu vermeiden, sollten Sie bei der Verarbeitung Einweghandschuhe tragen. Verzichten Sie außerdem auf die Nutzung von Holzbrettern.

So verwenden Sie Kräuter und Gewürze am besten

Lagern Sie Ihre Kräuter und Gewürze stets kühl, gut verschlossen, in einem licht- und luftundurchlässigen Gefäß. So bleiben die Qualität und das Aroma lange erhalten. Da getrocknete Kräuter und Gewürze mit Bakterien und Pilzen belastet sein können, sollten Sie ein paar Regeln beachten:

- Achten Sie auf das Mindesthaltbarkeitsdatum. Es sollte nicht überschritten sein.
- Halten Sie die Gewürze/Kräuter niemals über Wasserdampf. Falls möglich, entnehmen Sie die Gewürze/Kräuter jeweils mit einem sauberen Löffel, nicht mit den Fingern.
- Versuchen Sie, getrocknete Kräuter und Gewürze lieber in Gerichten einzusetzen, die gründlich erhitzt werden.

Hygienetipps

Wir empfehlen, die nachfolgenden Hygienemaßnahmen zu berücksichtigen. Bitte beachten Sie nach einer Lebertransplantation außerdem die Hinweise im entsprechenden Kapitel ab Seite 58.

Waschen

Waschen Sie sich vor der Lebensmittelverarbeitung für mindestens 20 Sekunden mit Seife die Hände.

Bitte waschen Sie frisches Obst und Gemüse sehr gut und schälen Sie es gegebenenfalls. Achten Sie dabei darauf, dass keine Erde mehr zu sehen oder zu fühlen ist. Gleiches gilt für frische Kräuter. Zur Reinigung und zum Trocknen können Sie Küchenpapier oder regelmäßig heiß gewaschene Stofftücher verwenden.

Ein Augenmerk sollten Sie auf Lappen und Geschirrhandtücher legen. Tauschen Sie diese regelmäßig aus und waschen Sie sie bei mindestens 60 °C. Es ist ratsam, getrennte Tücher für Geschirr und Hände zu nutzen.

Trennen

Achten Sie bei der Speisenzubereitung bitte darauf, rohe Lebensmittel wie Fleisch, Fisch, Geflügel und Eier von den Lebensmitteln fernzuhalten, die nicht mehr erhitzt werden (beispielsweise Salat).

Richten Sie gegarte Produkte bitte nicht auf ungereinigten Tellern (und Ähnlichem) an, auf denen vorher rohe Produkte lagen.

Tauschen Sie zwischendurch Schneidebretter, Messer und Kochgeschirr aus, um eine Übertragung von Bakterien zu vermeiden. Denken Sie auch daran, zwischendurch die Arbeitsfläche zu säubern.

Achten Sie darauf, dass die Oberfläche Ihrer Schneidebretter möglichst wenig Gebrauchsspuren aufweist. In den feinen Rillen können sich Bakterien sammeln. Erneuern Sie daher, wenn notwendig, die Schneidebretter.

Kühlen

Halten Sie zubereitete Speisen nicht lange warm, sondern verzehren Sie diese zeitnah. Kühlpflichtige Lebensmittel lagern Sie bitte bis zum Verzehr oder zur Weiterverarbeitung im Kühlschrank.

Verpacken Sie mögliche Reste portionsweise. Danach kommen sie in den Kühlschrank und sollten innerhalb von zwei Tagen verbraucht werden. Durch Einfrieren können die Speisen drei bis sechs Monate verwahrt werden.

Achten Sie darauf, dass der Kühlschrank richtig eingestellt ist (5 °C; im Gefrierfach –18 °C) und sortieren Sie regelmäßig aus, was nicht mehr gegessen wird. Wischen Sie Ihren Kühlschrank alle vier Wochen aus; nutzen Sie dafür am besten Wasser mit ein paar Spritzern Essig.

Tagesmenüpläne

Mit den Tagesmenüplänen geben wir Ihnen eine Orientierung zur praktischen Umsetzung der Ernährungsempfehlungen und für die entsprechende Kombination unserer Rezepte.

Die Pläne dienen als Beispiele. Eine individuelle Planung muss in Absprache mit dem behandelnden Arzt und einer Ernährungsfachkraft erfolgen.

Tagesmenüplan Fettlebererkrankung – 1.500 kcal/Tag

Referenzperson: 60 kg (rechnerisches Normalgewicht bei einer Größe von 160 cm) – 1,2–1,5 g Eiweiß (EW)/kg rechnerischem Normalgewicht → mind. 72–90 g; Ballaststoffe (BS) über 30 g/Tag (d)

MAHLZEITEN	kcal 1.500	kJ 6.276	EW 72-90 g	BS ÜBER 30 g/d
Frühstück	**30 %/450 kcal**		**30 %/22 g**	
Käse-Tomaten-Omelett	364 kcal		22 g	2 g
50 g Kräuterquark, Magerstufe	36 kcal		7 g	
gesamt	**400 kcal**	**1.674 kJ**	**29 g**	**2 g**
Hauptmahlzeit (warm)	**40 %/600 kcal**		**40 %/29 g**	
Bunter Bohnensalat	138 kcal		8 g	6 g
Indisches Linsen-Möhren-Curry	300 kcal		13 g	10 g
30 g Naturreis, roh	106 kcal		2 g	1 g
100 g frische Heidelbeeren	33 kcal		1 g	5 g
gesamt	**577 kcal**	**2.414 kJ**	**24 g**	**22 g**
Hauptmahlzeit (kalt)	**30 %/450 kcal**		**30 %/22 g**	
Fenchel-Apfel-Salat	92 kcal		3 g	4 g
1 Scheibe Eiweißbrot	151 kcal		7 g	3 g
2 Fischfrikadellen	127 kcal		13 g	
1 Portion Senf-Dip	27 kcal		3 g	
10 g Margarine, halbfett	36 kcal			
20 g Schnittkäse, 30 % Fett i. Tr.	50 kcal		5 g	
gesamt	**483 kcal**	**2.021 kJ**	**31 g**	**7 g**
GESAMT	**1.460 kcal**	**6.109 kJ**	**84 g**	**31 g**

Tagesmenüplan Fettlebererkrankung – 1.800 kcal/Tag

Referenzperson: 80 kg (rechnerisches Normalgewicht bei einer Größe von 180 cm) – 1,2–1,5 g Eiweiß (EW)/kg rechnerischem Normalgewicht → mind. 96–120 g; Ballaststoffe (BS) über 30 g/Tag (d)

MAHLZEITEN	kcal 1.800	kJ 7.531	EW 96–120 g	BS ÜBER 30 g/d
Frühstück	30 %/540 kcal		30 %/29 g	
2 Nusspfannkuchen	544 kcal		24 g	8 g
50 g frische Erdbeeren	18 kcal			1 g
50 g Joghurt, 1,5 % Fett	25 kcal		2 g	
gesamt	**587 kcal**	**2.456 kJ**	**26 g**	**9 g**
Hauptmahlzeit (warm)	**40 %/720 kcal**		**40 %/38 g**	
Kartoffel-Sellerie-Suppe	168 kcal		3 g	4 g
Putenröllchen mit Salbeifrischkäse und Thymiansoße	218 kcal		34 g	
30 g Vollkornreis, roh	106 kcal		2 g	1 g
200 g Brokkoli	68 kcal		8 g	6 g
Heidelbeercreme	97 kcal		8 g	3 g
gesamt	**657 kcal**	**2.749 kJ**	**55 g**	**14 g**
Hauptmahlzeit (kalt)	**30 %/540 kcal**		**30 %/29 g**	
Bunter Bohnensalat	138 kcal		8 g	6 g
2 Scheiben Eiweißbrot	302 kcal		14 g	7 g
1 Portion Tomaten-Basilikum-Aufstrich	51 kcal		2 g	
20 g Schnittkäse, 30 % Fett i. Tr.	50 kcal		5 g	
gesamt	**541 kcal**	**2.264 kJ**	**29 g**	**13 g**
GESAMT	**1.785 kcal**	**7.468 kJ**	**110 g**	**36 g**

Tagesmenüplan Leberzirrhose – 2.400 kcal/Tag

Referenzperson: 60 kg (rechnerisches Normalgewicht bei einer Größe von 160 cm) – 35–40 kcal/kg rechnerischem Normalgewicht → mind. 2.100–2.400 kcal; 1,2–1,5 g Eiweiß (EW)/kg rechnerischem Normalgewicht → 72–90 g; Ballaststoffe (BS) über 30 g/Tag (d)

MAHLZEITEN	kcal 2.400	kJ 10.042	EW 72–90 g	BS ÜBER 30 g/d
Frühstück	**20 %/480 kcal**		**20 %/17 g**	
Frühstücksbowl	470 kcal		16 g	12 g
gesamt	**470 kcal**	**1.967 kJ**	**16 g**	**12 g**
Kleine Mahlzeiten	**10 %/240 kcal**		**10 %/9 g**	
1 Kurkuma-Brötchen	107 kcal		5 g	1 g
1 Portion Spinat-Dip	73 kcal		4 g	
100 g frische Möhren	25 kcal		1 g	3 g
gesamt	**205 kcal**	**858 kJ**	**10 g**	**4 g**
Hauptmahlzeit (warm)	**25 %/600 kcal**		**25 %/21 g**	
Frühlingsquiche	558 kcal		21 g	7 g
120 g frische Aprikosen	54 kcal		1 g	2 g
gesamt	**612 kcal**	**2.561 kJ**	**22 g**	**9 g**
Kleine Mahlzeiten	**10 %/240 kcal**		**10 %/9 g**	
5 schokoladige Knusperberge	215 kcal		5 g	5 g
gesamt	**215 kcal**	**900 kJ**	**5 g**	**5 g**
Hauptmahlzeit (kalt)	**25 %/600 kcal**		**25 %/21 g**	
Chicorée-Grapefruit-Salat	67 kcal		3 g	2 g
2 Scheiben Eiweißbrot	302 kcal		14 g	7 g
10 g Margarine, vollfett	72 kcal			
20 g Kochschinken	20 kcal		4 g	
50 g Camembert, 45 % Fett i. Tr.	142 kcal		11 g	
1 Portion Preiselbeer-Chutney	49 kcal		1 g	
gesamt	**652 kcal**	**2.728 kJ**	**33 g**	**9 g**
Kleine Mahlzeiten	**10 %/240 kcal**		**10 %/9 g**	
1 Käsehörnchen	143 kcal		5 g	1 g
Bunter Smoothie	88 kcal		2 g	3 g
gesamt	**231 kcal**	**967 kJ**	**7 g**	**4 g**
GESAMT	**2.385 kcal**	**9.981 kJ**	**93 g**	**43 g**

Tagesmenüplan Leberzirrhose – 2.800 kcal/Tag

Referenzperson: 70 kg (rechnerisches Normalgewicht bei einer Größe von 170 cm) – 35–40 kcal/kg rechnerischem Normalgewicht → mind. 2.500–2.800 kcal; 1,2–1,5 g Eiweiß (EW)/kg rechnerischem Normalgewicht → 85–105 g; Ballaststoffe (BS) über 30 g/Tag (d)

MAHLZEITEN	kcal 2.500–2.800	kJ 11.715	EW 85–105 g	BS ÜBER 30 g/d
Frühstück	**20 %/560 kcal**		**20 %/21 g**	
Käse-Omelett mit Champignons	364 kcal		22 g	2 g
Orientalischer Kaffee	134 kcal		5 g	2 g
gesamt	**498 kcal**	**2.084 kJ**	**27 g**	**4 g**
Kleine Mahlzeiten	**10 %/280 kcal**		**10 %/11 g**	
1 Scheibe Vollkornbrot	112 kcal		4 g	3 g
1 Portion Paprika-Walnuss-Aufstrich	100 kcal		2 g	2 g
100 g Naturjoghurt, 3,5 % Fett	69 kcal		4 g	
80 g Beerenobst	28 kcal		1 g	2 g
gesamt	**309 kcal**	**1.293 kJ**	**11 g**	**7 g**
Hauptmahlzeit (warm)	**25 %/700 kcal**		**25 %/26 g**	
Minestrone mit Spitzkohl	272 kcal		13 g	9 g
2 pikante Kräuterstangen	114 kcal		4 g	4 g
Vanille-Quark-Creme	205 kcal		10 g	
gesamt	**591 kcal**	**2.473 kJ**	**27 g**	**13 g**
Kleine Mahlzeiten	**10 %/280 kcal**		**10 %/11 g**	
Mohnkuchen	350 kcal		6 g	2 g
gesamt	**350 kcal**	**1.464 kJ**	**6 g**	**2 g**
Hauptmahlzeit	**25 %/700 kcal**		**25 %/26 g**	
Vegetarischer bunter Burger	490 kcal		14 g	6 g
20 g Schnittkäse, mind. 50 % Fett i. Tr. (zusätzlicher Burgerbelag)	71 kcal		4 g	
Würzige Gemüse-Pommes aus dem Ofen	201 kcal		3 g	5 g
gesamt	**762 kcal**	**3.188 kJ**	**21 g**	**11 g**
Kleine Mahlzeiten	**10 %/280 kcal**		**10 %/11 g**	
Italienischer Hirsesalat	244 kcal		8 g	2 g
Bunter Smoothie	88 kcal		2 g	3 g
gesamt	**339 kcal**	**1.418 kJ**	**10 g**	**5 g**
GESAMT	**2.849 kcal**	**11.920 kJ**	**102 g**	**42 g**

Tagesmenüplan Morbus Wilson – 2.000 kcal/Tag

Referenzperson: 60 kg (rechnerisches Normalgewicht bei einer Größe von 160 cm) – 30–35 kcal/kg rechnerischem Normalgewicht → mind. 1.800–2.100 kcal; 1 g Eiweiß (EW/kg rechnerischem Normalgewicht → 60 g; Ballaststoffe (BS) über 30 g/Tag (d)

MAHLZEITEN	kcal 2.000	kJ 8.368	EW CA. 60 g	BS ÜBER 30 g/d
Frühstück	**20 %/400 kcal**		**20 %/12 g**	
Dinkel-Porridge mit Erdbeersoße	208 kcal		8 g	6 g
150 g Naturjoghurt, 3,5 % Fett	103 kcal		6 g	
frische Birne	58 kcal		1 g	3 g
gesamt	**368 kcal**	**1.540 kJ**	**15 g**	**9 g**
Kleine Mahlzeiten	**10 %/200 kcal**		**10 %/6 g**	
Karamellisierter Spargel	147 kcal		2 g	2 g
2 pikante Kräuterstangen	114 kcal		4 g	4 g
gesamt	**261 kcal**	**1.092 kJ**	**6 g**	**6 g**
Hauptmahlzeit (warm)	**30 %/600 kcal**		**30 %/18 g**	
Gemüsesuppe (z. B. Brokkoli)	66 kcal		2 g	3 g
Gefüllte Mairübchen	319 kcal		10 g	5 g
Pfirsich-Crumble	156 kcal		5 g	3 g
gesamt	**541 kcal**	**2.264 kJ**	**17 g**	**11 g**
Kleine Mahlzeiten	**10 %/200 kcal**		**10 %/6 g**	
Holunderpunsch	100 kcal		2 g	
5 Himbeer-Froyo-Bites	65 kcal		5 g	1 g
gesamt	**165 kcal**	**690 kJ**	**7 g**	**1 g**
Hauptmahlzeit (kalt)	**30 %/600 kcal**		**30 %/18 g**	
Fenchel-Apfel-Salat	92 kcal		3 g	4 g
2 Scheiben Weizenmischbrot	258 kcal		7 g	5 g
10 g Margarine, vollfett	72 kcal			
30 g Schinkenwurst	78 kcal		4 g	
1 Portion Rote-Bete-Frischkäse	152 kcal		4 g	1 g
gesamt	**652 kcal**	**2.728 kJ**	**18 g**	**10 g**
GESAMT	**1.987 kcal**	**8.314 kJ**	**63 g**	**37 g**

Tagesmenüplan Morbus Wilson – 2.300 kcal/Tag

Referenzperson: 70 kg (rechnerisches Normalgewicht bei einer Größe von 170 cm) – 30–35 kcal/kg rechnerischem Normalgewicht → mind. 2.100–2.450 kcal; 1 g Eiweiß (EW)/kg rechnerischem Normalgewicht → 70 g; Ballaststoffe (BS) über 30 g/Tag (d)

MAHLZEITEN	kcal 2.300	kJ 9.623	EW CA. 70 g	BS ÜBER 30 g/d
Frühstück	**20 %/460 kcal**		**20 %/14 g**	
Himbeer-French-Toast-Rolls	290 kcal		12 g	7 g
120 g Banane	112 kcal		1 g	2 g
100 g Dickmilch, 3,5 % Fett	64 kcal		3 g	
20 g Cornflakes	72 kcal		2 g	1 g
gesamt	**538 kcal**	**2.251 kJ**	**18 g**	**10 g**
Kleine Mahlzeiten	**10 %/230 kcal**		**10 %/7 g**	
Kurkuma-Brötchen	107 kcal		5 g	1 g
10 g Margarine, vollfett	72 kcal			
1 Portion Tomate-Basilikum-Aufstrich	51 kcal		2 g	
100 g frische Paprika	19 kcal		1 g	4 g
Ingwer-Orangen-Shot	37 kcal		1 g	1 g
gesamt	**286 kcal**	**1.197 kJ**	**9 g**	**6 g**
Hauptmahlzeit (warm)	**30 %/690 kcal**		**30 %/21 g**	
Chicorée-Grapefruit-Salat (s. S. 119)	67 kcal		3 g	2 g
Gemüselasagne, mediterrane Art	409 kcal		15 g	7 g
100 g frische Heidelbeeren	46 kcal		1 g	5 g
gesamt	**522 kcal**	**2.184 kJ**	**19 g**	**14 g**
Kleine Mahlzeiten	10 %/230 kcal		10 %/7 g	
Rhabarber-Tartelettes	391 kcal		4 g	3 g
gesamt	**391 kcal**	**1.636 kJ**	**4 g**	**3 g**
Hauptmahlzeit	**30 %/690 kcal**		**30 %/21 g**	
Möhren-Fenchel-Suppe	109 kcal		1 g	2 g
Schneller Röstbrokkoli	127 kcal		9 g	5 g
50 g Weizenbaguette	124 kcal		4 g	1 g
50 g Kräuterquark, 20 % Fett i. Tr.	55 kcal		6 g	1 g
10 g Margarine, vollfett	72 kcal			
20 g Bierschinkenwurst	34 kcal		3 g	
gesamt	**521 kcal**	**2.180 kJ**	**23 g**	**9 g**
GESAMT	**2.258 kcal**	**9.448 kJ**	**73 g**	**42 g**

Tagesmenüplan Hämochromatose – 2.000 kcal/Tag

Referenzperson: 60 kg (rechnerisches Normalgewicht bei einer Größe von 160 cm) – 30–35 kcal/kg rechnerischem Normalgewicht → mind. 1.800–2.100 kcal; 1 g Eiweiß (EW)/kg rechnerischem Normalgewicht → 60 g; Ballaststoffe (BS) über 30 g/Tag (d)

MAHLZEITEN	kcal 2.000	kJ 8.368	EW CA. 60 g	BS ÜBER 30 g/d
Frühstück	**20 %/400 kcal**		**20 %/12 g**	
1 Mehrkornbrötchen	134 kcal		4 g	3 g
20 g Schnittkäse, mind. 50 % Fett i. Tr.	71 kcal		4 g	
10 g Margarine, vollfett	72 kcal			
1 Portion Cranberry-Curry-Frischkäse	44 kcal		3 g	
100 g frische Paprika	19 kcal		1 g	4 g
gesamt	**340 kcal**	**1.423 kJ**	**12 g**	**7 g**
Kleine Mahlzeiten	**10 %/200 kcal**		**10 %/6 g**	
1 Frühstücks-Muffin	219 kcal		5 g	4 g
gesamt	**219 kcal**	**916 kJ**	**5 g**	**4 g**
Hauptmahlzeit (warm)	**30 %/600 kcal**		**30 %/18 g**	
Rote-Bete-Pasta	576 kcal		17 g	10 g
120 g Banane	112 kcal		1 g	2 g
gesamt	**688 kcal**	**2.879 kJ**	**18 g**	**12 g**
Kleine Mahlzeiten	**10 %/200 kcal**		**10 %/6 g**	
1 Mini-Apfelstrudel	120 kcal		3 g	1 g
100 g Vanilleeis	110 kcal		2 g	
gesamt	**230 kcal**	**962 kJ**	**5 g**	**1 g**
Hauptmahlzeit (kalt)	**30 %/600 kcal**		**30 %/18 g**	
2 Scheiben Vollkornbrot	224 kcal		9 g	6 g
20 g Margarine, vollfett	144 kcal			
20 g Putenlachsschinken	34 kcal		7 g	
1 Portion Riesenbohnen-aufstrich	57 kcal		3 g	1 g
80 g Radieschen	14 kcal		1 g	1 g
gesamt	**473 kcal**	**1.979 kJ**	**20 g**	**8 g**
GESAMT	**1.950 kcal**	**8.159 kJ**	**60 g**	**32 g**

Tagesmenüplan Hämochromatose – 2.300 kcal/Tag

Referenzperson: 70 kg (rechnerisches Normalgewicht bei einer Größe von 170 cm) – 30–35 kcal/kg rechnerischem Normalgewicht → mind. 2.100–2.450 kcal; 1 g Eiweiß (EW)/kg rechnerischem Normalgewicht → 70 g; Ballaststoffe (BS) über 30 g/Tag (d)

MAHLZEITEN	kcal 2.300	kJ 9.623	EW CA. 70 g	BS ÜBER 30 g/d
Frühstück	**20 %/460 kcal**		**20 %/14 g**	
Pancakes mit Ahornsirup	402 kcal		11 g	5 g
100 g frische Himbeeren	33 kcal		1 g	5 g
gesamt	**435 kcal**	**1.820 kJ**	**12 g**	**10 g**
Kleine Mahlzeiten	**10 %/230 kcal**		**10 %/ 7 g**	
Overnight-Oats mit Pflaume und Walnuss	346 kcal		9 g	8 g
gesamt	**346 kcal**	**1.451 kJ**	**9 g**	**8 g**
Hauptmahlzeit (warm)	**30 %/690 kcal**		**30 %/21 g**	
Indische Tomatensuppe	105 kcal		5 g	4 g
1 Vollkornwrap mit Pilzgyros	448 kcal		13 g	10 g
100 g Obstsalat (durchschnittliche Obstnährwerte)	88 kcal		1 g	2 g
gesamt	**641 kcal**	**2.682 kJ**	**19 g**	**16 g**
Kleine Mahlzeiten	**10 %/230 kcal**		**10 %/7 g**	
Vanille-Quark-Creme	205 kcal		10 g	
gesamt	**205 kcal**	**858 kJ**	**10 g**	**0 g**
Hauptmahlzeit (kalt)	**30 %/690 kcal**		**30 %/21 g**	
2 Scheiben Vollkornbrot	224 kcal		8 g	6 g
10 g Margarine, vollfett	72 kcal			
20 g Edamer, 45 % Fett i. Tr.	71 kcal		5 g	
1 Portion Paprika-Walnuss-Aufstrich	100 kcal		2 g	2 g
20 g Putenbrustaufschnitt	22 kcal		4 g	
Winterlicher Rotkohlsalat	220 kcal		3 g	4 g
gesamt	**709 kcal**	**2.967 kJ**	**22 g**	**12 g**
GESAMT	**2.348 kcal**	**9.828 kJ**	**72 g**	**46 g**

122 LEBERGESUNDE REZEPTE

- FL = Fettlebererkrankung
- LZ = Leberzirrhose
- HC = Hämochromatose
- MW = Morbus Wilson
- LT = Rezepte, die nach einer Lebertransplantation geeignet sind

Unsere Rezepte können mit Abwandlungen bei verschiedenen Lebererkrankungen und nach einer Lebertransplantation eingesetzt werden. In diesen Fällen ist das Symbol grau hinterlegt und die dafür notwendige Variante im Anschluss an das Rezept angegeben.

FRÜHSTÜCK

KLASSIKMÜSLI

FL LZ HC LT

Zubereitungszeit: 10 Minuten

Eine Portion enthält
320 kcal / 1.340 kJ,
13 g Eiweiß, 5 g Ballaststoffe

Zutaten für 2 Portionen

Für das Müsli
- 1 EL Sonnenblumenkerne
- 1 EL Kürbiskerne
- 1 EL Sesam
- 4 EL Haferflocken (zart oder kernig)

Frische Zutaten
- 1 kleiner Apfel (ca. 100 g)
- 1 kleine Birne (ca. 125 g)
- 250 g Joghurt, 3,5 % Fett
- 4–5 EL Milch, 3,5 % Fett
- 1 TL Honig

Zubereitung

1 Sonnenblumenkerne, Kürbiskerne und Sesam in einer Pfanne ohne Fett anrösten. Anschließend zusammen mit den Haferflocken in einer Schale vermengen.

2 Apfel und Birne waschen, putzen und in kleine Stücke schneiden.

3 Joghurt mit Milch verrühren und mit Honig verfeinern. Das Obst in zwei kleine Schälchen verteilen, Joghurt darübergeben und anschließend mit dem Müsli toppen.

Variante bei Fettleber

Joghurt und Milch mit 1,5 % Fett wählen.

TIPPS Tauschen Sie das Obst nach Belieben und Saison aus. Sie können Lein-, Chia-, Hanfsamen oder Nüsse Ihrer Wahl verwenden. Für einen besseren Geschmack diese vorher ebenfalls kurz in einer beschichteten Pfanne ohne Öl rösten.

Mixen Sie die trockenen Zutaten einfach auf Vorrat. In einem gut verschlossenen Glas hält sich diese Müslimischung mehrere Wochen.

FL HC MW LT

Zubereitungszeit: 15 Minuten
Garzeit: 10 Minuten

Eine Portion enthält
364 kcal / 1.518 kJ,
22 g Eiweiß, 2 g Ballaststoffe

Zutaten für 1 Portion

5 Cherrytomaten
1 Stängel frische Petersilie
2 Eier (Größe M)
1 EL Weizenvollkornmehl
2 EL Milch, 1,5 % Fett
Paprika edelsüß nach Belieben
1 Prise Salz
1 EL Rapsöl
2 EL geriebener Käse, mind. 30 % Fett i. Tr.

KÄSE-TOMATEN-OMELETT

Zubereitung

1 Gemüse und Kräuter gut waschen und putzen. Cherrytomaten in Viertel schneiden und die Petersilie fein hacken.

2 In einem hohen Gefäß Eier, Mehl und Milch mit einem Schneebesen verquirlen. Paprika, die gehackte Petersilie und eine Prise Salz dazugeben. Noch einmal ordentlich verrühren.

3 Das Öl in einer Pfanne erhitzen und die Tomaten für ca. 3 Minuten darin anschwitzen. Anschließend den Omelett-Teig zu den Tomaten in die Pfanne geben.

4 Die Temperatur der Herdplatte herunterstellen und den Deckel auf die Pfanne legen, damit das Omelett stocken kann. Wenn das Ei oben nicht mehr flüssig ist, das Omelett drehen.

5 Nach dem Drehen den geriebenen Käse auf dem Omelett verteilen und den Deckel wieder auf die Pfanne legen.

6 Wenn der gewünschte Bräunungsgrad erreicht ist, in der Mitte zusammenklappen und auf einem großen Teller servieren. Am besten schmeckt das Omelett frisch aus der Pfanne.

TIPPS Das Omelett schmeckt auch mit Champignons und Zwiebeln anstelle der Tomaten. Dafür einfach 50 g Champignons in Scheiben und eine kleine halbe Zwiebel in feine Würfel schneiden. Beides vorher in der Pfanne anschwitzen.

Um das Omelett einfacher zu wenden, den Deckel auf die Pfanne legen und diese mit Schwung drehen. Danach das Omelett vom Deckel wieder in die Pfanne gleiten lassen.

APFEL-ZIMT-PORRIDGE

FL LZ HC MW LT

Zubereitungszeit: 15 Minuten
Garzeit: 10 Minuten

Eine Portion enthält
625 kcal / 2.615 kJ,
18 g Eiweiß, 10 g Ballaststoffe

Zutaten für 2 Portionen

- 2 große Äpfel (ca. 300 g)
- 2 EL Zitronensaft
- 3 EL Ahornsirup
- 1 gestrichener TL Zimt
- ½ TL gemahlener Kardamom
- 500 ml Milch, 3,5 % Fett
- 100 ml Wasser
- ½ Vanilleschote
- 10 EL zarte Haferflocken
- 15 Mandeln (oder andere verträgliche Nüsse)
- 2 gehäufte EL Rosinen (oder anderes Trockenobst)

Außerdem

- Reibe

Zubereitung

1 Die Äpfel waschen, vierteln und das Kerngehäuse entfernen. Einen halben Apfel reiben, mit Zitronensaft beträufeln und beiseitestellen.

2 Den Rest der Äpfel in Würfel schneiden und mit 1 EL Ahornsirup sowie Zimt und Kardamom vermengen.

3 Milch und Wasser in einem Topf aufkochen, dabei immer wieder mit dem Schneebesen umrühren, um ein Anbrennen zu vermeiden.

4 Das Mark der Vanilleschote auskratzen und zu der Milch geben.

5 Die Haferflocken und den halben geriebenen Apfel unterrühren. Bei schwacher Hitze 5–10 Minuten köcheln lassen, dabei regelmäßig umrühren.

6 Inzwischen die Mandeln grob hacken und zusammen mit den Rosinen unter die Zimtäpfel heben.

7 Das Porridge vom Herd nehmen (falls es etwas cremiger sein soll, eventuell noch 1–2 EL Milch unterrühren) und in zwei Schalen füllen. Mit dem Apfel-Rosinen-Mix und je 1 EL Ahornsirup toppen.

Variante bei Morbus Wilson

Reisflocken statt Haferflocken verwenden. Trockenobst und Nüsse weglassen, dafür mehr Äpfel oder anderes Obst einplanen.

Variante bei Fettleber

Ohne Ahornsirup, stattdessen lieber etwas zuckerfreien Sirup verwenden.

TIPP Die Haferflocken können durch zart schmelzende Flocken ersetzt oder vorher mit einem Multi-Zerkleinerer fein geschrotet werden, da so die Konsistenz besonders cremig wird. Alternativ können Sie Dinkel-, Reis- oder Hirseflocken nutzen.

DINKEL-PORRIDGE MIT ERDBEERSOSSE

FL LZ HC MW LT

Zubereitung

1 Agar-Agar in 50 ml Wasser anrühren. Die Vanilleschote längs aufschneiden und das Mark mit der Rückseite eines Messers herauskratzen.

2 Die tiefgefrorenen Erdbeeren mit Zucker und Vanillemark in einen Topf geben und ca. 2 Minuten langsam erwärmen. Anschließend das angerührte Agar-Agar zu den Erdbeeren geben und bei geringer Hitze etwa 5 Minuten köcheln lassen (bis die Masse zu gelieren beginnt). Die Vanilleschote kann für noch mehr Aroma kurz mitgekocht werden.

3 Den Topf vom Herd nehmen, die Vanilleschote entfernen und die Erdbeeren mit dem Pürierstab zu einer Soße verarbeiten.

4 Für das Porridge die Flocken mit Wasser, Zucker und Salz in einem Topf aufkochen, bis es andickt.

5 Dann den Topf vom Herd nehmen und die Milch einrühren. Mit Deckel quellen lassen, bis die Flüssigkeit vollständig aufgenommen wurde.

6 Das Porridge auf sechs Schalen verteilen und die Erdbeersoße darübergeben.

Variante bei Fettleber

Milch mit einem Fettgehalt von 1,5 % wählen. Außerdem den Zucker um die Hälfte reduzieren oder Süßstoff verwenden.

Variante bei Morbus Wilson

Dinkelflocken gegen Reisflocken tauschen.

Zubereitungszeit: 10 Minuten
Gar- und Quellzeit: 15 Minuten

Eine Portion enthält
208 kcal / 868 kJ,
8 g Eiweiß, 6 g Ballaststoffe

Zutaten für 6 Portionen

Für die Erdbeersoße
1 EL Agar-Agar
50 ml Wasser
1 Vanilleschote
600 g tiefgefrorene Erdbeeren
1 gestrichener EL brauner Zucker

Für das Porridge
13 EL Dinkelflocken
8 EL Haferflocken (zart oder kernig)
200 ml Wasser
1 gestrichener EL brauner Zucker
1 Prise Salz
175 ml Milch, 3,5 % Fett

Außerdem
Pürierstab

TIPPS Die Soße kann auch mit anderen tiefgefrorenen Früchten wie Heidelbeeren, Himbeeren etc. zubereitet werden.

Sie können das Porridge bis zu zwei Tage im Kühlschrank lagern und in der Mikrowelle wieder erwärmen.

FL LZ HC LT

Zubereitungszeit: 15 Minuten
Garzeit: 5 Minuten

Eine Portion enthält
315 kcal / 1.318 kJ,
13 g Eiweiß, 5 g Ballaststoffe

Zutaten für 2 Portionen

400 ml Milch, 1,5 % Fett
10 EL zarte Haferflocken
100 ml frisch gebrühter Kaffee
4 TL Zucker

KAFFEE-PORRIDGE

Zubereitung

1 Milch in einem Topf erhitzen, dabei regelmäßig umrühren, um ein Anbrennen zu vermeiden.

2 Die Haferflocken unterrühren und kurz aufkochen lassen.

3 Kaffee und Zucker hinzugeben und das Porridge regelmäßig umrühren. So lange kochen, bis die gewünschte Konsistenz erreicht ist.

4 Das Porridge auf zwei Schalen aufteilen und servieren.

TIPPS Wenn Sie Kaffeeliebhaber sind, verwenden Sie einen starken Kaffee.

Wenn es einmal schnell gehen soll: Übergießen Sie die Haferflocken mit dem frisch gebrühten Kaffee und geben Sie dann die Milch dazu. Erwärmen Sie alles in der Mikrowelle für ca. 60 Sekunden bei mittlerer Wattzahl. Zum Schluss rühren Sie den Zucker unter.

LZ FL

Zubereitungszeit: 15 Minuten
Garzeit: 5 Minuten

Eine Portion enthält
714 kcal / 2.986 kJ,
29 g Eiweiß, 7 g Ballaststoffe

Zutaten für 1 Portion

5 EL zarte Haferflocken
300 ml Milch, 3,5 % Fett
½ EL Zucker
100 g tiefgefrorener Beerenmix
100 g Speisequark, 40 % Fett i. Tr.
2 EL Vollmilch-Schoko-Drops
Außerdem
Multi-Zerkleinerer

VERY-BERRY-PORRIDGE

Zubereitung

1 Die Haferflocken im Multi-Zerkleinerer kurz zerkleinern.

2 Milch in einem kleinen Topf unter Rühren erhitzen. Die Haferflocken und den Zucker hinzufügen. Alles miteinander verrühren und köcheln lassen, bis die gewünschte Konsistenz erreicht ist.

3 Die Beeren in ein mikrowellengeeignetes Gefäß geben und bei mittlerer Wattzahl ca. 5 Minuten (je nach Mikrowellenherd) langsam erhitzen. Dabei gelegentlich umrühren, bis eine breiige Konsistenz entstanden ist.

4 Den Quark mit einem Schneebesen glatt rühren.

5 Haferbrei in eine Schüssel füllen, den glatt gerührten Quark und anschließend die Beeren und die Schokolade darauf verteilen.

Variante bei Fettleber

Milch mit 1,5 % Fett und Quark in der Magerstufe wählen. Die Menge an Schoko-Drops halbieren.

TIPP Falls Sie keine Mikrowelle haben, können Sie die Beeren auch in einem kleinen Topf auf dem Herd erwärmen.

FRÜHSTÜCKS-MUFFINS

FL LZ HC LT

Zubereitungszeit: 10 Minuten
Backzeit: 30 Minuten

Eine Portion enthält
219 kcal / 919 kJ,
5 g Eiweiß, 4 g Ballaststoffe

Zutaten für 12 Portionen

250 g Haferflocken (zart oder kernig)
½ Päckchen Backpulver
1 TL Zimt
50 g Cranberrys
20 g Mohn
20 g Kürbiskerne
2 reife Bananen (ca. 400 g)
250 ml Pflanzendrink nach Wahl (z. B. Haferdrink oder Mandeldrink)
80 ml Rapsöl

Für das Topping
1 EL Haferflocken (zart oder kernig)
1 EL Mohn
1 EL Kürbiskerne

Außerdem
Muffinblech
12 Muffinförmchen aus Papier

Zubereitung

1 Den Backofen auf 200 °C (Ober-/Unterhitze, Umluft 180 °C) vorheizen. Das Muffinblech mit den Papierförmchen vorbereiten.

2 Haferflocken, Backpulver, Zimt, Cranberrys, Mohn und Kürbiskerne in eine Rührschüssel geben und vermengen.

3 Die Bananen in einer kleinen Schale mit einer Gabel zerdrücken. Anschließend Pflanzendrink und Öl dazugeben und vermengen.

4 Die flüssigen und trockenen Zutaten mit einem Schneebesen zu einem glatten Teig verrühren. Die Teigmasse in die Muffinförmchen füllen und mit Haferflocken, Mohn und Kürbiskernen bestreuen.

5 Die Muffins ca. 30 Minuten auf mittlerer Schiene backen.

Variante bei Lebertransplantation

Cranberrys gegen Rosinen oder Korinthen austauschen.

RÜHREI-MUFFINS

FL HC MW LT

Zubereitungszeit: 10 Minuten
Backzeit: 15 Minuten

Eine Portion enthält
137 kcal / 572 kJ,
14 g Eiweiß, 1 g Ballaststoffe

Zutaten für 10 Portionen

200 g Kochschinken
6 Blätter Basilikum
6 Eier (Größe M)
200 g geriebener Edamer, 30 % Fett i. Tr.
3 Prisen Salz
1 Päckchen Backpulver
50 g Weizenvollkornmehl

Außerdem
Handrührgerät mit Rührstäben
Muffinblech
10 Muffinförmchen aus Papier

Zubereitung

1 Backofen auf 170 °C (Ober-/Unterhitze, 150 °C Umluft) vorheizen. Das Muffinblech mit den Papierförmchen vorbereiten.

2 Kochschinken in kleine Würfel schneiden. Basilikum waschen und in feine Streifen schneiden.

3 Eier in eine Schüssel geben und schaumig schlagen. Kochschinken, Basilikum, Käse, Salz, Backpulver und Mehl zu den Eiern geben und alles gut miteinander vermengen.

4 Die Masse gleichmäßig auf die Förmchen verteilen und für 15 Minuten backen.

5 Die fertigen Muffins vor dem Verzehr ca. 10 Minuten auskühlen lassen.

Variante bei Hämochromatose

Putenbrustaufschnitt statt Kochschinken verwenden.

Variante bei Morbus Wilson

Weizenmehl Type 405 oder 550 verwenden.

BANANEN-HAFERFLOCKEN-MUFFINS

FL LZ HC LT

Zubereitungszeit: 10 Minuten
Backzeit: 15–20 Minuten

Eine Portion enthält
100 kcal / 421 kJ,
4 g Eiweiß, 2 g Ballaststoffe

Zutaten für 6 Portionen

2 reife Bananen (ca. 300 g)
5 EL zarte Haferflocken
2 Eier (Größe M)
1 TL Backpulver
1 gehäufter EL Erdnusscreme
Außerdem
Handrührgerät mit Rührstäben
Muffinblech
6 Muffinförmchen aus Papier

Zubereitung

1 Den Ofen auf 180 °C (Ober-/Unterhitze, 160 °C Umluft) vorheizen. Das Muffinblech mit den Papierförmchen vorbereiten.

2 Bananen schälen, in eine Rührschüssel geben und mit einer Gabel zerkleinern. Haferflocken, Eier, Backpulver und Erdnusscreme dazugeben.

3 Das Ganze mit dem Handrührgerät zu einem Teig verrühren und anschließend in die Muffinförmchen geben.

4 In den vorgeheizten Ofen stellen und 15–20 Minuten backen. Anschließend aus dem Ofen nehmen und kurz abkühlen lassen.

TIPP Zusätzlich können pro Muffin ½ EL frische oder tiefgefrorene Beeren mit in den Teig gegeben werden.

FRÜHSTÜCKSBOWL

FL LZ HC LT

Zubereitungszeit: 10 Minuten

Eine Portion enthält
470 kcal / 1.471 kJ,
16 g Eiweiß, 12 g Ballaststoffe

Zutaten für 2 Portionen

1 reife Banane (ca. 200 g)
100 g tiefgefrorene Himbeeren
30 g Joghurt, 1,5 % Fett
6 EL zarte Haferflocken
250 ml Milch, 1,5 % Fett
Für das Topping
4 EL Haferflocken (zart oder kernig)
2 EL Chiasamen
2 EL weiße Schokoladenraspel
Außerdem
Standmixer

Zubereitung

1 Die Banane schälen und grob zerteilen. Ca. fünf dünne Scheiben für das Topping zur Seite legen.

2 Die restliche Banane und die Himbeeren zusammen mit den anderen Zutaten in einen Standmixer geben und 20–30 Sekunden mixen.

3 Die Masse in eine Schale füllen und mit den dafür vorgesehenen Bananenscheiben sowie den Haferflocken, den weißen Schokoraspeln und den Chiasamen belegen.

Variante bei Leberzirrhose

Fettarme Milchprodukte gegen vollfette austauschen.

Variante bei Lebertransplantation

Frische Himbeeren verwenden, diese vorher gut abwaschen.

NUSSPFANNKUCHEN

FL LZ HC LT

Zubereitungszeit: 10 Minuten
Backzeit: 5 Minuten pro Pfannkuchen

Eine Portion enthält
272 kcal / 1.139 kJ, 12 g Eiweiß,
4 g Ballaststoffe

Zutaten für 4 Portionen

2 Eier (Größe M)
125 g gemahlene Mandeln
1 EL Weizenvollkornmehl
1 TL Backpulver
4–5 EL Milch, 1,5 % Fett
Zimt nach Belieben
1 EL Rapsöl
Außerdem
Handrührgerät mit Rührstäben

Zubereitung

1 Eier mit dem Handrührgerät luftig aufschlagen. Gemahlene Mandeln, Mehl, Backpulver, Milch und Zimt dazugeben. Die Masse gut verrühren.

2 Öl in einer Pfanne erhitzen. Den Teig portionsweise in die Pfanne geben. Damit die Pfannkuchen gut durchbacken, die Pfanne nicht zu heiß werden lassen und langsam von beiden Seiten backen.

3 Pfannkuchen warm servieren.

TIPP Dazu passen frische Beeren und ein Löffel Naturjoghurt.

PANCAKES MIT AHORNSIRUP

HC LZ MW LT

Zubereitungszeit: 10 Minuten
Garzeit: 15 Minuten

Eine Portion enthält
402 kcal / 1.682 kJ,
11 g Eiweiß, 5 g Ballaststoffe

Zutaten für 4 Portionen

- 200 g helles Weizenvollkornmehl
- ½ EL brauner Zucker
- 1 gehäufter TL Backpulver
- 1 TL Natron
- 1 Prise Salz
- ½ Vanilleschote
- 1 Ei (Größe M)
- 415 ml Buttermilch (evtl. zusätzlich 50 ml zur Konsistenzanpassung)
- 10 g Butter, geschmolzen
- 3 EL Rapsöl
- 80 g Ahornsirup

Außerdem

- Handrührgerät mit Rührstäben

Zubereitung

1 In einer großen Schüssel Mehl, Zucker, Backpulver, Natron und Salz sowie das Mark einer halben Vanilleschote vermischen.

2 Das Ei trennen und in einem hohen Gefäß das Eiweiß steif schlagen.

3 In einer weiteren Schüssel Buttermilch, Eigelb und geschmolzene Butter sorgfältig vermengen.

4 Anschließend den Buttermilch-Mix zu den trockenen Zutaten geben und gut umrühren, bis eine homogene Masse entstanden ist. Das Eiweiß vorsichtig unterheben.

5 Etwas Öl in eine beschichtete Pfanne geben und auf mittlerer Stufe erhitzen. Etwas Teig in die Pfanne geben und den Pancake backen, bis die Oberfläche Blasen wirft und etwas trockener geworden ist. Dann kann er gewendet werden.

6 Nach und nach die Pancakes abbacken. Insgesamt sollten ca. 12 Stück herauskommen.

7 Mit Ahornsirup oder einem Topping Ihrer Wahl (Vanillesoße, Zimt und Zucker, Honig und Nüsse) servieren.

Variante bei Morbus Wilson

Weizenmehl Type 405 oder 550 verwenden.

TIPPS Für ein leckeres Butteraroma können Sie Rapsöl mit Buttergeschmack verwenden.

Falls Sie kein helles Weizenvollkornmehl finden, nehmen Sie normales Weizen- oder Dinkelvollkornmehl.

OVERNIGHT-OATS MIT WALNUSS UND PFLAUME

FL LZ HC LT

Zubereitungszeit: 10 Minuten
Kühlzeit: über Nacht

Eine Portion enthält
346 kcal / 1.451 kJ,
9 g Eiweiß, 8 g Ballaststoffe

Zutaten für 2 Portionen

- 180 g Pflaumen
- 8 EL zarte Haferflocken
- 240 ml Haferdrink
- Je 1 Msp. Kardamom, Nelken, Anis, Vanille (jeweils gemahlen)
- 30 g Walnusskerne
- ½ TL Zimt

Zubereitung

1 Am Vorabend die Pflaumen waschen, halbieren, entkernen und in kleine Würfel schneiden. Eine Hälfte verpacken und kühl stellen.

2 Die restlichen Pflaumen mit den Haferflocken, dem Haferdrink und den Gewürzen in einer Schüssel verrühren. Alles auf zwei Gläser verteilen und über Nacht in den Kühlschrank stellen.

3 Die Walnusskerne grob hacken und 2–3 Minuten bei mittlerer Hitze in einer beschichteten Pfanne ohne Öl rösten. Gut verschlossen über Nacht lagern.

4 Am nächsten Morgen die Overnight-Oats aus dem Kühlschrank nehmen und mit Pflaumen, Walnusskernen und Zimt garnieren.

Variante bei Leberzirrhose

Je nach Verträglichkeit und Geschmack die Pflaumen gegen ein anderes Obst austauschen.

TIPP Falls Sie vergessen haben, die Haferflocken am Vorabend einzuweichen: 30 Minuten reichen für gewöhnlich aus. Diese Zeit können Sie für Ihre Morgenroutine nutzen.

HIMBEER-FRENCH-TOAST-ROLLS

FL LZ HC MW LT

Zubereitungszeit: 30 Minuten
Garzeit: 5 Minuten

Eine Portion enthält
290 kcal / 851 kJ,
12 g Eiweiß, 7 g Ballaststoffe

Zutaten für 3 Portionen

Für die Toast-Rolls

- 40 g tiefgefrorene Himbeeren
- ½ TL Zitronenabrieb
- 60 g fettarmer Frischkäse (16 % Fett absolut)
- 6 Scheiben Vollkorntoast
- 2 Eier (Größe M)
- 4 EL Milch, 1,5 % Fett
- 1 EL Rapsöl
- ½ TL Zimt
- 1 TL Zucker

Für die Himbeersoße

- 150 g tiefgefrorene Himbeeren
- 2 EL Wasser
- 1 TL Zitronensaft
- ½ TL Zitronenabrieb
- 1 EL Zucker
- ½ Vanilleschote

Außerdem

- Pürierstab, Nudelholz

TIPPS Am besten eignen sich kleine Scheiben Toastbrot, kein Sandwichtoast. Die French-Toast-Rolls schmecken frisch zubereitet am besten und sollten sofort serviert werden.

Es können auch andere Früchte wie Heidelbeeren, Erdbeeren, Mango oder Ähnliches verwendet werden.

Zubereitung

1 Für die Toast-Rolls Himbeeren über Nacht abgedeckt (am besten mit Abtropfsieb) im Kühlschrank auftauen lassen.

2 Am nächsten Tag mit einer Gabel zerdrücken oder pürieren. Anschließend zusammen mit dem Zitronenabrieb unter den Frischkäse mengen.

3 Toastscheiben mit einem Nudelholz flach rollen. Den Frischkäse auf den unteren zwei Dritteln der Toastscheiben verteilen.

4 Toast aufrollen und mit der Nahtseite nach unten legen. Eier mit Milch verrühren und Toastrollen vorsichtig darin wenden, ohne dass die Naht aufgeht.

5 Rapsöl in einer Pfanne erhitzen. Die Rollen darin kurz mit der Nahtseite nach unten anbraten und weitere 2 Minuten unter Wenden goldbraun braten.

6 Zimt und Zucker vermischen und die Toast-Rolls sofort nach dem Braten darin wenden.

7 Für die Soße Himbeeren mit Wasser, Zitronensaft, Zitronenabrieb, Zucker und Vanillemark in einen kleinen Topf geben, verrühren und erhitzen. Das Ganze einmal aufkochen lassen und anschließend weitere 1–2 Minuten köcheln lassen.

8 Die Himbeeren mit dem Pürierstab zu einer Soße verarbeiten und die French-Toast-Rolls mit Himbeersoße servieren.

Variante bei Morbus Wilson

Weizen- statt Vollkorntoast wählen.

Variante bei Lebertransplantation

Für die Füllung der Toasts bitte frische Himbeeren verwenden und diese vorher gründlich waschen.

SUPPEN

FL LZ LT

Zubereitungszeit: 45 Minuten
Garzeit: 2 Stunden

Eine Portion enthält
391 kcal / 1.633 kJ,
36 g Eiweiß, 13 g Ballaststoffe

Zutaten für 4 Portionen

500 g Rind, Suppenfleisch ohne Knochen (z. B. Rinderbrust)
1 Bund Suppengrün
2 Lorbeerblätter
3 Nelken
4 Pfefferkörner
400 g weiße Bohnen (Dose, abgetropft)
4 mittelgroße Möhren (ca. 290 g)
1 kleine Zucchini (ca. 150 g)
1 kleine Aubergine (ca. 160 g)
40 g Lauch
1 EL Petersilie
1½ EL Olivenöl
1 TL Tomatenmark
4 Prisen Salz

Außerdem
Schaumkelle
Feines Sieb

WEISSE-BOHNEN-EINTOPF

Zubereitung

1 Fleisch und 800 ml kaltes Wasser in einen großen Topf geben und langsam zum Kochen bringen. Den dabei entstehenden Schaum mit einer Schaumkelle abschöpfen.

2 Suppengrün waschen, putzen, in Stücke schneiden und mit in den Topf geben. Lorbeerblätter, Nelken und Pfefferkörner ebenfalls dazugeben. Bei geringer Hitze etwa 1,5 Stunden köcheln lassen, bis das Fleisch gar ist.

3 In der Zwischenzeit Bohnen abgießen und abspülen. Restliches Gemüse putzen, waschen und in feine Würfel schneiden. Petersilie waschen, gut trocknen und fein hacken.

4 Nach der Garzeit das Rindfleisch mit einer Schaumkelle herausnehmen, die Brühe durch ein feines Haarsieb oder durch ein grobes Sieb mit Passiertuch gießen und auffangen.

5 Öl in einem großen Topf erhitzen und das Gemüse darin anschwitzen. Tomatenmark hinzugeben und mitbraten. Anschließend mit der Brühe ablöschen und ca. 15–20 Minuten köcheln lassen. Kurz vor Ende der Garzeit die Bohnen dazugeben.

6 Fleisch in kleine Würfel schneiden, zusammen mit der Petersilie in die Suppe geben und mit Salz abschmecken.

MINESTRONE MIT SPITZKOHL

FL LZ HC MW LT

Zubereitungszeit: 30 Minuten
Garzeit: 40 Minuten

Eine Portion enthält
272 kcal / 1.136 kJ,
13 g Eiweiß, 9 g Ballaststoffe

Zutaten für 5 Portionen

1 großer Spitzkohl (ca. 900 g)
4 Tomaten (ca. 240 g)
1 Stange Lauch (ca. 250 g)
2 Möhren (ca. 125 g)
5 kleine, festkochende Kartoffeln (ca. 200 g)
1 Zwiebel (ca. 100 g)
1 Knoblauchzehe
1 EL Rapsöl
1 EL Tomatenmark
1 EL Essig
800 ml – 1 l Gemüsebrühe
2 Zweige frischer Thymian
Pfeffer nach Belieben
150 g Muschelnudeln oder Spätzle
200 g weiße Bohnen (Dose, abgetropft)
1 Zweig frisches Basilikum
Paprika edelsüß nach Belieben
5 Prisen Salz
40 g Feta, 45 % Fett i. Tr.

Zubereitung

1 Das Gemüse und die Kräuter waschen, putzen und die Kartoffeln schälen. Alles in mundgerechte Stücke schneiden. Zwiebel und Knoblauch schälen und hacken.

2 Rapsöl in einem hohen Topf erhitzen. Zwiebel und Knoblauch zusammen mit Tomatenmark und Essig anschwitzen.

3 Das Gemüse dazugeben und mit Brühe ablöschen. Thymianzweige dazugeben und bei geschlossenem Deckel ca. 40 Minuten köcheln lassen.

4 Mit Pfeffer abschmecken und in den letzten 15 Minuten die Nudeln und die abgetropften Bohnen dazugeben. Ggf. (nach gewünschter Konsistenz) die restliche Brühe dazugeben.

5 Basilikum hacken und die Hälfte zur Suppe geben. Mit Paprikapulver und Salz abschmecken.

6 Die Thymianzweige entnehmen und die Suppe in Schalen oder tiefen Tellern servieren. Den Feta zerbröseln, darübergeben und mit dem restlichen Basilikum garnieren.

Variante bei Morbus Wilson

Die weißen Bohnen weglassen und dafür mehr Gemüse dazugeben.

Variante bei Lebertransplantation

Achten Sie darauf, dass der Feta nicht aus Rohmilch hergestellt wird. Bei den meisten verpackten Produkten aus dem Supermarkt ist dies kein Problem. Kaufen Sie keinen Feta aus dem offenen Fass an der Käse-/Feinkosttheke.

KARTOFFEL-SELLERIE-CREMESUPPE

FL LZ HC MW LT

Zubereitungszeit: 20 Minuten
Garzeit: 15 Minuten

Eine Portion enthält
168 kcal / 703 kJ,
3 g Eiweiß, 4 g Ballaststoffe

Zutaten für 2 Portionen

1,5 Stangen Staudensellerie mit Grün (ca. 200 g)
½ Zwiebel (ca. 40 g)
2 große mehligkochende Kartoffeln (ca. 200 g)
2 EL Rapsöl
300 ml Gemüsebrühe
½ TL Liebstöckel
¼ TL Muskat
1 EL saure Sahne

Außerdem
Pürierstab

Zubereitung

1 Das Gemüse waschen und putzen. Staudensellerie in Stücke schneiden, einige Blätter Selleriegrün für die Garnitur aufbewahren und fein hacken.

2 Zwiebel fein würfeln, Kartoffeln schälen und grob würfeln.

3 Zwiebelwürfel in einem Topf mit Rapsöl anschwitzen. Das Gemüse hinzugeben und mit Gemüsebrühe ablöschen, zugedeckt ca. 15 Minuten köcheln lassen.

4 Wenn das Gemüse weich ist, die Suppe pürieren, würzen und abschmecken. Auf zwei Tellern anrichten. Mit je ½ EL saurer Sahne servieren. Gehacktes Selleriegrün als Garnitur hinzugeben.

Variante bei Leberzirrhose

Schmand oder Crème fraîche anstelle von saurer Sahne verwenden.

GEMÜSESUPPE

Zubereitung

1 Den Strunk aus dem Blumenkohl entfernen, den Rest in kleine Röschen teilen und waschen.

2 Die Möhren waschen, schälen und einen Teil mit einem Sparschäler in dünne Streifen schneiden. Den Rest grob würfeln. Die Zwiebel schälen und in feine Würfel schneiden.

3 1 ½ EL Öl in einem Topf erhitzen und die Zwiebeln darin anschwitzen, bis sie glasig sind. Den Blumenkohl dazugeben und ca. 5 Minuten anschwitzen. Dann die Möhrenwürfel hinzufügen und anschwitzen, bis das Gemüse etwas Farbe angenommen hat.

4 Mit Gemüsebrühe und Kokosdrink ablöschen und mit geschlossenem Deckel bei mittlerer Hitze ca. 20 Minuten köcheln lassen.

5 Währenddessen die Möhrenstreifen mit dem restlichen Öl ca. 3 Minuten in einer Pfanne anbraten.

6 Wenn das Gemüse weich ist, die Suppe pürieren, die Konsistenz ggf. mit etwas Kokosdrink korrigieren und kurz aufkochen lassen.

7 Mit Kumin, Pfeffer, Muskat, Chili und Salz abschmecken und 5 Minuten ziehen lassen.

8 Zum Abschluss noch einmal abschmecken, die Suppe in tiefen Tellern servieren und mit den angebratenen Möhrenstreifen garnieren.

Variante bei Leberzirrhose, Morbus Wilson und Hämochromatose

Die Suppe mit Schmand oder Crème fraîche verfeinern.

FL LZ HC MW LT

Zubereitungszeit: 25 Minuten
Garzeit: 30 Minuten

Eine Portion enthält
66 kcal / 273 kJ,
2 g Eiweiß, 3 g Ballaststoffe

Zutaten für 6 Portionen

1 kleiner Blumenkohl (ca. 500 g)
2 Möhren (ca. 200 g)
1 Zwiebel (ca. 100 g)
2 EL Rapsöl
700 ml Gemüsebrühe
200 ml Kokosdrink
Kumin, Pfeffer, Muskat und Chili nach Belieben
6 Prisen Salz

Außerdem
Pürierstab
Sparschäler

TIPPS Keine Lust auf Blumenkohl und Möhren? Dann tauschen Sie das Gemüse nach Belieben aus. Lediglich die Garzeit kann sich dadurch verändern. Auch bei den Gewürzen können Sie variieren: Curry, Ingwer, Koriander, Minze – seien Sie kreativ.

Wenn Sie die Suppe als Hauptkomponente und nicht als Vorspeise essen möchten, benötigen Sie die doppelte Menge pro Portion.

INDISCHE TOMATENSUPPE MIT JOGHURT-DIP

FL LZ HC MW LT

Zubereitungszeit: 30 Minuten
Garzeit: 30 Minuten

Eine Portion (ca. 200 g) enthält
105 kcal / 443 kJ,
5 g Eiweiß, 4 g Ballaststoffe

Zutaten für 4 Portionen

Für die Suppe
- 1,1 kg Tomaten
- 220 g Frühlingszwiebeln
- 2 Knoblauchzehen
- 1 cm Ingwer
- 1 EL Olivenöl
- 2 Prisen Pfeffer
- 4 Prisen Salz

Für den Joghurt-Dip
- ¼ TL Bockshornkleesamen
- 3 Stängel Minze
- 90 g Joghurt, 1,5 % Fett
- 30 g Quark, Magerstufe
- 1 TL Kurkuma

Außerdem
- Feine Reibe
- Mörser/Stößel

Zubereitung

1 Das Gemüse gründlich waschen und putzen. Die Tomaten auf der Unterseite kreuzförmig einschneiden, mit heißem Wasser übergießen und 1–2 Minuten ziehen lassen. Anschließend abgießen, mit kaltem Wasser abschrecken, enthäuten und in Stücke schneiden.

2 Frühlingszwiebeln in feine Ringe schneiden, dabei den grünen und den weißen Teil nicht vermischen. Knoblauch fein hacken, Ingwer schälen und fein reiben.

3 Öl in einem Topf erhitzen, den weißen Teil der Frühlingszwiebeln sowie Knoblauch und Ingwer kurz anschwitzen.

4 Tomaten dazugeben und 20–30 Minuten bei mittlerer Hitze sanft köcheln lassen, bis alle Tomaten vollständig eingekocht sind. Mit Pfeffer und Salz abschmecken. Gegen Ende der Garzeit die grünen Teile der Frühlingszwiebeln dazugeben.

5 Für den Dip die Bockshornkleesamen in einem Mörser zerstoßen. Die Minze gründlich waschen, fein hacken und mit Joghurt und Quark vermischen. Bockshornklee und Kurkuma hinzufügen und abschmecken.

6 Vor dem Servieren den Dip auf die Suppe geben.

Variante bei Leberzirrhose, Hämochromatose und Morbus Wilson

Joghurt mit 3,5 % Fett wählen, Quark mit 20 % oder 40 % Fett i. Tr. verwenden.

TIPP Wenn Sie die Suppe als Hauptkomponente und nicht als Vorspeise essen möchten, benötigen Sie die doppelte Menge pro Portion. Dazu passt ein frisches Naan-Brot aus der Pfanne.

SPARGELSUPPE MIT TEMPURA-TOPPING

FL LZ HC MW LT

Zubereitungszeit: 40 Minuten
Garzeit: 40 Minuten

Eine Portion enthält
263 kcal / 1.100 kJ,
6 g Eiweiß, 2 g Ballaststoffe

Zutaten für 8 Portionen

Für die Suppe

- 1,25 kg weißer Spargel
- 1,25 l Gemüsebrühe
- 2 Prisen Zucker
- 1 Zitrone
- 50 g Butter
- 50 g Weizenmehl Type 405
- 200 ml Milch, 1,5 % Fett
- 2 Prisen Salz
- 1 Bund Kerbel (ca. 10 g)

Für das Tempura-Topping

- 100 g Weizenmehl Type 405
- 1 TL Backpulver
- 100 g Stärke
- 1 Ei (Größe M)
- 2 Prisen Salz
- 120 ml Eiswasser
- 5 EL Rapsöl

Variante bei Leberzirrhose

Milch gegen Sahne austauschen.

Variante bei Fettleber

Weizenmehl Type 1050 verwenden.

Zubereitung

1 Spargel waschen, gründlich schälen und die hölzernen Enden entfernen. Spargelspitzen abschneiden und beiseitestellen.

2 Die Brühe mit 1 Prise Zucker aufkochen. Spargelschalen hinzugeben und zugedeckt ca. 20 Minuten köcheln lassen. (Alternativ kann tiefgefrorener Spargel verwendet werden. Diesen in einem Topf in Gemüsebrühe kochen.)

3 Für den Tempura-Teig Mehl mit Backpulver mischen und zusammen mit Stärke, Ei, Salz und Eiswasser in einer Schüssel zu einem glatten Teig verrühren.

4 Die Spargelspitzen mit einer Gabel durch den Tempura-Teig ziehen und in einer Pfanne mit Öl ca. 3 Minuten ausbacken, bis dieser goldbraun ist. Auf Küchenpapier abtropfen lassen und zur Seite stellen.

5 Den restlichen Spargel in mundgerechte Stücke schneiden. Spargelschalen abgießen, gut abtropfen lassen und das Wasser dabei auffangen.

6 Spargelwasser zurück in den Topf gießen, aufkochen lassen und die Spargelstücke hinzufügen. Ca. 15 Minuten garen und anschließend abgießen. Das Wasser erneut auffangen und 1 l Flüssigkeit abmessen.

7 ½ Zitrone auspressen. Die Butter in einem Topf erhitzen, mit Mehl bestäuben, anschwitzen und unter ständigem Rühren nach und nach mit Spargelwasser und Milch ablöschen.

8 Aufkochen, 5 Minuten köcheln lassen und mit etwas Zucker, Salz und Zitronensaft abschmecken.

9 Einen Teil des gegarten Spargels dazugeben und alles gut pürieren. Den restlichen Spargel dazugeben und nochmals kurz erhitzen.

10 Den Kerbel waschen, trocken schütteln und die Blätter abzupfen. Die Suppe mit Kerbel und den Tempura-Spargelspitzen garniert servieren.

MÖHREN-FENCHEL-SUPPE

FL LZ HC MW LT

Zubereitungszeit: 15 Minuten
Garzeit: 30 Minuten

Eine Portion enthält
109 kcal / 457 kJ,
1 g Eiweiß, 2 g Ballaststoffe

Zutaten für 4 Portionen

- 2 Möhren (ca. 220 g)
- 1 kleiner Fenchel (ca. 150 g)
- 1 EL Rapsöl
- 400 ml Gemüsebrühe
- 1 Prise Pfeffer
- 1 Prise Zimt
- 4 Prisen Salz
- Muskat und Liebstöckel nach Belieben
- 80 ml Schlagsahne

Außerdem

- Pürierstab

Zubereitung

1 Gemüse waschen und putzen. Möhren schälen und in Scheiben schneiden, den Strunk des Fenchels entfernen und den Rest in Würfel schneiden.

2 Alles in einem Topf mit Öl anschwitzen und anschließend mit Gemüsebrühe ablöschen. 30 Minuten köcheln lassen und anschließend mit dem Pürierstab pürieren.

3 Mit Pfeffer, Zimt, Salz, Muskat und Liebstöckel abschmecken und mit Sahne verfeinern.

Variante bei Fettleber

Statt Sahne Milch mit 1,5 % bzw. 3,5 % Fett, fettarme Kondensmilch oder Sahneersatz mit 7 % Fett verwenden.

TIPP Wenn Sie die Suppe als Hauptkomponente und nicht als Vorspeise essen möchten, benötigen Sie die doppelte Menge pro Portion.

SAUERKRAUTSUPPE

FL LZ HC MW LT

Zubereitungszeit: 20 Minuten
Garzeit: 25 Minuten

Eine Portion enthält
150 kcal / 629 kJ,
4 g Eiweiß, 6 g Ballaststoffe

Zutaten für 2 Portionen

- ½ Zwiebel (ca. 50 g)
- 1 rote Paprika (ca. 120 g)
- 3 mittelgroße festkochende Kartoffeln (160 g)
- 200 g Sauerkraut (Dose)
- 1 EL Rapsöl
- Rosenpaprika oder Chili nach Belieben
- 600 ml Gemüsebrühe
- 1 EL Joghurt, 1,5 % Fett
- Je ¼ TL Paprika edelsüß und Kreuzkümmel
- 2 Prisen Salz

Zubereitung

1 Gemüse waschen und putzen. Zwiebel und Paprika in kleine Würfel schneiden. Kartoffeln schälen und ebenfalls klein würfeln.

2 Sauerkraut in einem Sieb abtropfen lassen und auf einem Brett fein hacken.

3 Rapsöl in einen Topf geben und die Zwiebeln darin goldbraun dünsten. Rosenpaprika oder Chili über die Zwiebeln geben und mit Gemüsebrühe ablöschen.

4 Kartoffeln und Sauerkraut in den Topf geben und für 10–15 Minuten in der Brühe garen. Die Paprikawürfel zur Suppe geben und weitere 5–10 Minuten garen.

5 In der Zwischenzeit Joghurt mit Paprika edelsüß und Kreuzkümmel vermengen.

6 Den Topf vom Herd nehmen, die Suppe abschmecken und salzen. Nun kann sie mit einem würzigen Joghurt-Tupfer in tiefen Tellern serviert werden.

Variante bei Leberzirrhose

Joghurt mit 3,5 % oder 10 % Fett verwenden.

TIPP Eine Scheibe Vollkornbrot oder ein Brötchen vervollständigt die Mahlzeit.

FL LZ HC MW LT

Zubereitungszeit: 15 Minuten
Garzeit: 10 Minuten

Eine Portion enthält
122 kcal / 510 kJ,
4 g Eiweiß, 1 g Ballaststoffe

Zutaten für 4 Portionen

2 Bund Radieschen (ca. 300 g)
1 Schalotte (ca. 30 g)
3 TL Butter (10 g)
500 ml Gemüsebrühe
100 g Frischkäse, Doppelrahmstufe
1 EL saure Sahne
4 Prisen Salz
Pfeffer nach Belieben
1 Kästchen Kresse
Außerdem
Pürierstab

RADIESCHENSUPPE

Zubereitung

1 Das Gemüse gründlich waschen und putzen. Radieschen und Schalotte fein würfeln.

2 Butter in einem Topf erhitzen, die Schalottenwürfel und ein Drittel der Radieschen hineingeben und bei schwacher Hitze anschwitzen.

3 Gemüsebrühe hinzugeben und ca. 10 Minuten köcheln lassen. Anschließend die restlichen Radieschen sowie Frischkäse und saure Sahne unterrühren und die Suppe pürieren.

4 Nochmals erhitzen, aber nicht mehr kochen lassen. Mit Salz und Pfeffer abschmecken.

5 Kresse ernten, abwaschen und trocknen. Die Suppe auf tiefe Teller verteilen, mit Kresse bestreuen und sofort servieren.

Variante bei Leberzirrhose

Schmand oder Sahne anstelle von saurer Sahne verwenden.

Variante bei Fettleber

1 EL Rapsöl statt Butter wählen und Frischkäse mit maximal 16 % Fett absolut verwenden.

HAUPTMAHLZEITEN

POWER BOWL

FL LZ HC

Zubereitungszeit: 30 Minuten
Garzeit: 25 Minuten

Eine Portion enthält
690 kcal / 2.888 kJ,
27 g Eiweiß, 11 g Ballaststoffe

Zutaten für 2 Portionen

100 g Quinoa
200 ml Gemüsebrühe
3 TL Erdnussmus
2 EL Rapsöl
1 TL Sesam
200 g Tofu
1 kleine Möhre (ca. 60 g)
60 g Rotkohl
3 Radieschen (ca. 40 g)
1 Apfel (ca. 100 g)
1 Granatapfel (ca. 100 g Kerne)
½ Avocado (ca. 60 g)
1 Bund Minze (ca. 10 g)

Für das Dressing
60 g Schmand
2 EL Olivenöl
2 EL Zitronensaft
3 TL Himbeeressig
Gewürze nach Belieben

Außerdem
2 Bowl-Schalen
Sparschäler

Zubereitung

1 Quinoa in der Gemüsebrühe kurz aufkochen und anschließend quellen lassen, bis sie weich ist. Je nach Konsistenz noch etwas Gemüsebrühe hinzugeben.

2 Erdnussmus mit 1 EL Rapsöl und Sesam vermengen. Tofu in kleine Würfel schneiden, mit der Erdnussmusmarinade vermengen und ca. 5 Minuten ziehen lassen.

3 Das Gemüse waschen. Die Möhre mit dem Sparschäler in längliche Streifen schneiden. Diese in einer Pfanne mit 1 EL Rapsöl ca. 2 Minuten anschwitzen.

4 Rotkohl und Radieschen ebenfalls in Streifen schneiden. Den Apfel entkernen und fein würfeln. Den Granatapfel entkernen. Die Avocado halbieren, den Kern entfernen, das Fruchtfleisch herauslösen und in Streifen schneiden. Die Minze waschen und fein hacken.

5 Aus Schmand, Olivenöl, Zitronensaft und Himbeeressig ein Dressing anrühren.

6 Den marinierten Tofu in einer beschichteten Pfanne ohne Öl von allen Seiten goldbraun anbraten. Quinoa mit den Apfelwürfeln und etwas Dressing (ca. 3 EL) vermengen und auf zwei tiefe Teller verteilen.

7 Die weiteren Zutaten rundum anrichten und das restliche Dressing auf der Bowl verteilen. Mit Minze und Granatapfelkernen garnieren.

TIPP Der Granatapfel kann am besten in einer großen Schale mit Wasser entkernt werden.

GRUNDREZEPT GEMÜSEBRÜHE

FL LZ HC MW LT

Zubereitungszeit: 15 Minuten
Kochzeit: 30–45 Minuten

100 ml enthalten
18 kcal / 80 kJ,
0 g Eiweiß, 0 g Ballaststoffe

Zutaten für 1 Liter Brühe

1 kleine Zwiebel (ca. 100 g)
1 kleines Stück Sellerie (ca. 50 g)
1 kleines Stück Lauch (ca. 50 g)
1 Petersilienwurzel (ca. 100 g) oder
1 Bund Petersilie mit Stiel
1 Möhre (ca. 100 g)
1 Tomate (ca. 80 g)
1 große Handvoll Gemüse nach Jahreszeit
2 EL Rapsöl
2–3 Lorbeerblätter
4 Pfefferkörner

Außerdem
Großes feines Sieb
Tüten oder Gläser zum Einfrieren

Zubereitung

1 Das Gemüse gründlich waschen. Die Zwiebel und den Sellerie schälen. Alles in kleine Stücke schneiden.

2 Das Rapsöl in einem großen Topf erhitzen und die Gemüsewürfel darin ca. 3 Minuten anbraten.

3 Anschließend mit 1,5 l Wasser ablöschen und aufkochen lassen. Nun die Lorbeerblätter, Pfefferkörner und ggf. die Petersilie dazugeben. 30–45 Minuten köcheln lassen.

4 Die Brühe durch ein Sieb gießen und auffangen. Das verkochte Gemüse entsorgen. Nun die Brühe abkühlen lassen und in kleinen Portionen einfrieren.

TIPPS Möhren und Petersilienwurzeln müssen nicht extra geschält werden. Lediglich die Enden sollten abgeschnitten werden.

Wenn Sie zum Einfrieren keine Plastiktüten verwenden möchten, dann nehmen Sie einfach kleine Schraubgläser. Füllen Sie diese maximal zu zwei Dritteln und stellen Sie die Gläser nicht ganz verschlossen in den Tiefkühler. Nach 12 Stunden können Sie die Deckel richtig schließen.

Wenn Sie noch Selleriegrün übrig haben, geben Sie dieses zum Kochen dazu.

BUNTE WRAPS

FL LZ HC LT

Zubereitungszeit: 20 Minuten
Garzeit: 15 Minuten

Eine Portion enthält
359 kcal / 1.511 kJ,
18 g Eiweiß, 2 g Ballaststoffe

Zutaten für 2 Portionen

½ Paprika (ca. 65 g)
1 Kugel Mozzarella, 20 % Fett i. Tr.
2 Frühlingszwiebeln (ca. 25 g)
40 g Champignons
1 Tomate (ca. 50 g)
2 Stängel Dill
10 Blätter Basilikum
1 EL Rapsöl
1 Prise Salz
Pfeffer und Paprika edelsüß nach Belieben
2 Weizenwraps

Für den Quark-Dip
Je 1 Stängel Dill, Oregano und Petersilie
40 g Quark, 20 % Fett i. Tr.
1 Prise Salz
Pfeffer nach Belieben

Zubereitung

1 Für den Dip die Kräuter waschen, zupfen und fein hacken. Dann den Quark mit den Kräutern und Gewürzen glatt rühren und abschmecken. Bis zum Servieren kalt stellen.

2 Gemüse und Kräuter waschen und putzen. Paprika und Mozzarella in Würfel, Frühlingszwiebeln in Ringe und Champignons in Scheiben schneiden. Die Tomate entkernen und in Würfel schneiden. Die Kräuter fein hacken.

3 Das Öl in einer beschichteten Pfanne erhitzen und darin Champignons, Paprika und Frühlingszwiebeln kurz andünsten. Mit einer Prise Salz sowie Gewürzen und Kräutern abschmecken.

4 In eine weitere beschichtete Pfanne ohne Öl einen Wrap legen und die Herdplatte auf niedrige Hitze stellen. Den Wrap ca. 1 Minute vorsichtig erwärmen, dann einmal wenden. (Die Pfanne darf nicht zu heiß sein, da der Wrap sonst verbrennt.)

5 Zum Befüllen eines Wraps zunächst die Hälfte des Mozzarellas und die Hälfte des Gemüses in der Mitte verteilen. Danach den Wrap zu einem kleinen Päckchen zusammenlegen. Hierfür zuerst die linke und die rechte überstehende Seite über die Zutaten klappen und danach die obere und untere Seite, sodass die Zutaten vollständig verpackt sind.

6 Den Wrap auf die verschlossene Seite in die Pfanne legen und für ca. 1–2 Minuten bei mittlerer Hitze anbraten. Anschließend wenden, damit der Wrap schön braun und knusprig wird und der Käse im Inneren schmelzen kann.

7 Die Wraps zusammen mit dem Quark-Dip servieren. Alternativ kann dieser in die Wraps gefüllt werden.

TIPP Ein bunter Salat rundet die Mahlzeit ab.

FEIGENTARTE MIT ZIEGENKÄSE

LZ HC MW LT

Zubereitungszeit: 30–45 Minuten
Kühlzeit: 1 Stunde
Backzeit: 45–50 Minuten

Eine Portion enthält
864 kcal / 3.615 kJ,
25 g Eiweiß, 11 g Ballaststoffe

Zutaten für 4 Portionen (1 Tarte)

Für den Teig
- 250 g Weizenvollkornmehl
- 150 g kalte Butter oder Margarine
- 1 Ei (Größe M)
- 2 EL geschrotete Leinsamen
- 1 TL Salz
- 2 TL Öl für die Form

Für den Belag
- 100 g frischer Spinat
- 6 große Feigen (ca. 180 g)
- 200 g Ziegenkäserolle, 45 % Fett i. Tr.
- 1 Rote Bete (ca. 180 g)
- 3 TL Zitronensaft
- 4 Prisen Salz
- 1 rote Zwiebel (ca. 70 g)
- 1½ EL Olivenöl
- 1 EL Honig
- 75 g Ziegenfrischkäse
- 3 EL Feigensenf
- 1 kleine Handvoll Walnusskerne
- Thymian nach Belieben

Außerdem
- Tarte- oder Quicheform (28 cm)
- Handrührgerät mit Knethaken
- Nudelholz
- Getrocknete Hülsenfrüchte zum Blindbacken
- Kuchengitter

Variante bei Morbus Wilson

Weizenmehlmehl Type 405 verwenden und Leinsamen sowie Walnüsse weglassen.

Zubereitung

1 Für den Teig Mehl, Butter, Ei, geschrotete Leinsamen und Salz mit dem Handrührgerät oder den Händen zu einem glatten Teig kneten. Flach drücken und als Scheibe gut verpackt für ca. 1 Stunde in den Kühlschrank legen.

2 Den Ofen auf 180 °C (Ober-/Unterhitze) vorheizen.

3 Die Arbeitsfläche bemehlen und den Teig mit einem Nudelholz von der Mitte nach außen etwa 4 mm dünn ausrollen. Die Tarte- oder Quicheform einfetten und den Teig in die Form drücken. Der Teig sollte am Rand mit der Form abschließen.

4 Den Teigboden mit einer Gabel mehrmals einstechen. Anschließend ein Stück Backpapier auf den Teig legen und diesen mit trockenen Hülsenfrüchten beschweren. Danach den Boden für ca. 10–15 Minuten blindbacken.

5 Die Hülsenfrüchte zusammen mit dem Backpapier entfernen und den Boden bis zur Weiterverarbeitung auf ein Kuchengitter stellen. Den Ofen nicht ausschalten.

6 Das Gemüse waschen. Den Spinat auf einem Küchentuch abtropfen lassen. Feigen und Ziegenkäserolle in Scheiben schneiden.

7 Rote Bete schälen, in dünne Scheiben schneiden und mit etwas Zitronensaft und Salz marinieren.

8 Zwiebel schälen und in feine Würfel schneiden. Das Öl in einer Pfanne erhitzen und die Zwiebelwürfel darin anschwitzen. Den Honig darübergeben und alles karamellisieren.

9 Ziegenfrischkäse und Feigensenf vermengen und auf dem vorgebackenen Boden verstreichen. Die karamellisierten Zwiebelwürfel darauf verteilen und den Spinat darübergeben. Die Rote-Bete-Scheiben abwechselnd mit Ziegenkäsescheiben und Feigen auf den Spinat legen.

10 Walnüsse hacken und über die Tarte streuen, ebenso den Thymian. Die Tarte auf mittlerer Schiene für ca. 30–35 Minuten backen.

FL LZ LT

Zubereitungszeit: 25 Minuten
Garzeit: 10–20 Minuten (nach Pfannengröße)

Eine Portion enthält
191 kcal / 799 kJ,
20 g Eiweiß, 1 g Ballaststoffe

Zutaten für 4 Portionen

- 350 g tiefgefrorene Seelachsfilets
- 1 Bio-Zitrone
- 1 kleines Bund Dill (ca. 15 g)
- 1 kleines Bund Schnittlauch (ca. 15 g)
- 1 Knoblauchzehe
- 1 Schalotte (ca. 30 g)
- 1 Ei (Größe M)
- 2 gehäufte EL Paniermehl
- 4 Prisen Salz
- Pfeffer nach Belieben
- 1 gehäufter EL Dinkelmehl Type 630
- 2 EL Rapsöl

Außerdem

- Feine Reibe
- Pürierstab oder Multi-Zerkleinerer

FISCHFRIKADELLEN

Zubereitung

1 Fischfilets im Kühlschrank auftauen.

2 Zitronenschale mit einer feinen Reibe abreiben, Saft auspressen. Fischfilets auf einen Teller geben, mit 1 EL Zitronensaft beträufeln und bis zur Weiterverarbeitung abgedeckt in den Kühlschrank stellen.

3 Kräuter sanft unter fließendem Wasser waschen und vorsichtig trocken tupfen. Knoblauch und Schalotte schälen und alles fein hacken.

4 Fischfilets in grobe Würfel schneiden und zusammen mit Kräutern, Schalotte, Knoblauch, etwas Zitronensaft und -schale in ein hohes Gefäß geben. Ei, Paniermehl, Salz und Pfeffer hinzugeben und alles mit einem Pürierstab oder einem Multi-Zerkleinerer leicht pürieren.

5 Die Masse kurz im Kühlschrank ziehen lassen und anschließend mit bemehlten Händen zu 12 Frikadellen (à ca. 45 g) formen.

6 Öl in einer Pfanne erhitzen und Fischfrikadellen bei mittlerer Hitze von jeder Seite ca. 5 Minuten goldbraun braten.

TIPP Dazu passt der Senf-Dip von Seite 186 und ein bunter Salat Ihrer Wahl.

FISCHRÖLLCHEN MIT TOMATENSOSSE UND DINKEL

FL LZ HC MW LT

Zubereitungszeit: 30 Minuten
Garzeit: 60 Minuten

Eine Portion enthält
426 kcal / 1.782 kJ,
40 g Eiweiß, 6 g Ballaststoffe

Zutaten für 2 Portionen

Für die Fischröllchen
- 400 g tiefgefrorene Schollenfilets
- 1 EL Zitronensaft
- 1 Prise Salz
- 1 TL fettarmer Frischkäse, 16 % Fett absolut
- 1 TL tiefgefrorenes Basilikum
- 50 ml Fischfond (Glas)

Für den Dinkel
- 120 g Dinkel
- 360 ml Gemüsebrühe

Für die Tomatensoße
- 1 Schalotte (ca. 30 g)
- 1 EL Olivenöl
- 150 g passierte Tomaten
- 50 ml Gemüsebrühe
- 1 TL Stärke
- 1 Prise Salz
- Basilikum und Oregano nach Belieben

Außerdem
- Kleine Holzspieße oder Küchengarn

Zubereitung

1 Fischfilets im Kühlschrank auftauen. Anschließend mit Zitronensaft beträufeln und salzen.

2 Frischkäse auf den Fisch streichen, mit Basilikum bestreuen und anschließend zu Rouladen aufrollen. Mit Holzspießen oder Küchengarn fixieren.

3 Röllchen in eine Pfanne geben und mit Fischfond aufgießen. Den Deckel auf die Pfanne legen und für ca. 8–10 Minuten leicht köcheln lassen.

4 Dinkel in der Brühe nach Packungsanleitung garen.

5 Schalotte schälen und fein würfeln. In einer Pfanne mit Olivenöl anschwitzen und mit passierten Tomaten und Brühe aufgießen.

6 Stärke mit etwas kaltem Wasser anrühren. In die köchelnde Soße geben, unterrühren und aufkochen lassen, um die gewünschte Konsistenz zu erreichen. Die Soße mit Salz, Oregano und Basilikum abschmecken.

7 Den Dinkel auf zwei Tellern mit den Fischröllchen und der Tomatensoße anrichten.

Variante bei Leberzirrhose

Doppelrahmfrischkäse verwenden.

Variante bei Morbus Wilson

Dinkel gegen Basmatireis austauschen.

KARTOFFEL-SELLERIE-STAMPF

FL LZ HC MW LT

Zubereitungszeit: 15 Minuten
Garzeit: 20 Minuten

Eine Portion enthält
173 kcal / 720 kJ,
4 g Eiweiß, 4 g Ballaststoffe

Zutaten für 3 Portionen

- 400 g mehligkochende Kartoffeln
- 300 g Sellerie
- 1 kleiner Bund Liebstöckel
- 20 g Butter
- 3 Prisen Salz

Außerdem

- Kartoffelstampfer

Zubereitung

1 Kartoffeln und Sellerie waschen, schälen und in kleine Würfel schneiden. Liebstöckel waschen, trocknen, fein hacken und beiseitestellen.

2 Ein wenig Wasser in einem Topf zum Kochen bringen und Gemüsewürfel hinzugeben (es reicht, wenn die Würfel bis zur Hälfte bedeckt sind). Mit geschlossenem Deckel ca. 20 Minuten garen, bis das Gemüse sehr weich ist. Anschließend das Wasser abgießen.

3 Butter und Salz hinzugeben. Butter schmelzen lassen und alles mit dem Kartoffelstampfer zerstampfen, bis eine breiige Konsistenz entstanden ist. Zum Schluss mit Liebstöckel abschmecken und servieren.

Variante bei Fettleber

Rapsöl mit Butteraroma verwenden.

FRIKADELLEN MIT PILZEN

FL LZ LT

Zubereitungszeit: 20 Minuten
Garzeit: 25 Minuten

Eine Portion enthält
224 kcal / 937 kJ,
24 g Eiweiß, 2 g Ballaststoffe

Zutaten für 2 Portionen

- 190 g Champignons
- 1 Zwiebel (ca. 100 g)
- 1 Knoblauchzehe
- 2 EL Rapsöl
- 200 g Rinderhackfleisch
- 2 TL tiefgefrorene Petersilie
- Pfeffer, Muskat, Majoran und Kreuzkümmel nach Belieben
- 2 Prisen Salz

Zubereitung

1 Pilze putzen und fein würfeln. Zwiebel und Knoblauch schälen und ebenfalls fein würfeln.

2 Zwiebelwürfel in einer Pfanne mit 1 EL Öl glasig anschwitzen. Pilze und Knoblauch hinzufügen und ca. 5–8 Minuten mit anschwitzen.

3 Hackfleisch in einer Schüssel mit Zwiebeln, Knoblauch, Pilzen und Kräutern mischen und kräftig würzen. Alles zu vier bis sechs Frikadellen formen.

4 Die Frikadellen in dem restlichen Öl von beiden Seiten für je 2 Minuten kräftig anbraten. Dann einen Deckel auf die Pfanne setzen und bei mittlerer Hitze ca. 10 Minuten weitergaren, bis sie durch sind.

TIPP Zu den Frikadellen passt der Senf-Dip von Seite 186 und ein bunter Salat Ihrer Wahl.

GYOZA (JAPANISCHE TEIGTASCHEN)

FL HC MW LT

Zubereitungszeit: 30 Minuten
Ruhezeit: 30 Minuten
Garzeit: 15–20 Minuten

Eine Gyoza enthält
30 kcal / 125 kJ,
2 g Eiweiß, 1 g Ballaststoffe

Zutaten für 40 Gyoza

Für den Teig
- 220 g Weizenvollkornmehl
- 1 TL Salz
- 160 ml heißes Wasser
- ½ EL Kartoffelstärke

Für die Füllung
- 1 kleiner Chinakohlkopf (ca. 400 g)
- 1 kleine Zwiebel
- 1 Knoblauchzehe
- 2 cm Ingwer
- 1 EL Rapsöl
- 200 g fettarmes Rinderhack
- 4 TL Sesamöl
- 100–200 ml Gemüsebrühe
- 1 EL Sojasoße
- Pfeffer nach Belieben

Außerdem
- Nudelholz
- Kreisförmige Ausstechform (8 cm)

Zubereitung

1 Mehl mit Salz in einer Schüssel vermengen und nach und nach heißes Wasser hinzugeben. Die Zutaten ca. 5 Minuten gut durchkneten. Den Teig mit einem feuchten Tuch bedeckt an einem warmen Ort 30 Minuten ruhen lassen.

2 Das Gemüse waschen und putzen. Chinakohl, Zwiebeln, Knoblauch und Ingwer fein hacken.

3 Rapsöl in einer Pfanne erhitzen und das Hackfleisch zusammen mit den Zwiebeln kurz anbraten. Anschließend herausnehmen und beiseitestellen.

4 Chinakohl, Ingwer und Knoblauch mit 1 TL Sesamöl in die Pfanne geben und andünsten. Nach etwa 4 Minuten die Gemüsebrühe hinzugeben und alles so lange köcheln lassen, bis die Brühe verkocht ist. Hackfleisch dazugeben und mit Sojasoße und Pfeffer abschmecken.

5 Die Arbeitsfläche mit Kartoffelstärke bestreuen und den Teig sehr dünn ausrollen. Mit Ausstechförmchen Kreise ausstechen.

6 1 EL der Gemüse-Hack-Masse in die Mitte jedes Kreises geben. Teig zu einem Halbkreis falten und die Ränder mit einer Gabel oder den Händen oben zusammendrücken.

7 Restliches Sesamöl in eine Pfanne geben und Gyoza von unten anbraten. Danach 100 ml Wasser in die Pfanne geben und mit einem Deckel abdecken. Ca. 10 Minuten bei niedriger Temperatur garen lassen. Sollten nicht alle Gyoza in eine Pfanne passen, diesen Schritt wiederholen. Dabei Öl und Wasser vorerst halbieren.

Variante bei Hämochromatose
Geflügelhack verwenden.

Variante bei Morbus Wilson
Weizenmehl Type 405 verwenden.

GEFÜLLTE CHAMPIGNONS MIT PUTENBRUST UND KRÄUTERRAHMSOSSE

FL LZ HC LT

Zubereitungszeit: 40 Minuten
Garzeit: 45 Minuten

Eine Portion enthält
703 kcal / 2.943 kJ,
42 g Eiweiß, 4 g Ballaststoffe

Zutaten für 2 Portionen

Für die Champignons
165 g Champignons (am besten große)
½ Zwiebel (ca. 50 g)
1 Knoblauchzehe
1 kleines Stück Ingwer (ca. 2 cm)
1 kleine Zucchini (ca. 150 g)
1 große Tomate (ca. 120 g)
1 kleines Bund Petersilie
2 EL Rapsöl
2 Prisen Salz
Pfeffer, Paprika edelsüß und getrockneter Thymian nach Belieben
100 ml Gemüsebrühe
35 g geriebener Gouda, 48 % Fett i. Tr.
Für die Putenbrust mit Kräuterrahmsoße
½ Zwiebel (ca. 50 g)
1 kleines Bund Liebstöckel
2 EL Rapsöl
2 Putenbrustfilets (à 120 g)
1 EL Weizenmehl Type 405
Paprika edelsüß nach Belieben
200 ml Schlagsahne
2 Prisen Salz
Pfeffer und Muskat nach Belieben

Zubereitung

Gefüllte Champignons

1 Backofen auf 200 °C (Ober-/Unterhitze, 180 °C Umluft) vorheizen.

2 Gemüse und Kräuter waschen und putzen. Champignons putzen, die Stiele herausdrehen und fein hacken. Zwiebel, Knoblauch und Ingwer schälen und ebenfalls fein hacken.

3 Zucchini halbieren, das Innere aushöhlen und den Rest in kleine Würfel schneiden. Tomate halbieren, die Kerne entfernen und das Fruchtfleisch würfeln. Petersilie fein hacken.

4 Rapsöl in einer Pfanne erhitzen. Champignonstiele, Zwiebel, Knoblauch, Ingwer und Zucchiniwürfel dazugeben und 8–10 Minuten anschwitzen. Ab und zu umrühren. Zum Ende der Garzeit Tomaten und Petersilie unterheben. Mit Salz, Pfeffer, Paprikapulver und Thymian abschmecken.

5 Champignons mit der Gemüsemischung füllen. Eine Auflaufform mit Gemüsebrühe füllen, die Champignonköpfe hineinsetzen und mit Käse bestreuen. Bei Bedarf die restliche Füllung neben den Champignons verteilen und alles im vorgeheizten Ofen für 15–20 Minuten backen.

Putenbrust mit Kräuterrahmsoße

6 Zwiebel schälen und fein hacken. Liebstöckel ebenfalls fein hacken und beiseitestellen.

7 Öl in einer Pfanne erhitzen und das Fleisch von jeder Seite ca. 3 Minuten hellbraun braten, bis es gar ist, dann herausnehmen und abgedeckt zur Seite stellen.

8 Die Pfanne auf dem Herd lassen und die gehackten Zwiebeln darin anschwitzen. Mit Mehl und Paprikapulver bestäuben und mit der Sahne ablöschen.

9 Die Soße ca. 10 Minuten köcheln lassen, bis der Mehlgeschmack verschwunden ist, dabei gut umrühren. Anschließend mit Salz, Pfeffer, Muskat und Liebstöckel abschmecken.

10 Das Putenbrustfilet zurück in die Soße geben und erwärmen.

11 Die Champignons zusammen mit der Putenbrust und der Soße anrichten und servieren.

Variante bei Fettleber

Sahne gegen 100 ml Gemüsebrühe und 100 ml Kochsahne mit maximal 15 % Fett austauschen.

TIPPS Sie können anstelle von Liebstöckel („Maggikraut“) andere frische Kräuter nach Wahl verwenden.

Wenn Sie das Gericht etwas exotischer zubereiten möchten, tauschen Sie den Muskat gegen Currypulver aus.

FRISCHKÄSE-SPINAT-FRITTATA

FL LZ HC MW LT

Zubereitungszeit: 25 Minuten
Garzeit: 15 Minuten

Eine Portion enthält
325 kcal / 1.360 kJ,
24 g Eiweiß, 1 g Ballaststoffe

Zutaten für 2 Portionen

½ Zwiebel (ca. 55 g)
100 g Babyspinat
4 Eier (Größe M)
1 EL saure Sahne
½ Packung körniger Frischkäse (100 g)
2 Prisen Salz
Pfeffer und Muskat nach Belieben
1 EL Olivenöl
2 EL geriebener Parmesan
1 TL Schnittlauch
Außerdem
Handrührgerät mit Rührstäben

Zubereitung

1 Zwiebel schälen und fein würfeln. Babyspinat waschen, trocken tupfen und ggf. braune Blätter entfernen.

2 Die Eier in einer Schüssel aufschlagen und mit dem Handrührgerät 3–5 Minuten schaumig schlagen. Anschließend saure Sahne, körnigen Frischkäse sowie Salz, Pfeffer und Muskat hinzugeben und alles miteinander verrühren.

3 Olivenöl in einer Pfanne erwärmen und Zwiebelwürfel darin anschwitzen. Die Ei-Masse hinzugeben und den Spinat darauf verteilen. Die Frittata in der Pfanne auf niedriger Stufe stocken lassen und mit geriebenem Parmesan bestreuen.

4 Die fertige Frittata aus der Pfanne nehmen und in zwei oder vier Stücke schneiden. Auf zwei Tellern anrichten und mit Schnittlauch bestreut servieren.

Variante bei Fettleber

Statt Parmesan fettarmen Käse (30 % Fett i. Tr.) wählen. Lassen Sie sich nicht verwirren: Parmesan hat für gewöhnlich einen Fettgehalt von 30 % i. Tr. Durch seinen niedrigen Wassergehalt kann er dennoch nicht als fettarm eingestuft werden.

Variante bei Morbus Wilson

Parmesan gegen geriebenen Gouda austauschen.

INDISCHES LINSEN-MÖHREN-CURRY

FL LZ HC LT

Zubereitungszeit: 10 Minuten
Garzeit: 20 Minuten

Eine Portion enthält
300 kcal / 1.257 kJ,
13 g Eiweiß, 10 g Ballaststoffe

Zutaten für 2 Portionen

- 3 EL Mandelstifte
- 4 Stängel Petersilie
- 5 mittelgroße Möhren (450 g)
- 1 Zwiebel (ca. 100 g)
- 1 Chilischote
- 2 EL Rapsöl
- 160 g rote Linsen (roh)
- 1 EL Zitronensaft
- 250 ml Gemüsebrühe
- 300 ml Möhrensaft
- Curry, Koriander, Ingwerpulver und Pfeffer nach Belieben
- 4 Prisen Salz

Zubereitung

1 Mandelstifte in einer Pfanne ohne Fett anrösten und anschließend zur Seite stellen.

2 Gemüse und Kräuter gut waschen und putzen. Petersilie fein hacken. Möhren in kleine Würfel schneiden.

3 Zwiebel und Chilischote ebenfalls in feine Würfel schneiden. (Achtung: Die Kerne der Chilischote sind sehr scharf. Nach Bedarf entfernen.) Anschließend beides in einer beschichteten Pfanne mit Öl anschwitzen. Möhren, rote Linsen und Zitronensaft dazugeben und kurz mitgaren.

4 Mit Gemüsebrühe und Möhrensaft ablöschen und mit Gewürzen sowie Salz und Pfeffer abschmecken.

5 10 Minuten köcheln lassen, bis Möhren und Linsen gar sind. Zum Schluss die Mandeln unterheben und mit Petersilie bestreuen.

TIPP Servieren Sie das Curry mit einer Portion Reis (roh ca. 30–40 g). Sie können es auch ohne Reis genießen, dann darf die Portion etwas größer ausfallen.

GEMÜSELASAGNE MEDITERRANE ART

FL LZ HC MW LT

Zubereitungszeit: 25 Minuten
Garzeit: 45–50 Minuten

Eine Portion enthält
409 kcal / 1.710 kJ,
15 g Eiweiß, 7g Ballaststoffe

Zutaten für 6 Portionen

- 2 Zucchini (400 g)
- 1 große Aubergine (500 g)
- 2 kleine japanische lila Auberginen (300 g)
- 2 EL Rapsöl
- 4 Dosen stückige Tomaten (Füllgewicht je 400 g)
- Basilikum, Kräuter der Provence, Oregano, Thymian (jeweils getrocknet) nach Belieben
- ½ Packung Lasagneblätter
- 200 g Crème fraîche
- 150 g geriebener Mozzarella, 45 % Fett i. Tr.

Zubereitung

1 Backofen auf 200 °C (Ober-/Unterhitze, 180 °C Umluft) vorheizen. Gemüse waschen und in kleine, mundgerechte Würfel schneiden.

2 Rapsöl in einer großen Pfanne erhitzen und das Gemüse darin anschwitzen. Stückige Tomaten hinzugeben und bei mittlerer Hitze ca. 5 Minuten köcheln lassen, bis das Gemüse eine weiche Konsistenz annimmt. Mit Kräutern abschmecken.

3 Etwas von der Soße in eine Auflaufform geben und anschließend mit einigen Lasagneblättern bedecken. Diesen Schritt mehrmals wiederholen – am Ende sollte eine Schicht Soße sein.

4 Crème-fraîche-Tupfer auf der obersten Schicht verteilen und mit dem geriebenen Mozzarella bedecken.

5 Im vorgeheizten Ofen ca. 35–40 Minuten backen. Sollte der Mozzarella zu braun werden, kann die Auflaufform mit Alufolie bedeckt werden.

Variante bei Fettleber

Fettarme Crème fraîche mit maximal 15 % Fett und Mozzarella mit 20 % Fett i. Tr. verwenden.

TIPP Die japanischen Auberginen können durch ein Gemüse Ihrer Wahl ausgetauscht werden.

GEMÜSEPILAW MIT HÄHNCHEN

FL LZ HC LT

Zubereitungszeit: 30 Minuten
Marinierzeit: 20 Minuten
Garzeit: 40 Minuten

Eine Portion enthält
427 Kcal / 1.788 kJ,
29 g Eiweiß, 7 g Ballaststoffe

Zutaten für 8 Portionen

1 kleines Stück Ingwer (ca. 40 g)
1 kleines Stück Kurkuma (ca. 20 g)
480 g Hähnchenbrust (alternativ Räuchertofu)
2 EL Olivenöl
2 Fenchelknollen (ca. 440 g)
1 EL schwarze Oliven ohne Stein
2 rote Zwiebeln (ca. 130 g)
1 Knoblauchzehe
270 g grüne Bohnen
600 g Wildreismischung
2 Bio-Zitronen
240 g weiße Bohnen (Dose, abgetropft)
Pfeffer, Basilikum (getrocknet) und Paprika edelsüß nach Belieben
8 Prisen Salz
1,3 l Gemüsebrühe

Zubereitung

1 Ingwer und Kurkuma schälen und sehr fein hacken. Die Hähnchenbrust (oder den Tofu) vierteln und mit der Hälfte des Olivenöls sowie Ingwer und Kurkuma marinieren. Anschließend ca. 20 Minuten in den Kühlschrank stellen.

2 Das Gemüse waschen und putzen. Fenchelgrün und Oliven hacken und beiseitelegen. Zwiebeln in feine Würfel schneiden. Knoblauch mit dem Messerrücken grob zerdrücken. Die grünen Bohnen in mundgerechte Stücke schneiden.

3 Ofen auf 200 °C (Ober-/Unterhitze, 180 °C Umluft) vorheizen. Reis waschen und gut abtropfen lassen. Zitronen heiß abwaschen und in Scheiben schneiden, ggf. für die Dekoration eine Scheibe beiseitelegen. Die weißen Bohnen abtropfen lassen.

4 Eine Auflaufform mit dem restlichen Olivenöl bepinseln. Reis, Gewürze, Salz, Zwiebeln und Knoblauch sowie grüne und weiße Bohnen hineingeben und vermengen. Das Hähnchen und die Zitronenscheiben auf dem Reis verteilen.

5 Die Brühe darübergießen und im Ofen etwa 40 Minuten backen. Ab und zu umrühren.

6 Nach der Backzeit mit dem Fenchelgrün, einer Zitronenscheibe und Oliven garnieren.

GEMÜSEPUFFER MIT SCHNITTLAUCH-DIP

FL LZ HC LT

Zubereitungszeit: 30 Minuten
Garzeit: 20 Minuten

Eine Portion enthält
449 kcal / 1.878 kJ,
24 g Eiweiß, 5 g Ballaststoffe

Zutaten für 4 Portionen

240 g Quark, Magerstufe
1 kleiner Bund Schnittlauch
1 EL Sesam
Pfeffer nach Belieben
1 Schalotte (ca. 30 g)
3 Möhren (ca. 350 g)
1 Pastinake (ca. 250 g)
40 g Maisstärke
200 ml kalte Milch, 1,5 % Fett
4 Prisen Salz
100 g Polenta
7 Eier (Größe M)
Kreuzkümmel und Paprika edelsüß nach Belieben
4 EL Rapsöl

Außerdem
Feine Reibe
Handrührgerät mit Rührstäben

Zubereitung

1 Gemüse und Kräuter waschen und putzen. Quark glatt rühren. Schnittlauch in feine Röllchen schneiden. Zusammen mit Sesam und Pfeffer in den Quark rühren und abschmecken.

2 Schalotte schälen und fein hacken. Möhren und Pastinake mit der Reibe fein raspeln.

3 Maisstärke in ca. einem Drittel der Milch anrühren. Die restliche Milch mit dem Salz in einem Topf aufkochen und anschließend vom Herd nehmen.

4 Polenta und die Stärke-Milch-Mischung hinzugeben und gut verrühren. Die Masse auskühlen lassen.

5 Eier in eine Schüssel geben und Gewürze hinzufügen. Mit einem Handrührgerät aufschlagen. Geraspeltes Gemüse, Schalotten und Polenta unterheben.

6 1 EL Öl in einer Pfanne erhitzen (sollte für drei Puffer reichen). Je 2 EL Teig für einen Puffer in die Pfanne geben. Die Masse etwas flach streichen und für ca. 3–5 Minuten bei mittlerer Hitze von beiden Seiten goldbraun backen.

7 Die Puffer auf einem Teller mit Küchenpapier abtropfen lassen und den Vorgang wiederholen. Pro Portion drei Puffer mit Schnittlauchdip servieren.

Variante bei Leberzirrhose

Quark mit 40 % Fett i. Tr. verwenden.

VOLLKORNWRAPS MIT GEMÜSEGYROS

FL LZ HC LT

Zubereitungszeit: 30 Minuten
Ruhezeit: 15 Minuten
Marinierzeit: 20 Minuten
Garzeit: 30 Minuten

Eine Portion enthält
448 kcal / 1.876 kJ,
13 g Eiweiß, 10 g Ballaststoffe

Zutaten für 5 Portionen

Für die Wraps
250 g Weizenvollkornmehl
½ TL Salz
1½ EL Olivenöl
150 ml Wasser
Für die Füllung
200 g Pilze (Kräuterseitlinge, Shiitake, Champignons)
½ Zwiebel (ca. 50 g)
1 Zucchini (ca. 200 g)
1 kleine Tomate (ca. 60 g)
1 Bio-Limette
50 ml Olivenöl
1 Knoblauchzehe
Garam-Masala-Gewürz nach Belieben
Paprika edelsüß, Pfeffer und Kreuzkümmel nach Belieben
2 Möhren (ca. 200 g)
50 g Rucola
50 g Spinat
50 g Hummus (siehe Seite 190)
150 g saure Sahne
Außerdem
Feine Reibe
Nudelholz

Zubereitung

1 Mehl und Salz in einer Schüssel vermengen und Olivenöl dazugeben. Wasser esslöffelweise dazugeben, damit der Teig nicht zu weich wird.

2 Mit den Händen ein paar Minuten zu einem geschmeidigen Teig verkneten, anschließend zugedeckt 15 Minuten ruhen lassen.

3 Teig in fünf gleich große Stücke (à ca. 80 g) teilen. Die Arbeitsfläche bemehlen und den Teig zu dünnen Fladen ausrollen.

4 Eine beschichtete Pfanne erhitzen und die Teigfladen darin nacheinander ohne Fett backen. Sobald sich an der Oberfläche Blasen bilden, wenden und erneut kurz warten, bis die Wraps von beiden Seiten etwas Farbe bekommen haben.

5 Die abgebackenen Wraps zwischen zwei feuchte Tücher legen, damit sie weich und formbar bleiben.

6 Für die Füllung das Gemüse gründlich waschen und putzen. Pilze in Scheiben schneiden, Zwiebel in Streifen schneiden, Zucchini in feine Scheiben schneiden und die Tomate fein hacken.

7 Die Schale der Limette abreiben und den Saft auspressen. Olivenöl mit Limettenabrieb sowie -saft vermengen.

8 Knoblauch fein hacken und zum Olivenöl geben. Garam Masala, Paprikapulver, Pfeffer und Kreuzkümmel dazugeben. Die Marinade über das klein geschnittene Gemüse geben und gut vermengen, sodass alles gleichmäßig verteilt wird. Ca. 20 Minuten ziehen lassen.

9 Den Ofen auf 200 °C (Ober-/Unterhitze, 180 °C Umluft) vorheizen und das Gemüse gleichmäßig auf einem mit Backpapier ausgelegten Blech verteilen. Für ca. 20 Minuten backen.

10 Möhren schälen und fein raspeln. Rucola und Spinat verlesen, waschen und trocken tupfen.

11 Wraps in der Mitte mit Hummus bestreichen. Rucola, Spinat und Möhrenraspeln darauf verteilen und mit dem Ofengemüse (ca. 100 g pro Wrap) füllen. Mit einem Klecks saurer Sahne verfeinern.

12 Die Wraps anschließend vorsichtig aufrollen und mit der offenen Seite nach unten legen. Bei Bedarf halbieren.

FL LZ LT

Zubereitungszeit: 20 Minuten
Quellzeit: 15–20 Minuten
Garzeit: 20 Minuten

Eine Portion enthält
271 kcal / 1.133 kJ,
7 g Eiweiß, 8 g Ballaststoffe

Zutaten für 4 Portionen

160 g Hirse
400 ml Gemüsebrühe
½ Paprika (ca. 80 g)
¼ Aubergine (ca. 80 g)
½ Zucchini (ca. 80 g)
3 Tomaten (ca. 120 g)
1 kleine Zwiebel (ca. 85 g)
2 Knoblauchzehen
80 g grüne Bohnen
3 EL Olivenöl
80 g Mais (Dose, abgetropft)
4 Prisen Salz
Pfeffer, Paprika edelsüß, rote Chilisoße und Kreuzkümmel nach Belieben
80 ml Tomatensaft
8 Blätter Basilikum

MEXIKANISCHE HIRSEPFANNE

Zubereitung

1 Hirse heiß abspülen, in einen Topf geben und mit der Gemüsebrühe aufgießen. Einmal aufkochen lassen und anschließend mit geschlossenem Deckel bei geringer Temperatur ca. 15–20 Minuten quellen lassen. Wenn nötig, Brühe nachgießen.

2 Währenddessen das Gemüse waschen und putzen. Paprika, Aubergine, Zucchini und Tomaten klein würfeln. Zwiebel und Knoblauch fein hacken.

3 Bohnen in mundgerechte Stücke schneiden und in wenig Wasser ca. 8 Minuten garen.

4 Öl in einer großen Pfanne erhitzen. Paprika, Zucchini, Aubergine, Zwiebeln und Knoblauch 5–10 Minuten bei mittlerer Hitze anbraten.

5 Mais abtropfen. Tomaten, Mais und Bohnen in die Pfanne geben und kräftig würzen.

6 Hirse zusammen mit dem Tomatensaft hinzugeben und alles bei niedriger Hitze köcheln lassen, bis eine klebrige Konsistenz entstanden ist.

7 Anschließend die Hirsepfanne auf vier Tellern verteilen und mit den gewaschenen Basilikumblättern (ganz oder gehackt) garnieren.

TIPP Dazu passt ein leckerer Kräuterquark.

PUTENRÖLLCHEN MIT SALBEIFRISCHKÄSE UND THYMIANSOSSE

FL LZ HC MW LT

Zubereitungszeit: 25 Minuten
Garzeit: 30 Minuten

Eine Portion enthält
218 kcal / 455 kJ,
34 g Eiweiß, 0 g Ballaststoffe

Zutaten für 2 Portionen

250 g Putenbrustfilet (2 Stück à 125 g)
4–5 Salbeiblätter
1 TL Tomatenmark
30 g Frischkäse, 16 % Fett absolut
1 Scheibe Kochschinken
1 EL Rapsöl
Für die Thymiansoße
2 Thymianzweige
250 g Geflügelfond (Glas)
½ EL Maisstärke
1–2 EL Wasser
2 Prisen Salz
Pfeffer und Paprika edelsüß nach Belieben
Außerdem
Fleischklopfer
Zahnstocher/Rouladennadeln

Zubereitung

1 Putenbrustfilets gleichmäßig flach klopfen.

2 Salbei fein hacken und zusammen mit dem Tomatenmark unter den Frischkäse rühren. Die Frischkäsemasse auf den Filets verstreichen. Anschließend je eine halbe Scheibe Kochschinken darauflegen. Die Enden der Filets einklappen, zu Rouladen aufrollen und mit einem Zahnstocher oder einer Rouladennadel befestigen.

3 Eine Pfanne erhitzen, Rapsöl hineingeben und die Rouladen von beiden Seiten anbraten, bis sie etwas Farbe bekommen haben. Die Thymianzweige in die Pfanne geben und mit dem Geflügelfond ablöschen. Alles mit leicht geöffnetem Deckel ca. 30 Minuten in der Flüssigkeit schmoren lassen.

4 Putenröllchen herausnehmen und beiseitestellen. Den Geflügelfond mit den Thymianzweigen aufkochen lassen, ggf. noch etwas Flüssigkeit nachgeben und die Soße mit Maisstärke abbinden. Hierzu wird die Stärke mit 1–2 Esslöffeln Wasser vermengt und unter ständigem Rühren in die siedende Soße gegeben.

5 Die Soße einmal aufkochen lassen, würzen, abschmecken und ggf. die Konsistenz durch die Zugabe weiterer Flüssigkeit oder Stärke korrigieren. Die Thymianzweige herausnehmen.

6 Die Rouladen in die Soße geben, noch einmal erwärmen und servieren.

Variante bei Leberzirrhose, Morbus Wilson, Hämochromatose

Doppelrahmfrischkäse verwenden und die Soße mit etwas Sahne verfeinern.

WALNUSS-SALBEI-RISOTTO

LZ HC LT

Zubereitungszeit: 30 Minuten
Garzeit: 35 Minuten

Eine Portion enthält
484 kcal / 2.025 kJ,
13 g Eiweiß, 2 g Ballaststoffe

Zutaten für 4 Portionen

- 3 Schalotten (ca. 90 g)
- 2 EL Olivenöl
- 200 g Risottoreis
- 1,3 l Gemüsebrühe
- 1 Bund Salbei
- 50 g Walnusskerne
- 90 g Parmesan
- Pfeffer nach Belieben
- 4 Prisen Salz
- 40 g Butter

Zubereitung

1 Schalotten schälen und fein hacken. Öl in einem Topf erhitzen und die Schalottenwürfel 2–3 Minuten anschwitzen.

2 Anschließend Reis hinzugeben und 1 Minute mit anschwitzen. 100 ml Brühe eingießen und stark einkochen lassen. Restliche Brühe nach und nach zugießen und gelegentlich umrühren, bis der Reis nach ca. 20–30 Minuten gar ist.

3 Salbei fein hacken. Walnüsse grob hacken und Parmesan reiben.

4 Risotto mit Pfeffer und Salz abschmecken und vom Herd nehmen. Walnüsse, Salbei, Butter und Parmesan unterrühren. 1 Minute ziehen lassen und servieren.

TIPPS Dazu passt ein frischer Salat, zum Beispiel der winterliche Rotkohlsalat von Seite 206.

Anstelle von Salbei können Sie auch Rosmarin verwenden.

SHEPHERD'S PIE

FL LZ HC LT

Zubereitungszeit: 20 Minuten
Garzeit: 50 Minuten
Backzeit: 30 Minuten

Eine Portion enthält
490 kcal / 2.053 kJ,
31 g Eiweiß, 9 g Ballaststoffe

Zutaten für 3 Portionen

2 Süßkartoffeln (ca. 400 g)
2 mittelgroße Möhren (ca. 200 g)
1 Stange Porree (ca. 200 g)
1 Dose Kichererbsen (200 g abgetropft)
200 g Rinderhackfleisch
1 EL Rapsöl
3 Prisen Salz
Pfeffer nach Belieben
250 ml Gemüsebrühe
Paprika edelsüß und Liebstöckel nach Belieben
75 ml Milch, 3,5 % Fett
1 TL Petersilie
Muskat nach Belieben
100 g geriebener Käse, 45 % Fett i. Tr.
Außerdem
Kartoffelstampfer oder -presse

TIPPS Sie können den Pie auch vegetarisch zubereiten. Dafür das Hackfleisch weglassen und die doppelte Menge an Kichererbsen verwenden.

Wenn Sie es noch fettärmer haben möchten, fragen Sie Ihren Fleischer, ob er Ihnen mageres Muskelfleisch durchlassen/wolfen kann.

Zubereitung

1 Gemüse waschen und putzen. Süßkartoffeln schälen, vierteln und in einem Topf mit wenig Wasser und halb geschlossenem Deckel ca. 30 Minuten garen, bis sie sehr weich sind.

2 Möhren in Scheiben schneiden, Porree in dünne Ringe schneiden. Kichererbsen abgießen, abspülen und abtropfen lassen.

3 Das Hackfleisch in einer Pfanne mit Rapsöl ca. 3 Minuten anbraten und mit Salz und Pfeffer würzen. Möhren und Porree dazugeben und kurz mit anschwitzen.

4 Anschließend mit der Gemüsebrühe ablöschen und die Kichererbsen dazugeben. Ca. 10 Minuten köcheln lassen. Mit Paprika und Liebstöckel würzen und abschmecken.

5 Backofen auf 200 °C (Ober-/Unterhitze, 180 °C Umluft) vorheizen.

6 Die Süßkartoffeln abgießen, abtropfen lassen und zerstampfen. Mit Milch und Petersilie verfeinern und mit Muskat abschmecken.

7 Die Gemüse-Hack-Mischung in eine Auflaufform geben und das Süßkartoffelpüree drauf verteilen. Mit Käse bestreuen und ca. 30 Minuten backen.

Variante bei Fettleber

Milch mit 1,5 % Fett, Käse mit 30 % Fett i. Tr. und fettarmes Hackfleisch verwenden.

Variante bei Hämochromatose

Den Pie vegetarisch zubereiten (siehe Tipp).

GEFÜLLTE SPITZKOHLRÖLLCHEN

FL LZ HC LT

Zubereitungszeit: 35 Minuten
Garzeit: 50 Minuten

Eine Portion enthält
593 kcal / 2.480 kJ,
28 g Eiweiß, 15 g Ballaststoffe

Zutaten für 2 Portionen

Für die Spitzkohlröllchen

600 g Spitzkohl
½ Zwiebel (ca. 55 g)
1 Knoblauchzehe
1 Bund frische Petersilie (10 g)
1 EL Olivenöl
125 g getrocknete Beluga- oder andere Linsen
1 EL weißer Balsamicoessig
200 ml Wasser
75 g Crème fraîche
25 g geriebener Parmesan
2 Prisen Salz
Pfeffer und Kreuzkümmel nach Belieben
4 eingelegte getrocknete Tomaten

Für die Tomatensoße

5 TL Butter (20 g)
1 gestrichener EL Weizenmehl Type 405
1 EL Tomatenmark
250 ml Gemüsebrühe
2 Prisen Salz
Pfeffer nach Belieben

Außerdem

Kuchengitter
Zahnstocher

Variante bei Fettleber

Saure Sahne und einen fettarmen Streukäse mit maximal 30 % Fett i. Tr. verwenden.

Zubereitung

1 Den Spitzkohl waschen und die Blätter vorsichtig abziehen. Die Blätter sollten als Ganzes noch gut erkennbar sein. Den Strunk der Blätter entfernen und diesen anschließend in feine, kleine Würfel schneiden.

2 Einen Topf mit Wasser erhitzen und die Blätter des Spitzkohls darin 1–2 Minuten blanchieren. Anschließend mit kaltem Wasser abschrecken (der Spitzkohl sollte leicht durchsichtig werden). Auf einem Kuchengitter abtropfen lassen. Alternativ auf ein Küchentuch legen und trocknen lassen.

3 Zwiebel und Knoblauch schälen und in feine Würfel schneiden. Petersilie waschen, trocknen und fein hacken.

4 Öl in einer Pfanne erhitzen. Knoblauch, Zwiebel und Spitzkohlwürfel darin anbraten. Die Linsen hinzugeben und kurz mitbraten. Mit Balsamicoessig ablöschen.

5 Anschließend Wasser dazugeben und 20 Minuten bei mittlerer Hitze mit geschlossenem Deckel köcheln lassen. Bei Bedarf Wasser nachgeben. Crème fraîche und geriebenen Parmesan hinzufügen. Mit Salz, Pfeffer, Petersilie und Kreuzkümmel abschmecken.

6 Getrocknete Tomaten in feine Streifen schneiden. Spitzkohlblätter ausbreiten, Füllung darauf verteilen und die Tomatenstreifen jeweils längs in die Mitte legen.

7 Die Seiten einschlagen und Spitzkohlblätter vorsichtig aufrollen. Hierfür von der Blattspitze in Richtung Blattmitte rollen und mit Zahnstochern befestigen. Butter in einer Pfanne bei niedriger Hitze schmelzen lassen. Mehl hinzugeben und mit einem Schneebesen verrühren, bis sich die Masse etwas bräunt. Tomatenmark dazugeben und kurz anschwitzen. Mit Gemüsebrühe ablöschen und mit Pfeffer und Salz abschmecken.

8 Die Röllchen in die Tomatensoße legen und bei niedriger Hitze für ca. 30 Minuten mit halb geschlossenem Deckel garen.

SÜSSKARTOFFEL-SPINAT-CURRY

FL LZ HC LT

Zubereitungszeit: 15 Minuten
Garzeit: 20 Minuten

Eine Portion enthält
735 kcal / 3.062 kJ,
18 g Eiweiß, 9 g Ballaststoffe

Zutaten für 2 Portionen

- 90 g Basmatireis
- 1 kleine Süßkartoffel (ca. 100 g)
- ½ Zwiebel (ca. 55 g)
- 50 g Pilze
- 150 g Kichererbsen (Dose, abgetropft)
- 3 Stängel frische Minze
- 1 EL Rapsöl
- 1 EL Currypaste nach Wahl
- 300 ml Kokosmilch (Dose)
- Kurkuma nach Belieben
- 200 g frischer Spinat
- 2 Prisen Salz

Zubereitung

1 Den Reis mit der doppelten Menge Wasser aufkochen, die Temperatur herunterdrehen und abgedeckt quellen lassen, bis er weich ist.

2 Gemüse und Kräuter gründlich waschen und putzen. Süßkartoffel und Zwiebel schälen und in kleine Würfel schneiden. Pilze putzen und vierteln, Kichererbsen abgießen, abspülen und abtropfen lassen. Minze fein hacken.

3 Öl in einem Topf erhitzen und die Zwiebeln darin glasig dünsten. Süßkartoffel dazugeben und 5 Minuten mit anschwitzen. Pilze und Kichererbsen dazugeben und weitere 5 Minuten anschwitzen. Currypaste dazugeben und untermengen.

4 Den Pfanneninhalt mit Kokosmilch ablöschen, Kurkuma hinzugeben und 10 Minuten köcheln lassen. Kurz vor dem Servieren den Spinat und die frische Minze unterheben, mit Salz abschmecken und mit Reis servieren.

Variante bei Fettleber

Vollkornreis verwenden und Kokosmilch gegen Kokosdrink tauschen.

FL LZ HC MW LT

Zubereitungszeit: 35 Minuten
Garzeit: 35 Minuten

Eine Portion enthält
576 kcal / 2.410 kJ,
17 g Eiweiß, 10 g Ballaststoffe

Zutaten für 2 Portionen

2 mittelgroße Rote Beten (ca. 450 g)
1 l Gemüsebrühe zum Kochen für die Rote Bete
1 Knoblauchzehe
2 EL Olivenöl
1 TL Honig
2 TL Sesam
Thymian nach Belieben
3 Prisen Salz
170 g Spaghetti
1 l Gemüsebrühe zum Kochen für die Spaghetti
70 g Ricotta, 45 % Fett i. Tr.
Oregano und Pfeffer nach Belieben
1 Bund Petersilie (10 g)
Außerdem
Pürierstab

ROTE-BETE-PASTA

Zubereitung

1 Rote Bete gründlich waschen und im Ganzen ca. 30 Minuten in der Gemüsebrühe kochen, bis sie gar ist. Die Gemüsebrühe muss die Rote Bete im Topf ganz bedecken.

2 Knoblauch schälen und sehr fein hacken. Aus 1 EL Öl, Honig, Knoblauch, Sesam, Thymian und 1 Prise Salz eine Marinade herstellen.

3 Nudeln in Gemüsebrühe al dente kochen, abgießen und kurz kalt abspülen.

4 Rote Bete schälen, die Hälfte in feine Streifen schneiden, mit der Marinade vermengen und in einer beschichteten Pfanne ohne Öl anbraten. Anschließend zur Seite stellen.

5 Die andere Hälfte der Roten Bete pürieren und mit Ricotta verrühren. Die Masse mit Thymian, Oregano, der gewaschenen und gehackten Petersilie, Pfeffer sowie 2 Prisen Salz abschmecken.

6 1 EL Olivenöl in einer Pfanne erwärmen und die Nudeln darin schwenken. Ricotta-Rote-Bete-Masse dazugeben, vermengen und abschmecken. Kurz vor dem Servieren die Rote-Bete-Streifen dazugeben.

Variante bei Morbus Wilson

Den Sesam weglassen, körnigen Frischkäse statt Ricotta verwenden.

TIPP Stellen Sie einen Teil der Ricotta-Rote-Bete-Masse zur Seite und geben Sie diese später als Klecks Soße über die Nudeln.

SCHOLLENFILET MIT KORIANDER-ERBSEN-STAMPF

FL LZ HC LT

Zubereitungszeit: 15 Minuten
Garzeit: 15 Minuten

Eine Portion enthält
324 kcal / 1.363 kJ,
27 g Eiweiß, 7 g Ballaststoffe

Zutaten für 4 Portionen

600 g tiefgefrorenes Schollenfilet
2 Bio-Limetten
1 EL Weizenmehl Type 405
2 EL Olivenöl
½ TL brauner Zucker
4 Prisen Salz
Pfeffer nach Belieben
300 g tiefgefrorene Erbsen
5 Zweige frischer Koriander
40 g Butter
Außerdem
Pürierstab oder Kartoffelstampfer
Backpapier

Zubereitung

1 Fischfilets im Kühlschrank auftauen lassen. Den Ofen auf 150 °C (Ober-/Unterhitze, 130 °C Umluft) vorheizen.

2 Limetten heiß waschen, trocken reiben und eine der beiden in dünne Scheiben schneiden. Die Schale der anderen abreiben und den Saft auspressen.

3 Den Fisch bei Bedarf trocken tupfen. Anschließend in Mehl wenden. Öl in einer Pfanne erhitzen und den Fisch zuerst auf der Hautseite 1–2 Minuten anbraten, dann wenden und 1 Minute anbraten.

4 Anschließend auf ein mit Backpapier ausgelegtes Backblech legen. Mit etwas Zucker bestreuen und mit Salz und Pfeffer würzen. Jeweils zwei Limettenscheiben auf die Filets legen und im Backofen ca. 3–5 Minuten garen.

5 In der Zwischenzeit Erbsen in wenig kochendem Wasser 5 Minuten garen. Den Koriander waschen, trocken schütteln, Blätter abzupfen und hacken. Die Erbsen ggf. abgießen, abtropfen lassen und zurück in den Topf geben.

6 Butter und nach Belieben Limettensaft sowie -abrieb zu den Erbsen geben und mit einem Pürierstab grob pürieren (oder mit einem Kartoffelstampfer grob zerstampfen). Koriander untermischen und mit Salz und Pfeffer abschmecken.

7 Erbsenstampf auf Tellern anrichten und je ein Schollenfilet daraufgeben. Mit der restlichen Limette garnieren.

Variante bei Fettleber

Statt Butter Rapsöl mit Buttergeschmack verwenden.

ZUCCHINI-CANNELLONI

FL LZ HC MW LT

Zubereitungszeit: 45 Minuten
Garzeit: 20 Minuten

Eine Portion enthält
451 kcal / 1.887 kJ,
16 g Eiweiß, 4 g Ballaststoffe

Zutaten für 3 Portionen

2 große Zucchini (ca. 730 g)
1 EL Olivenöl
50 g geriebener Parmesan
Für den Zitronenreis
150 g Naturreis
300 ml Gemüsebrühe
1 Lorbeerblatt
1 Bund frischer Kerbel (10 g)
1 Bund frische Petersilie (10 g)
2 Zitronen für 5 EL Zitronensaft, davon 1 Bio-Zitrone für den Abrieb
150 g Naturjoghurt, 3,5 % Fett
Pfeffer nach Belieben
Für die Thymiansoße
2 EL Olivenöl
2 EL Weizenmehl Type 405
300 ml Gemüsebrühe
50 ml Milch, 3,5 % Fett
3 Zweige Thymian
3 Prisen Salz
Pfeffer und Muskat nach Belieben
Außerdem
Sparschäler oder Gemüsehobel

Variante bei Fettleber

Milch und Joghurt mit 1,5 % Fett und statt Parmesan fettreduzierten Käse mit maximal 30 % Fett i. Tr. verwenden.

Variante bei Morbus Wilson

Helle Reissorten wie Basmati- oder Jasminreis und statt Parmesan einen Schnittkäse (z. B. Gouda oder Edamer) verwenden.

Zubereitung

1 Reis nach Verpackungsanleitung in Gemüsebrühe und mit einem Lorbeerblatt quellen lassen.

2 Das Gemüse und die Kräuter gründlich waschen und putzen. Zucchini mit einem Sparschäler der Länge nach in ca. 3 mm dünne Scheiben schneiden. Die Scheiben für 1 Minute in kochendem Salzwasser blanchieren. Anschließend kurz abschrecken, auf ein sauberes Küchentuch legen, glatt streichen und gut trocken tupfen. Achtung: Zucchini nicht zu lange im Wasser lassen, da sie sonst zu weich wird und zerfällt.

3 Eine Auflaufform mit 1 EL Olivenöl ausstreichen.

4 Kerbel und Petersilie fein hacken. Zitronen auspressen und die Schale von einer Zitrone abreiben. Joghurt mit Zitronenschale und 5 EL Zitronensaft sowie mit Pfeffer und der Hälfte der Kräuter mischen und gut vermengen. Abschmecken und kühl stellen.

5 Für die Thymiansoße Olivenöl in einem Topf leicht erhitzen, das Mehl dazugeben und zu einer homogenen Masse vermengen, ohne dass das Mehl Farbe annimmt.

6 Die Brühe sowie die Milch mit dem Schneebesen nach und nach in die Mehlschwitze einrühren, den frischen Thymian dazugeben und ca. 10 Minuten köcheln lassen. Dabei ständig umrühren, damit die Soße nicht anbrennt. Anschließend mit Salz, Pfeffer und Muskat abschmecken.

7 Den Ofen auf 180 °C (Ober-/Unterhitze, 160 °C Umluft) vorheizen.

8 Zitronen-Joghurt unter den Reis mischen, erneut abschmecken und auf den Zucchinischeiben verteilen. Einrollen und die Röllchen nebeneinander in die Auflaufform legen.

9 Die Soße über die Röllchen geben und mit Parmesan bestreuen. Anschließend in den vorgeheizten Ofen geben und ca. 15–20 Minuten goldbraun gratinieren.

10 Zucchini-Cannelloni auf Tellern anrichten und mit den restlichen Kräutern bestreuen.

VEGETARISCHER BUNTER BURGER

FL LZ HC LT

Zubereitungszeit: 35 Minuten
Quellzeit: 20 Minuten
Garzeit: 10 Minuten

Ein Burger enthält
490 kcal / 2.053 kJ,
14 g Eiweiß, 6 g Ballaststoffe

Zutaten für 5 Burger

Hefeteigbrötchen, siehe Seite 230
Dip „Tausend Inseln“, siehe Seite 189
Für die Patties
125 ml Gemüsebrühe
2 EL Grünkernschrot
3 Möhren (ca. 250 g)
1 Zucchini (ca. 220 g)
3 EL Rapsöl
3 EL Haferflocken
2 Eier (Größe M)
2 Prisen Salz
Oregano, Pfeffer, Muskat und Paprika geräuchert (gemahlen) nach Belieben
Für die Gemüsebeilage
50 g Feldsalat
1–2 Tomaten (ca. 60 g)
1 kleines Stück Gurke (ca. 80 g)
Außerdem
Raspel
Backpapier

Zubereitung

1 Die Brötchen und den Dip jeweils nach Rezept zubereiten.

2 100 ml Gemüsebrühe in einem Topf zum Kochen bringen. Grünkernschrot zugeben und ca. 15 Minuten ausquellen lassen.

3 Das Gemüse waschen und putzen. Möhren und Zucchini fein raspeln und mit 1 EL Rapsöl in einer Pfanne kurz anschwitzen. Grünkern und Gemüse kurz abkühlen lassen.

4 Grünkern, Gemüse, Haferflocken und die restliche Gemüsebrühe miteinander vermengen und die Eier hinzufügen. Die Masse gut verrühren, mit den Gewürzen abschmecken und ca. 5 Minuten ruhen lassen.

5 Nach der Ruhezeit fünf Patties formen und diese ca. 5 Minuten in einer Pfanne mit Rapsöl goldbraun anbraten.

6 Den Feldsalat waschen und gut trocknen. Tomaten und Gurke waschen und jeweils in Scheiben schneiden.

7 Die Brötchen aufschneiden und beide Hälften großzügig mit dem Dip bestreichen. Anschließend etwas Salat auf die untere Hälfte geben und darauf je einen Bratling legen. Gurken- und Tomatenscheiben auf den Burger legen und anschließend die obere Brötchenhälfte daraufsetzen.

TIPP Sollte die Patty-Masse zu flüssig oder zu fest werden, können Sie entweder mit Haferflocken oder mit Gemüsebrühe die Konsistenz ausgleichen, dann ggf. nochmals abschmecken.

LINSEN-KÜRBIS-PATTY

FL LZ HC LT

Zubereitungszeit: 30 Minuten
Garzeit: 25 Minuten

Eine Portion enthält
215 kcal / 900 kJ,
10 g Eiweiß, 7 g Ballaststoffe

Zutaten für 2 Portionen

- 75 g rote Linsen (roh)
- 50 g Hokkaido-Kürbis
- 1 TL Flohsamenschalen
- 1 Schalotte (ca. 30 g)
- 4 Stängel frische Petersilie
- Pfeffer, Paprika edelsüß und Kreuzkümmel nach Belieben
- 1 EL Rapsöl

Zubereitung

1 Rote Linsen nach Packungsanleitung kochen. Kurz abkühlen lassen.

2 Kürbis gut waschen, entkernen und in kleine Stücke schneiden. In einen Topf mit wenig Wasser geben und mit Deckel 10–15 Minuten köcheln lassen, bis er weich ist. Anschließend kurz abkühlen lassen.

3 Schalotten schälen und in feine Würfel schneiden. Petersilie waschen, gut trocknen und fein hacken.

4 Alle Zutaten miteinander vermengen. Mit den Gewürzen abschmecken, 2 Minuten stehen lassen und anschließend mit den Händen zu zwei Patties formen.

5 Rapsöl in einer Pfanne erwärmen und die Patties etwa 5 Minuten goldbraun braten.

TIPP Sie können den restlichen Kürbis für den Kürbis-Schoko-Kuchen von Seite 222 verwenden.

QUICHETEIG GRUNDREZEPT

FL LZ HC MW LT

Zubereitungszeit: 15 Minuten
Kühlzeit: 1 Stunde
Backzeit: 10–15 Minuten

Eine Portion enthält
327 kcal / 1.369 kJ,
8 g Eiweiß, 2 g Ballaststoffe

Zutaten für 1 Quiche (4 Portionen)

250 g Weizenmehl Type 405
100 g Halbfettmargarine
1 Ei (Größe M)
½ TL Salz
2 EL kaltes Wasser
1 EL Rapsöl

Außerdem
Quiche- oder Springform (26 cm)
Getrocknete Hülsenfrüchte zum Blindbacken
Handrührgerät mit Knethaken
Nudelholz
Backpapier

Zubereitung

1 Mehl, Margarine, Ei, Salz und Wasser in eine Schüssel geben und schnell mit dem Handrührgerät oder den Händen zu einem Teig kneten.

2 Nun den Teig zu einer flachen Scheibe drücken und für ca. 1 Stunde abgedeckt in den Kühlschrank stellen.

3 Den Ofen auf 180 °C (Ober-/Unterhitze, 160 °C Umluft) vorheizen.

4 Arbeitsfläche bemehlen und den Teig mit einem Nudelholz von der Mitte nach außen etwa 4 mm dünn ausrollen. Die Form mit dem Öl einfetten und den ausgerollten Teig sanft in die Form hineindrücken.

5 Den Teig zuerst blindbacken. Hierzu mit einer Gabel feine Löcher in den Teigboden stechen. Anschließend ein Stück Backpapier auf den Teig legen und diesen mit den trockenen Hülsenfrüchten beschweren.

6 Danach den Boden ca. 10–15 Minuten backen. Anschließend die Form aus dem Ofen nehmen, die Hülsenfrüchte und das Backpapier entfernen und den Boden je nach Jahreszeit füllen.

Variante bei Leberzirrhose

Teig mit Vollfettmargarine oder Butter zubereiten.

TIPP Nach individueller Verträglichkeit kann der Teig mit Weizen- oder Dinkelvollkornmehl zubereitet werden.

WINTERLICHE QUICHE

FL LZ HC LT

Zubereitungszeit: ca. 30 Minuten
Garzeit: 10 Minuten
Backzeit: 30–40 Minuten

Eine Portion enthält
618 kcal / 2.586 kJ,
26 g Eiweiß, 6 g Ballaststoffe

Zutaten für 4 Portionen

Quicheteig Grundrezept, siehe Seite 153

Für die Füllung

- 2 große Möhren (ca. 250 g)
- 4 Pastinaken (ca. 270 g)
- 1 Brokkoli (ca. 250 g)
- 1 EL Rapsöl
- 3 Eier (Größe M)
- 100 g saure Sahne
- 100 g Frischkäse, 16 % Fett absolut
- 100 g Gouda, 30 % Fett i. Tr.
- 2 EL tiefgefrorene 6-Kräuter-Mischung
- Paprika edelsüß und Muskat nach Belieben
- 4 Prisen Salz

Außerdem

- Feine Reibe

Zubereitung

1 Den Boden nach Grundrezept zubereiten.

2 Das Gemüse waschen, putzen und fein raspeln. Alles in einer beschichteten Pfanne mit dem Rapsöl ca. 10 Minuten andünsten, dabei am besten die Pfanne mit einem Deckel abdecken.

3 In einer großen Schüssel Eier, saure Sahne, Frischkäse und Gouda miteinander vermengen und mit den Kräutern sowie mit Paprika, Muskat und Salz abschmecken.

4 Das Gemüse gleichmäßig auf dem vorgebackenen Boden verteilen und anschließend mit der Eimischung auffüllen. Die Quiche 30–40 Minuten im noch vorgeheizten Ofen backen.

Variante bei Leberzirrhose

Teig mit Vollfettmargarine oder Butter zubereiten. Crème fraîche und Doppelrahmfrischkäse verwenden.

FRÜHLINGSQUICHE

FL LZ HC MW LT

Zubereitungszeit: 30 Minuten
Garzeit: 10 Minuten
Backzeit: 30–40 Minuten

Eine Portion enthält
558 kcal / 2.337 kJ,
21 g Eiweiß, 7 g Ballaststoffe

Zutaten für 4 Portionen

Quicheteig Grundrezept, siehe Seite 153

Für die Füllung

- 1 Stange Lauch (ca. 300 g)
- 500 g grüner Spargel
- 1 Zwiebel (ca. 100 g)
- 2 mittelgroße Möhren (ca. 180 g)
- 2 Knoblauchzehen
- 1 EL Rapsöl
- 3 Eier (Größe M)
- 100 g saure Sahne
- 100 g Frischkäse, 16 % Fett absolut
- Pfeffer, Muskat, Oregano und Thymian nach Belieben

Außerdem

- Handrührgerät mit Knethaken
- Sparschäler
- Feine Reibe

Zubereitung

1 Den Boden nach Grundrezept zubereiten.

2 Für die Füllung das Gemüse gründlich waschen und putzen. Lauch in feine Ringe, Spargel in mundgerechte Stücke schneiden.

3 Zwiebel fein würfeln, Möhren fein raspeln, Knoblauchzehen fein hacken.

4 Alles mit dem Rapsöl ca. 10 Minuten in einer Pfanne andünsten.

5 In einer Schüssel Eier mit saurer Sahne und Frischkäse vermengen und mit Pfeffer, Muskat, Oregano und Thymian würzen.

6 Die Gemüsefüllung auf den vorgebackenen Boden geben und anschließend mit der Eimischung auffüllen. 30–40 Minuten im noch vorgeheizten Ofen backen.

Variante bei Leberzirrhose

Teig mit Vollfettmargarine oder Butter zubereiten. Crème fraîche und Doppelrahmfrischkäse verwenden.

TIPP Die Quiche wird saftiger, wenn Sie 100 g Ihres Lieblings-Streukäses über die Masse verteilen. Bei Fettleber fettarmen Käse (30 % Fett i. Tr., z. B. Gouda) verwenden.

SOMMERLICHE QUICHE

FL LZ HC MW LT

Zubereitungszeit: 30 Minuten
Garzeit: 10 Minuten
Backzeit: 30–40 Minuten

Eine Portion enthält
571 kcal / 2.391 kJ,
21 g Eiweiß, 7 g Ballaststoffe

Zutaten für 4 Portionen

Quicheteig Grundrezept, siehe Seite 153

Für die Füllung

- 2 rote Zwiebeln (ca. 200 g)
- 1 rote Paprika (ca. 200 g)
- 1 kleine Zucchini (ca. 200 g)
- 200 g Cocktailtomaten
- 2 Knoblauchzehen
- 1 EL Olivenöl
- 140 g tiefgefrorene Erbsen
- Je 10 g Schnittlauch, Basilikum und Petersilie (tiefgefroren oder frisch)

Für die Eimischung

- 3 Eier (Größe M)
- 100 g saure Sahne
- 100 g Frischkäse, 16 % Fett absolut
- 1 Prise Salz
- Pfeffer, Muskat, Paprika edelsüß, Oregano und Thymian nach Belieben

Zubereitung

1 Den Boden nach Grundrezept zubereiten.

2 Für die Füllung das Gemüse waschen und putzen. Zwiebeln, Paprika und Zucchini fein würfeln. Tomaten vierteln, Knoblauch fein hacken.

3 Olivenöl in einer Pfanne erhitzen. Zwiebeln darin anschwitzen, bis sie glasig sind. Anschließend Zucchini und Paprika dazugeben und mitdünsten.

4 Etwas später Knoblauch, Tomaten und Erbsen hinzugeben. Alles zusammen ein paar Minuten anschwitzen. Die (ggf. gewaschenen und gehackten) Kräuter dazugeben und abschmecken. Insgesamt etwa 10 Minuten anschwitzen.

5 Eier, saure Sahne, Frischkäse, Kräuter und Gewürze miteinander verquirlen.

6 Die Gemüsefüllung auf dem vorgebackenen Boden verteilen und die Eimischung darübergeben. Quiche ca. 30–40 Minuten im noch vorgeheizten Ofen backen.

Variante bei Leberzirrhose

Teig mit Vollfettmargarine oder Butter zubereiten. Crème fraîche und Doppelrahmfrischkäse verwenden.

TIPP Die Quiche wird saftiger, wenn Sie 100 g Ihres Lieblings-Streukäses über die Masse verteilen. Bei Fettleber fettarmen Käse (30 % Fett i. Tr., z. B. Gouda) verwenden.

HERBSTLICHE QUICHE

FL LZ HC MW LT

Zubereitungszeit: 30 Minuten
Backzeit: 30–40 Minuten

Eine Portion enthält
525 kcal / 2.198 kJ,
18 g Eiweiß, 5 g Ballaststoffe

Zutaten für 4 Portionen

Quicheteig Grundrezept, siehe Seite 153

Für die Füllung

- 1 Stange Lauch (ca. 300 g)
- 1 Hokkaido-Kürbis (ca. 500 g)
- 1 rote Zwiebel (ca. 100 g)
- 1 EL Rapsöl
- 3 Eier (Größe M)
- 100 g saure Sahne
- 100 g Frischkäse, 16 % Fett absolut
- Pfeffer, Muskat, Oregano und Thymian nach Belieben

Zubereitung

1 Den Boden nach Grundrezept zubereiten.

2 Für die Füllung das Gemüse gründlich waschen und putzen. Lauch in feine Ringe schneiden. Kürbis und Zwiebel in feine Würfel oder Stifte schneiden. Anschließend alles in einer Pfanne mit etwas Rapsöl kurz anschwitzen.

3 Eier, saure Sahne, Frischkäse, Kräuter und Gewürze miteinander verquirlen.

4 Das Gemüse auf dem vorgebackenen Boden verteilen und die Eimischung darübergeben. Die Quiche ca. 30–40 Minuten im noch vorgeheizten Ofen backen.

Variante bei Leberzirrhose

Teig mit Vollfettmargarine oder Butter zubereiten. Crème fraîche und Doppelrahmfrischkäse verwenden.

TIPP Die Quiche wird saftiger, wenn Sie 100 g Ihres Lieblings-Streukäses über die Masse verteilen. Bei Fettleber fettarmen Käse (30 % Fett i. Tr., z. B. Gouda) verwenden.

GEFÜLLTE MAIRÜBCHEN

FL LZ HC MW LT

Zubereitungszeit: 25 Minuten
Garzeit: 75–90 Minuten

Eine Portion enthält
319 kcal / 1.337 kJ,
10 g Eiweiß, 5 g Ballaststoffe

Zutaten für 4 Portionen

250 g vorwiegend festkochende Kartoffeln
450 g Mairübchen
50 g Frischkäse, Doppelrahmstufe
100 g Crème fraîche
4 TL Butter (15 g)
1 Knoblauchzehe
100 g geriebener Gouda, 48 % Fett i. Tr.
4 Prisen Salz
Pfeffer und Muskat nach Belieben
200 g Frühlingszwiebeln
Außerdem
Kartoffelstampfer
Knoblauchpresse

Zubereitung

1 Das Gemüse waschen und putzen. Die Kartoffeln mit Schale in wenig Wasser ca. 30 Minuten kochen, bis sie gar sind. Anschließend abgießen, pellen und zur Seite stellen.

2 Mairübchen schälen und in wenig, leicht gesalzenem Wasser ca. 15 Minuten bissfest garen. Anschließend abtropfen lassen, halbieren und mit einem Esslöffel aushöhlen. Den Inhalt in eine Schüssel geben.

3 Den Backofen auf 200 °C (Ober-/Unterhitze, 180 °C Umluft) vorheizen.

4 Kartoffeln zusammen mit Frischkäse, Crème fraîche, Butter und dem zuvor ausgehöhlten Inneren der Mairübchen in eine Schale geben und zu einer Masse stampfen.

5 Knoblauch pressen und mit der Hälfte des Käses hinzugeben. Vermengen und mit Salz, Pfeffer und Muskat abschmecken.

6 Frühlingszwiebeln in feine Ringe schneiden und unter die Kartoffelmasse mischen. Die Masse in die Mairübchen füllen und in eine Auflaufform legen. Mit dem restlichen Käse bestreuen und 30–45 Minuten backen.

Variante bei Fettleber

Fettarmen Frischkäse mit 16 % Fett i. Tr., Gouda mit 30 % Fett i. Tr. und fettarme Crème fraîche mit maximal 15 % Fett verwenden. Den fettarmen Käse erst 10 Minuten vor Ende der Backzeit über die Rübchen geben.

TIPPS Sollte Masse von der Füllung übrig bleiben, verteilen Sie diese zuerst in der Auflaufschale und setzen Sie die gefüllte Mairübchen anschließend darauf.

Anstelle von Mairübchen können Sie Kohlrabi nutzen. Beachten Sie, dass sich dadurch die Garzeit leicht erhöht.

Ob das Gemüse bissfest ist, können Sie überprüfen, indem Sie mit einem scharfen kleinen Messer hineinstechen.

ZWISCHENMAHLZEITEN

PIKANTE SÜSSKARTOFFEL-WAFFELN

FL LZ HC LT

Zubereitungszeit: 15 Minuten
Backzeit: 25 Minuten

Eine Portion enthält
296 kcal / 1.238 kJ,
11 g Eiweiß, 5 g Ballaststoffe

Zutaten für 4 Portionen

2–3 Süßkartoffeln (ca. 500 g)
4 Eier (Größe M)
3 EL Kichererbsenmehl
1 TL Backpulver
2 Stängel frische Petersilie
Pfeffer nach Belieben
1 Prise Knoblauchpulver (oder fein gehackter Knoblauch)
4 Prisen Salz
1–2 EL Rapsöl für das Waffeleisen

Außerdem
Feine Reibe
Belgisches (oder alternativ normales) Waffeleisen

Zubereitung

1 Süßkartoffeln schälen und mit einer Reibe fein raspeln. Die fein geraspelten Süßkartoffeln in ein Geschirrtuch geben und ausdrücken.

2 Anschließend in eine Schale geben und mit den restlichen Zutaten vermengen. Den Waffelteig einige Minuten ziehen lassen.

3 Das Waffeleisen einfetten und vorheizen. Wenn es heiß ist, eine Kelle von dem Teig hineingeben und die Waffel ca. 6 Minuten backen lassen.

4 Die goldbraunen Süßkartoffelwaffeln auf einen Teller geben und direkt verzehren.

TIPPS Genießen Sie zu den pikanten Waffeln einen Schnittlauchquark.

Wenn Sie es lieber süß mögen, lassen Sie bei der Zubereitung Salz, Petersilie, Pfeffer und Knoblauchpulver weg und nehmen stattdessen 2–3 EL Zucker. Die süßen Waffeln dann mit Puderzucker, Kompott oder Konfitüre genießen.

Die fertigen Waffeln können eingefroren und einzeln mit einem Toaster wieder aufgebacken werden.

AUSTERNPILZE MIT SAUCE TARTARE

LZ HC

Zubereitungszeit: 30 Minuten
Garzeit: 25 Minuten

Eine Portion enthält
498 kcal / 2.084 kJ,
12 g Eiweiß, 9 g Ballaststoffe

Zutaten für 6 Portionen

Für die Sauce Tartare

- 4 mittelgroße Gewürzgurken (ca. 240 g)
- 1 Eigelb (Größe M)
- 1 TL Senf
- ½ EL Worcestersoße
- 1 Prise Pfeffer
- 3 Prisen Salz
- 10 EL Rapsöl
- 2 EL gehackte Petersilie
- 1 EL Kapern

Für die Pilze

- 400 g Austernpilze
- 150 g Weizenvollkornmehl
- ½ TL Knoblauchgranulat (oder ½ Knoblauchzehe, fein gehackt)
- 1 Msp. Pfeffer
- 3 Prisen Salz
- 2 Eier (Größe M)
- 250 g Paniermehl
- 10 EL Rapsöl zum Anbraten

Außerdem

- Handrührgerät mit Rührstäben

Zubereitung

1 Gewürzgurken fein würfeln. Eigelb mit Senf, Worcestersoße, Pfeffer und Salz in ein hohes Gefäß geben und mit dem Handrührgerät vermengen.

2 Das Handrührgerät auf die höchste Stufe stellen und das Rapsöl langsam dazugeben. So lange weiterrühren, bis eine cremig-feste Konsistenz entstanden ist.

3 Petersilie, Gewürzgurken und Kapern dazugeben, alles zu einer gleichmäßigen Masse vermengen und kalt stellen.

4 Austernpilze kurz waschen und putzen.

5 Weizenmehl mit Knoblauchgranulat (oder fein gehacktem Knoblauch), Pfeffer und Salz vermengen.

6 Eine „Panierstraße“ bauen: Drei flache Teller bereitstellen und der Reihenfolge nach mit Weizenmehl, verquirltem Ei und Paniermehl befüllen. Einen weiteren großen Teller für die fertig panierten Pilze bereitstellen.

7 Pilze nun zunächst im Mehl wälzen, dann im Ei und zum Schluss vorsichtig im Paniermehl wenden. Auf den vorbereiteten Teller legen und so lange wiederholen, bis alle Pilze eine Panade haben.

8 Rapsöl in einer großen Pfanne erhitzen und die Austernpilze nach und nach darin anbraten, bis sie von beiden Seiten goldbraun sind. Zwischendurch wenden. Das dauert insgesamt etwa 25 Minuten.

9 Die fertigen Pilze auf einem Stück Küchenpapier abtropfen lassen und zusammen mit der Sauce Tartare servieren.

ERDBEER-JOGHURT-SCHICHT-DESSERT

FL LZ HC MW LT

Zubereitung

1 Die Erdbeeren waschen und vom Grün befreien. Zwei Erdbeeren für die Garnitur beiseitelegen.

2 Die restlichen Erdbeeren vierteln und mit der Hälfte des Vanillezuckers in einem Topf erhitzen, bis eine kompottartige Konsistenz erreicht ist. Evtl. kurz pürieren. Anschließend abkühlen lassen.

3 Löffelbiskuits grob zerbröseln. Joghurt mit dem restlichen Vanillezucker glatt rühren.

4 Alles in einer Dessertschale oder in vier kleinen Dessertgläsern schichten, zuerst die Löffelbiskuits, dann das Erdbeerkompott und zum Abschluss den Joghurt. Mit je einer halben Erdbeere und einem Minzeblatt dekoriert servieren.

Variante bei Leberzirrhose, Hämochromatose, Morbus Wilson

Naturjoghurt mit 3,5 % oder 10 % Fett verwenden.

Zubereitungszeit: 20 Minuten

Eine Portion enthält
104 kcal / 435 kJ,
4 g Eiweiß, 2 g Ballaststoffe

Zutaten für 4 Portionen

300 g Erdbeeren
½ Packung Vanillezucker
4 Löffelbiskuits (40 g)
240 g Naturjoghurt, 1,5 % Fett
4 Blätter Minze

Außerdem
Dessertschale oder 4 Dessertgläser

VANILLE-QUARK-CREME

FL LZ MW HC LT

Zubereitung

1 Vanillepudding mit der Milch nach Packungsanleitung (ohne Zucker) kochen und zur Weiterverarbeitung in eine Schale füllen. Um eine Hautbildung zu vermeiden, den Pudding unter gelegentlichem Rühren abkühlen lassen.

2 Quark mit Vanillezucker glatt rühren und mit dem abgekühlten Pudding zu einer glatten Masse verrühren. Die Vanille-Quark-Creme in sechs Dessertschalen füllen und bis zum Verzehr kalt stellen.

Variante bei Fettleber

Quark, Magerstufe und Milch mit 1,5 % Fett verwenden.

Zubereitungszeit: 10 Minuten
Garzeit: 10 Minuten

Eine Portion enthält
205 kcal / 858 kJ,
10 g Eiweiß, 0 g Ballaststoffe

Zutaten für 6 Portionen

1 Packung Vanillepuddingpulver
500 ml Milch, 3,5 % Fett
300 g Quark, 20 % Fett i. Tr.
2 Päckchen Vanillezucker

Außerdem
Mittelgroße Dessertschale oder 6 kleine Dessertgläser

FL LZ HC MW

Zubereitungszeit: 30 Minuten
Kühlzeit: mind. 40 Minuten

Eine Portion enthält
97 kcal / 407 kJ,
8 g Eiweiß, 3 g Ballaststoffe

Zutaten für 4 Portionen

200 g tiefgefrorene Heidelbeeren
75 g Quark, Magerstufe
100 g Naturjoghurt, 1,5 % Fett
Süßstoff nach Belieben
3 Eiweiß
6 Blatt Gelatine
4 Blätter Minze
2 EL gehackte Mandeln

Außerdem
Pürierstab
Handrührgerät mit Rührstäben

HEIDELBEERCREME

Zubereitung

1 Heidelbeeren auftauen lassen. Anschließend in einem hohen Gefäß pürieren, mit Quark und Joghurt vermengen und mit Süßstoff abschmecken.

2 Eiweiß steif schlagen und kühl stellen.

3 Gelatine in kaltem Wasser 3–5 Minuten einweichen, gut ausdrücken und in einem Topf bei niedriger Temperatur auflösen.

4 Topf vom Herd nehmen, nach und nach 3 EL der Heidelbeermasse zur Gelatine geben und mit dem Schneebesen verrühren.

5 Anschließend alles zur restlichen Heidelbeermasse geben, glatt rühren und mindestens 40 Minuten kalt stellen.

6 Wenn die Masse halbfest ist, den Eischnee mit einem Schneebesen unterheben. Sofort in Dessertgläser verteilen und kalt stellen.

7 Vor dem Servieren mit Minze und Mandeln garnieren.

Variante bei Leberzirrhose, Hämochromatose

Statt Eiweiß 150 ml Schlagsahne verwenden. Quark mit 40 % Fett i. Tr. und Naturjoghurt mit 3,5 % Fett wählen. Süßstoff gegen Zucker austauschen.

Variante bei Morbus Wilson

Eiweiß, Quark, Joghurt und Süßstoff wie oben austauschen. Mandeln zur Deko weglassen.

CRÈME BRÛLÉE À L'ORANGE

LZ HC MW LT

Zubereitungszeit: 30 Minuten
Ziehzeit: 1 Stunde
Garzeit: 1 Stunde
Kühlzeit: 2–3 Stunden

Eine Portion enthält
297 kcal / 1.242 kJ,
4 g Eiweiß, 0 g Ballaststoffe

Zutaten für 6 Portionen

1 Bio-Orange
1 Vanilleschote
350 ml Schlagsahne
125 ml Milch, 3,5 % Fett
6 EL Puderzucker
4 Eigelbe
6 TL brauner Zucker

Außerdem

6 Crème-brûlée-Formen
Feine Reibe
Feines Sieb
Ggf. Bunsenbrenner

Zubereitung

1 Mit einer feinen Reibe die Schale der Orange abreiben. Die Vanilleschote längs aufschneiden und das Mark mit dem Messerrücken herausschaben. Vanillemark mit Orangenschale, Sahne, Milch und Puderzucker in einem Topf verrühren. Kurz aufkochen lassen, vom Herd nehmen und 1 Stunde ziehen lassen.

2 Den Backofen auf 130 °C (Ober-/Unterhitze) vorheizen.

3 Die Eigelbe in einer Schale verquirlen. Die Sahne-Milch-Mischung durch ein feines Sieb zu den Eigelben gießen und mit dem Schneebesen gut verrühren.

4 Die Masse auf die sechs kleinen Förmchen aufteilen. Eine Auflaufform bis zur Hälfte mit heißem Wasser füllen und die Förmchen in das Wasserbad stellen.

5 Ca. 1 Stunde im Backofen stocken lassen. Die Crème brûlée ist fertig, wenn die Masse beim Bewegen der Förmchen fest ist.

6 Die Förmchen aus dem Ofen nehmen. Nach dem Abkühlen für 2–3 Stunden in den Kühlschrank stellen.

7 Kurz vor dem Verzehr jeweils 1 TL braunen Zucker auf die Crème streuen und mit dem Bunsenbrenner karamellisieren. Alternativ kann die Grillfunktion vom Ofen (oder auch der Mikrowelle) verwendet werden. Die Crème brûlée sofort servieren.

FL LZ HC MW

Zubereitungszeit: 15 Minuten
Gefrierzeit: 4 Stunden

Ein Froyo-Bite enthält
13 kcal / 54 kJ,
1 g Eiweiß, 0 g Ballaststoffe

Zutaten für 10–12 Stück

150 g Naturjoghurt, 1,5 % Fett
1 Msp. gemahlene Vanille (oder ½ TL Vanillearoma)
50 g tiefgefrorene Himbeeren
1 EL Agavendicksaft oder Honig
Außerdem
Eiswürfelform

HIMBEER-FROYO-BITES

Zubereitung

1 Joghurt mit gemahlener Vanille verrühren.

2 Die tiefgefrorenen Himbeeren bei Zimmertemperatur einige Minuten antauen lassen. Mit einer Gabel grob zerdrücken, Agavendicksaft hinzufügen und alles mit dem Vanillejoghurt vermischen.

3 Himbeerjoghurt in Eiswürfelformen füllen und für mindestens 4 Stunden tiefkühlen.

4 Vor dem Verzehr die Bites aus den Eiswürfelformen herauslösen, einige Minuten antauen lassen und genießen.

Variante bei Leberzirrhose

Joghurt mit 3,5 % oder 10 % Fett verwenden.

TIPPS Wenn Sie mögen, können Sie auch frisches Obst verwenden. Dieses muss dann gewaschen und geputzt werden.

Anstelle von Himbeeren können Sie auch Heidelbeeren nehmen.

Deko-Tipp: Die Himbeer-Froyo-Bites mit frischen (gewaschenen) Minzblättern und Himbeeren garnieren.

SCHOKOLADIGE KNUSPERBERGE

LZ HC MW LT

Zubereitungszeit: 30 Minuten
Kühlzeit: mind. 1 Stunde

Ein Stück enthält
43 kcal / 179 kJ,
1 g Eiweiß, 1 g Ballaststoffe

Zutaten für 40 Stück

100 g Vollmilchkuvertüre
100 g Zartbitterkuvertüre
2 Päckchen fein gemahlenes, lösliches Kaffeepulver (4 g)
75 g Mandelblättchen
50 g Cornflakes

Außerdem
Backpapier

Zubereitung

1 Die Kuvertüre grob hacken, in eine Metallschale geben und über einem heißen Wasserbad schmelzen.

2 Wenn sie vollständig geschmolzen ist, aus dem Wasserbad nehmen und das Kaffeepulver einrühren. Mandelblättchen und Cornflakes dazugeben und alles gut vermischen.

3 Mit zwei Teelöffeln kleine Häufchen auf ein Backpapier verteilen und im Kühlschrank kalt stellen, bis die Schokolade wieder fest geworden ist.

Variante bei Morbus Wilson

Weiße Kuvertüre verwenden, Mandelblättchen weglassen und den Anteil der Cornflakes entsprechend erhöhen.

TIPP Anstelle der Kuvertüre können Sie auch übriggebliebene Schokolade verwenden.

KARAMELLISIERTER SPARGEL

FL LZ HC MW LT

Zubereitungszeit: 10 Minuten
Garzeit: 15 Minuten

Eine Portion enthält
147 kcal / 616 kJ,
2 g Eiweiß, 2 g Ballaststoffe

Zutaten für 4 Portionen

500 g weißer Spargel
2 TL weißer Zucker
4 Prisen Salz
½ Orange
40 g Butter
Außerdem
Sparschäler

Zubereitung

1 Spargel schälen, die holzigen Enden abschneiden und schräg in ca. 1 cm breite Stücke schneiden.

2 Mit ein wenig Wasser, 1 TL Zucker und etwas Salz ca. 10 Minuten (5 Minuten bei dünnen Stangen) bissfest garen. Anschließend abgießen.

3 In der Zwischenzeit die halbe Orange auspressen.

4 Butter in einer Pfanne schmelzen lassen, den restlichen Zucker hinzugeben und kurz karamellisieren lassen. Mit dem Orangensaft ablöschen und die Flüssigkeit leicht einreduzieren lassen.

5 Den Spargel dazugeben und ca. 3–5 Minuten karamellisieren.

Variante bei Fettleber

Rapsöl mit Butteraroma verwenden.

TIPPS Verwenden Sie den Spargel als Salattopping, in einer Bowl oder als Beilage zu herzhaften Gerichten. Er eignet sich zudem sehr gut als kalter Antipasto.

SCHNELLER RÖSTBROKKOLI

FL LZ HC MW LT

Zubereitungszeit: 15 Minuten
Garzeit: 10 Minuten

Eine Portion enthält
127 kcal / 610 kJ,
9 g Eiweiß, 5 g Ballaststoffe

Zutaten für 3 Portionen

1 großer Brokkoli (ca. 500 g)
1 EL Mandelblättchen
1 EL Olivenöl
2 Prisen Pfeffer
3 Prisen Salz
2 EL geriebener Parmesan
Außerdem
Sparschäler

Zubereitung

1 Den Brokkoli waschen, die Röschen abtrennen und den Strunk mit einem Sparschäler schälen. Alles in mundgerechte Stücke schneiden.

2 Die Mandelblättchen in einer Pfanne ohne Öl goldbraun rösten und in einer Schale beiseitestellen.

3 Öl in einer Pfanne erhitzen. Den Brokkoli darin 5–10 Minuten anschwitzen und mit Pfeffer und Salz würzen.

4 Brokkoli auf Tellern anrichten und mit Parmesan und Mandelblättchen garnieren.

Variante bei Morbus Wilson

Mandelblättchen und Parmesan weglassen.

TIPP Außerhalb der Saison können Sie auch auf tiefgefrorenen Brokkoli zurückgreifen. Dadurch verlängert sich die Garzeit um ca. 5 Minuten.

PESTO VERDE

LZ HC LT

Zubereitungszeit: 15 Minuten

Eine Portion enthält
154 kcal / 644 kJ,
5 g Eiweiß, 1 g Ballaststoffe

Zutaten für 6 Portionen

20 g Pinienkerne
60 g frisches Basilikum (inklusive Stängel)
2 Knoblauchzehen
5–6 EL Olivenöl
80 g geriebener Parmesan
6 Prisen Salz
Pfeffer nach Belieben
Außerdem
Pürierstab oder Multi-Zerkleinerer

Zubereitung

1 Die Pinienkerne in einer Pfanne ohne Öl anrösten. Anschließend gut auskühlen lassen.

2 Basilikum gründlich waschen und trocken tupfen. Knoblauch schälen und grob hacken.

3 Pinienkerne, Basilikum, Olivenöl und Knoblauch mit dem Pürierstab fein pürieren. Nach und nach den Parmesan dazugeben. Mit Salz und Pfeffer abschmecken.

Variante bei Hämochromatose

Mandeln statt Pinienkernen verwenden.

Hinweis bei Lebertransplantation

Das Pesto zeitnah verzehren.

TIPPS Das Pesto schmeckt sehr intensiv und ist deshalb sehr ergiebig. Es schmeckt nicht nur zu Pasta, sondern auch als Brotaufstrich.

Zur Aufbewahrung sollte das Pesto in ein luftdichtes Gefäß gegeben und mit Olivenöl bedeckt werden. So hält es sich im Kühlschrank ca. 1–2 Wochen.

FL LZ HC MW LT

Zubereitungszeit: 15 Minuten
Ziehzeit: mind. 2 Stunden
Garzeit: 25 Minuten

Eine Portion enthält
268 kcal / 1.223 kJ,
37 g Eiweiß, 0 g Ballaststoffe

Zutaten für 5 Portionen

Für die Marinade
2 cm Ingwer
2 Knoblauchzehen
2 EL Sesamöl
2 EL Sambal Oelek
3 EL Tomatenketchup
5 EL Sojasoße
3 EL Limetten- oder Zitronensaft
Je 1 Msp. Pfeffer, Chili, Paprika edelsüß
Für die Spieße
750 g Hähnchenbrustfilet
2 EL Sesam
2 EL Erdnussöl
Außerdem
Lange Schaschlikspieße
Feine Reibe

SATÉ-SPIESSE

Zubereitung

1 Ingwer und Knoblauch schälen und fein reiben. Anschließend mit den restlichen Zutaten für die Marinade gründlich vermengen und mit den Gewürzen abschmecken.

2 Hähnchenbrustfilet in ca. 2,5 x 2,5 cm große Würfel schneiden, mit der Marinade vermengen und im Kühlschrank ca. 2 Stunden oder über Nacht abgedeckt ziehen lassen.

3 Den Sesam in einer Pfanne ohne Fett anrösten, anschließend beiseitestellen.

4 Die Hähnchenwürfel auf lange Schaschlikspieße stecken. Eine beschichte Pfanne erhitzen, das Erdnussöl hineingeben und die Spieße nacheinander braten, bis sie goldbraun sind und das Fleisch durchgebraten ist. Das dauert insgesamt ca. 20 Minuten.

5 Die fertigen Spieße mit dem gerösteten Sesam bestreuen und servieren.

Variante bei Leberzirrhose

Statt Geflügel Tofu (natur oder geräuchert) verwenden.

Variante bei Morbus Wilson

Den Sesam weglassen.

TIPPS Zu den Spießen können Sie einen sommerlichen Salat mit einer Zitronen- oder Limettenvinaigrette servieren.

Auch das Mango-Chutney von Seite 198 passt sehr gut zu diesem Rezept.

WÜRZIGE GEMÜSE-POMMES

FL LZ HC MW LT

Zubereitungszeit: 15 Minuten
Ziehzeit: 30 Minuten
Backzeit: 40 Minuten

Eine Portion enthält
201 kcal / 842 kJ,
3 g Eiweiß, 5 g Ballaststoffe

Zutaten für 4 Portionen

3–4 mittelgroße festkochende Kartoffeln (250 g)
2 Süßkartoffeln (250 g)
4–5 Möhren (250 g)
2–3 Rote-Bete-Knollen (250 g)
2 EL Olivenöl
Thymian, Rosmarin, Paprika edelsüß und Paprika geräuchert (gemahlen) nach Belieben
4 Prisen Salz
2 EL Maisstärke
Außerdem
Sparschäler
Backpapier

Zubereitung

1 Das Gemüse waschen und putzen. Alles in pommesähnliche Stifte schneiden.

2 Die „Pommes" in eine Schale mit kaltem Wasser legen und 30 Minuten ziehen lassen. Danach aus der Schale nehmen und mit einem Küchentuch trocken tupfen.

3 Den Ofen auf 200 °C (Ober-/Unterhitze, 180 °C Umluft) vorheizen.

4 In einer weiteren Schale das Öl mit den Gewürzen und dem Salz verrühren. Die Pommes dazugeben und gründlich vermengen. Zum Schluss die Stärke hinzufügen, sodass alle Pommes mit Stärke und Gewürzmischung bedeckt sind.

5 Die Pommes auf ein mit Backpapier ausgelegtes Backblech geben und 40 Minuten backen. Nach etwa 20 Minuten die Pommes vorsichtig wenden, damit sie von allen Seiten knusprig werden. Wenn sie die gewünschte Farbe haben, aus dem Ofen nehmen und heiß servieren.

TIPP Wer es eilig hat, kann das Wässern der Pommes weglassen. Der Geschmack ist der gleiche; das Wässern sorgt lediglich dafür, dass sie noch knuspriger werden.

LINSEN-QUINOA-BÄLLCHEN

FL LZ LT

Zubereitungszeit: 30 Minuten
Garzeit: 10–15 Minuten
Backzeit: 30 Minuten

Eine Portion (9 Bällchen) enthält
250 kcal / 1.053 kJ,
12 g Eiweiß, 4 g Ballaststoffe

Zutaten für 4 Portionen

100 g rote Linsen (roh)
100 g Quinoa
400 ml Gemüsebrühe
2 Schalotten (ca. 70 g)
5 Knoblauchzehen
1 EL Petersilie
1 EL Koriander
3 EL Paniermehl
1 EL Tomatenmark
1 EL Olivenöl
1 TL Zitronensaft
Curry und Paprika edelsüß nach Belieben
1 EL Olivenöl zum Bestreichen

Außerdem
Backpapier

Zubereitung

1 Linsen und Quinoa jeweils in einem Sieb unter kaltem Wasser abspülen. In getrennten Töpfen in je 200 ml Brühe nach Packungsanleitung garen. (Ggf. muss noch Brühe zugegeben werden.)

2 Den Ofen auf 160 °C (Umluft, 180 °C Ober-/Unterhitze) vorheizen.

3 Schalotten und Knoblauch schälen und fein würfeln. Petersilie und Koriander waschen, trocknen und hacken.

4 Alle Zutaten in einer großen Schüssel vermengen. Mit den Händen kleine Bällchen formen (à 20 g) und auf ein mit Backpapier ausgelegtes Backblech legen.

5 Mit Olivenöl bepinseln und ca. 30 Minuten backen.

TIPP Die Bällchen machen sich hervorragend als Salattopping oder als kleine Mahlzeit mit einem Curry-Dip.

SPINAT-DIP

FL LZ HC MW LT

Zubereitungszeit: 15 Minuten
Eine Portion enthält
73 kcal / 307 kJ,
4 g Eiweiß, 0 g Ballaststoffe

Zutaten für 10 Portionen

1 Zitrone
200 g frischer Spinat
1 Knoblauchzehe
1 EL Olivenöl
4 Zweige Estragon
300 g Frischkäse, 16 % Fett absolut
Pfeffer nach Belieben
5 Prisen Salz
1 TL Agavendicksaft
Außerdem
Pürierstab oder Multi-Zerkleinerer

Zubereitung

1 Zitrone auspressen.

2 Spinat waschen. Knoblauch schälen und klein schneiden. Beides mit Olivenöl in einer Pfanne kurz anschwitzen, einen Moment abkühlen lassen und anschließend in einem Sieb abtropfen lassen. Das ist wichtig, damit der Dip später nicht zu flüssig wird.

3 Estragon waschen, zupfen und zusammen mit dem Spinat und der Hälfte des Frischkäses in einen Multi-Zerkleinerer geben und fein pürieren. Anschließend die Masse in eine Schale geben und den restlichen Frischkäse unterrühren. Den Dip mit Pfeffer, Salz, Agavendicksaft und Zitronensaft abschmecken.

Variante bei Leberzirrhose

Doppelrahmfrischkäse verwenden.

TIPP Der Dip passt sehr gut zu den Kurkuma-Brötchen von Seite 226.

SENF-DIP

FL LZ HC MW LT

Zubereitungszeit: 10 Minuten

Eine Portion enthält
27 kcal / 114 kJ,
3 g Eiweiß, 0 g Ballaststoffe

Zutaten für 11 Portionen

- 2 Schalotten (ca. 60 g)
- 10 Blätter Basilikum
- 250 g Quark, Magerstufe
- 3 EL Senf
- 1 EL Leinöl
- Pfeffer nach Belieben
- 5 Prisen Salz

Zubereitung

1 Schalotten schälen und fein würfeln. Basilikum waschen und hacken.

2 Quark mit Senf und Leinöl vermischen. Schalotte und Basilikum hinzufügen.

3 Mit Pfeffer und Salz abschmecken.

Variante bei Leberzirrhose

Quark mit 20 % oder 40 % Fett i. Tr. verwenden.

TIPPS Der Dip passt gut zum Eiweißbrot von Seite 234 und zu den Fischfrikadellen von Seite 114.

Wählen Sie die Senfsorte ganz nach Ihrem Geschmack aus.

Sie können den Dip auch als leckeren und würzigen Brotaufstrich verwenden.

KÜRBIS-DIP

FL LZ HC MW LT

Zubereitungszeit: 20 Minuten
Backzeit: 20–30 Minuten

Eine Portion enthält
30 kcal / 125 kJ,
3 g Eiweiß, 0 g Ballaststoffe

Zutaten für 8 Portionen

½ Hokkaido-Kürbis (ca. 180 g)
60 g Feta, 9 % Fett absolut
200 g Joghurt, 1,5 % Fett
1 TL Paprika edelsüß
1 Zweig frischer Thymian
Muskat und Pfeffer nach Belieben
Außerdem
Pürierstab oder Multi-Zerkleinerer
Backpapier

Zubereitung

1 Backofen auf 180 °C (Ober-/Unterhitze) vorheizen.

2 Kürbis waschen, entkernen und in grobe Stücke schneiden. Diese auf ein mit Backpapier ausgelegtes Backblech geben und 20–30 Minuten im Backofen garen, bis sie weich sind. Optional kann der Kürbis in wenig Wasser in einem Topf mit Deckel weich gedünstet werden.

3 Sobald der Kürbis fertig ist, diesen aus dem Ofen/Topf nehmen und abkühlen lassen. In der Zwischenzeit Feta fein zerbröseln.

4 Den Kürbis mit einem Pürierstab pürieren, mit Joghurt und etwa der Hälfte des zerbröselten Fetas zu einem Dip verarbeiten und mit Kräutern und Gewürzen abschmecken.

5 Dip mit dem restlichen Feta dekorieren.

Variante bei Morbus Wilson, Hämochromatose und Leberzirrhose

Feta und Joghurt in den Vollfettvarianten verwenden.

DIP „TAUSEND INSELN“

FL HC MW LT

Zubereitungszeit: 10 Minuten

Eine Portion enthält
96 kcal / 403 kJ,
1 g Eiweiß, 0 g Ballaststoffe

Zutaten für 2 Portionen

- 2 EL Tomatenketchup
- 2 EL Mayonnaise, 80 % Fett
- 2 EL Senf
- 1 Msp. Paprika geräuchert (gemahlen)
- 1 kleine Chilischote

Zubereitung

1 Ketchup, Mayonnaise und Senf miteinander verrühren. Mit Paprikapulver abschmecken.

2 Nach Belieben die Chilischote halbieren, entkernen, in feine Würfel schneiden und untermischen.

CRANBERRY-CURRY-FRISCHKÄSE

FL LZ HC

Zubereitungszeit: 5–10 Minuten

Eine Portion enthält
44 kcal / 187 kJ,
2 g Eiweiß, 0 g Ballaststoffe

Zutaten für 10 Portionen

- 30 g getrocknete Cranberrys
- 175 g Frischkäse natur, 16 % Fett absolut
- 1½ TL Currypulver
- 5 Prisen Salz

Zubereitung

1 Cranberrys mit einem Messer fein hacken.

2 Frischkäse mit Currypulver verrühren. Anschließend Cranberrys unterheben und mit Salz abschmecken.

Variante bei Leberzirrhose

Doppelrahmfrischkäse verwenden.

HUMMUS

FL HC LZ LT

Zubereitungszeit: 10 Minuten
Ziehzeit: 2 Stunden

Eine Portion enthält
90 kcal / 377 kJ,
3 g Eiweiß, 2 g Ballaststoffe

Zutaten für 10 Portionen

1 Dose Kichererbsen (400 g, nicht abgetropft)
2 Knoblauchzehen
9 EL Zitronensaft
1 EL Tahini (Sesampaste)
Kreuzkümmel, Chilipulver, Currypulver, Pfeffer und Paprika edelsüß nach Belieben
3 EL Rapsöl
5 Prisen Salz
2 Stängel Petersilie

Außerdem
Pürierstab
Multi-Zerkleinerer oder Standmixer

Zubereitung

1 Die Kichererbsen abseihen und die Flüssigkeit dabei auffangen.

2 Knoblauch schälen, grob hacken und zusammen mit Kichererbsen, Zitronensaft, Tahini und Gewürzen pürieren.

3 Das Rapsöl und etwas von der aufgefangenen Kichererbsenflüssigkeit untermengen, bis die Konsistenz cremig ist.

4 Mit Salz abschmecken und anschließend mindestens 2 Stunden abgedeckt im Kühlschrank ziehen lassen.

5 Die Petersilie waschen, trocken schütteln, hacken und über den Hummus geben.

Hinweis bei Lebertransplantation

Bitte zügig verbrauchen.

TIPP Den Hummus können Sie gut verschlossen bis zu 1 Woche im Kühlschrank lagern. Er eignet sich als Aufstrich oder Dip.

MACADAMIA-HUMMUS

LZ HC LT

Zubereitungszeit: 10–15 Minuten

Eine Portion enthält
147 kcal / 615 kJ,
4 g Eiweiß, 3 g Ballaststoffe

Zutaten für 16 Portionen

125 g ungesalzene Macadamianüsse
2–3 Knoblauchzehen
2 Dosen Kichererbsen (insgesamt 800 g, nicht abgetropft)
50 g Tahini (Sesampaste)
5 EL Olivenöl
Kreuzkümmel und Pfeffer nach Belieben
8 Prisen Salz

Außerdem

Multi-Zerkleinerer oder Pürierstab

Zubereitung

1 Macadamianüsse (als Ganzes) in einer Pfanne ohne Fett anrösten, vom Herd nehmen und abkühlen lassen.

2 Knoblauch schälen. Kichererbsen abtropfen lassen und unter kaltem Wasser abspülen.

3 Drei Viertel der Macadamianüsse zusammen mit Kichererbsen, Knoblauch, Tahini und Olivenöl in einen Multi-Zerkleinerer geben und fein pürieren. Mit Kreuzkümmel, Pfeffer und Salz abschmecken.

4 Die restlichen Macadamianüsse hacken und unter den Hummus geben. Der Hummus kann sofort verzehrt werden.

Variante bei Leberzirrhose

Bei Vorliegen von Varizen alle Nüsse fein pürieren.

TIPP Sie können, je nach Verträglichkeit, die Macadamianüsse gegen andere Nüsse Ihrer Wahl austauschen.

PAPRIKA-WALNUSS-AUFSTRICH

LZ FL HC

Zubereitungszeit: 20 Minuten
Garzeit: 50 Minuten

Eine Portion enthält
100 kcal / 420 kJ,
2 g Eiweiß, 2 g Ballaststoffe

Zutaten für 8 Portionen

2 kleine rote Paprika (ca. 350 g)
1 Knoblauchzehe
50 g Walnusskerne
2 EL Paniermehl
½ Zitrone
2 EL Olivenöl
1 TL Tomatenmark
2 TL Granatapfelsirup
¼ TL Kreuzkümmel
4 Prisen Salz

Außerdem
Pürierstab
Klarsichtbeutel
Backpapier

Zubereitung

1 Den Ofen auf 180 °C (Umluft) vorheizen.

2 Paprika waschen, entkernen, vierteln und mit der Schale nach oben auf ein mit Backpapier ausgelegtes Backblech legen. Ca. 50 Minuten backen, bis die Haut dunkel wird und sich ablöst.

3 In der Zwischenzeit Knoblauch schälen und fein hacken. Walnüsse ebenfalls fein hacken. Beides mit dem Paniermehl in eine Schüssel geben.

4 Die Paprika aus dem Ofen nehmen, kurz abkühlen lassen und in einen Klarsichtbeutel geben. Diesen 2–3 Minuten verschließen. Dann die Paprika aus dem Beutel nehmen und die Haut mit einem Messer abziehen.

5 Die Paprika zur Paniermehlmischung geben und mit einem Pürierstab fein pürieren.

6 Die Zitrone auspressen. Den Aufstrich mit Olivenöl, Zitronensaft, Tomatenmark, Granatapfelsirup, Kreuzkümmel und Salz abschmecken.

Hinweis bei Lebertransplantation

Den Aufstrich zügig verbrauchen.

TIPP Der Aufstrich hält sich luftdicht verschlossen in Ihrem Kühlschrank bis zu 2 Wochen.

ROTE-BETE-FRISCHKÄSE

FL LZ HC MW LT

Zubereitungszeit: 20 Minuten
Garzeit: 40 Minuten

Eine Portion enthält
152 kcal / 637 kJ,
4 g Eiweiß, 1 g Ballaststoffe

Zutaten für 4 Portionen

- 2 Rote-Bete-Knollen (ca. 180 g)
- 2 EL Olivenöl
- 1 Lorbeerblatt
- Abrieb von ½ Bio-Zitrone
- 2 Pimentkörner
- 2 Nelken
- Kreuzkümmel nach Belieben
- 100 g Frischkäse, Doppelrahmstufe
- 2–3 TL Sahnemeerrettich
- 4 Prisen Salz
- 1 EL frische Kresse

Außerdem

- Multi-Zerkleinerer oder Pürierstab
- Feine Reibe

Zubereitung

1 Rote Bete mit Schale in einem Topf mit Wasser 25–30 Minuten garen. Nach einer Garprobe das Wasser abgießen, die Knollen herausnehmen und abkühlen lassen.

2 Anschließend schälen, Strunk entfernen und fein würfeln.

3 Öl in einer Pfanne erhitzen und die Rote-Bete-Würfel darin anschwitzen. Lorbeerblatt, Zitronenabrieb, Piment, Nelken und gemahlenen Kreuzkümmel dazugeben und bei mittlerer Hitze ca. 5–7 Minuten durchziehen lassen.

4 Mit einem kleinen Löffel Pimentkörner, Nelken sowie das Lorbeerblatt aus der Pfanne entfernen, die Rote Bete in eine Schale füllen und abkühlen lassen.

5 Anschließend mit Frischkäse und Sahnemeerrettich in ein hohes Gefäß geben und mit dem Pürierstab oder im Multi-Zerkleinerer pürieren. Mit Salz abschmecken und mit frischer Kresse garnieren.

Variante bei Fettleber

Einen fettarmen Frischkäse mit bis zu 16 % Fett absolut verwenden. Sahnemeerrettich gegen Tafel-Meerrettich austauschen.

TIPP Genießen Sie den Aufstrich mit leckerem Brot und einem knackigen Salat.

RIESENBOHNENAUFSTRICH

FL LZ HC LT

Zubereitungszeit: 15 Minuten

Eine Portion enthält
57 kcal / 995 kJ,
3 g Eiweiß, 1 g Ballaststoffe

Zutaten für 8 Portionen

1 Dose weiße Bohnen (ca. 250 g, abgetropft)
1 EL Olivenöl
Kreuzkümmel nach Belieben
1 EL Tahini (Sesampaste)
1 TL Zitronensaft
1 EL Wasser
4 Prisen Salz
1 TL frische Petersilie

Außerdem
Sieb
Pürierstab oder Multi-Zerkleinerer

Zubereitung

1 Bohnen in ein Sieb abtropfen lassen und kurz abspülen.

2 Anschließend mit Olivenöl, Kreuzkümmel, Tahini und Zitronensaft in ein Gefäß geben und mit einem Pürierstab pürieren, bis eine cremige Konsistenz entstanden ist.

3 Ggf. etwas Wasser hinzufügen und mit Salz abschmecken.

4 Petersilie waschen, trocken schütteln und fein hacken. Die Bohnenpaste damit anrichten.

TIPPS Anstelle von Petersilie können Sie auch Koriander oder Schnittlauch nehmen.

Sie können den Brotaufstrich auch als Dip, zum Beispiel für die Linsen-Quinoa-Bällchen auf Seite 182 oder zu den würzigen Gemüse-Pommes auf Seite 180, nehmen.

TOMATEN-BASILIKUM-AUFSTRICH

FL LZ HC MW LT

Zubereitungszeit: 20 Minuten

Eine Portion enthält
51 kcal / 213 kJ,
2 g Eiweiß, 0 g Ballaststoffe

Zutaten für 12 Portionen

2 große Tomaten (ca. 160 g)
8 Blätter Basilikum
200 g Frischkäse, 16 % Fett absolut
2 EL Olivenöl
6 Prisen Salz
Außerdem
Pürierstab

Zubereitung

1 Die Tomaten unten kreuzförmig einschneiden. Anschließend mit kochendem Wasser übergießen und 1–2 Minuten ziehen lassen.

2 Das Wasser abgießen. Die Tomaten kalt abschrecken, enthäuten, entkernen und klein schneiden.

3 Basilikum gründlich waschen, trocknen und fein hacken.

4 Frischkäse mit Olivenöl verrühren. Tomaten und Basilikum hinzufügen.

5 Alles kurz pürieren, mit Salz abschmecken und bis zum Servieren kalt stellen.

Variante bei Leberzirrhose

Doppelrahmfrischkäse verwenden.

MARILLEN-CHUTNEY

LZ HC LT

Zubereitungszeit: 10 Minuten
Garzeit: 10–15 Minuten

Eine Portion enthält
102 kcal / 425 kJ,
1 g Eiweiß, 4 g Ballaststoffe

Zutaten für 5 Portionen

1 große Zwiebel (ca. 100 g)
100 g getrocknete Aprikosen
1 EL Rapsöl
1½ EL brauner Zucker
4 EL Weißweinessig
1 EL Sambal Oelek
5 Prisen Salz
Pfeffer nach Belieben

Zubereitung

1 Zwiebel schälen und fein würfeln. Aprikosen ebenfalls fein würfeln.

2 Öl in eine beschichtete Pfanne geben und Zwiebelwürfel darin scharf anbraten. Aprikosen dazugeben.

3 Zucker und Essig beimengen und 5–10 Minuten köcheln lassen.

4 Sambal Oelek unterrühren und mit Salz und Pfeffer würzen. Chutney kalt servieren.

PREISELBEER-CHUTNEY

LZ HC MW LT

Zubereitungszeit: 10 Minuten
Garzeit: 25 Minuten

Eine Portion enthält
49 kcal / 204 kJ,
1 g Eiweiß, 0 g Ballaststoffe

Zutaten für 5 Portionen

1 kleine rote Zwiebel (ca. 45 g)
½ EL Zucker
2 EL Orangensaft
200 g Preiselbeeren (Glas)
½ TL Senfkörner
1 EL Balsamicoessig
2 Zweige Thymian

Zubereitung

1 Zwiebel schälen, in feine Ringe schneiden und in einem Topf ohne Öl anschwitzen.

2 Den Zucker dazugeben und kurz karamellisieren lassen.

3 Mit Orangensaft ablöschen und Preiselbeeren, Senfkörner, Essig und Thymian hinzufügen. Gut verrühren und ca. 20 Minuten köcheln lassen.

4 Das Chutney vor dem Servieren auskühlen lassen.

TIPPS FÜR ALLE CHUTNEYS Die Chutneys halten sich luftdicht verschlossen ca. 2–4 Wochen im Kühlschrank. Sie können sie auch wie Konfitüre direkt nach dem Kochen in ein sauberes Schraubglas füllen, verschließen, auf den Kopf stellen und so auskühlen lassen. Dann können Sie sie einige Monate lagern.

Genießen Sie die Chutneys kalt zu Käse.

LZ HC MW LT

Zubereitungszeit: 20 Minuten
Garzeit: 30 Minuten

Eine Portion enthält
76 kcal / 317 kJ,
1 g Eiweiß, 2 g Ballaststoffe

Zutaten für 5 Portionen

1 große Mango (ca. 400 g)
1 große Zwiebel (ca. 100 g)
1 cm Ingwer
½ Chilischote
2 EL Weißweinessig
1 TL Limettensaft
1½ EL Zucker
1 TL Curry
5 Prisen Salz
Pfeffer nach Belieben
Außerdem
Feine Reibe

MANGO-CHUTNEY

Zubereitung

1 Das Fruchtfleisch der Mango vom Stein lösen, schälen und in grobe Würfel schneiden.

2 Zwiebel und Ingwer ebenfalls schälen. Anschließend Zwiebel fein würfeln, Ingwer fein reiben.

3 Chili längs halbieren, Kerne entfernen und die Schote fein hacken.

4 Essig, Limettensaft und Zucker in einem Topf erhitzen. Mangowürfel, Zwiebeln, Chili und Ingwer dazugeben und ca. 30 Minuten köcheln lassen. Mit Curry, Salz und Pfeffer abschmecken.

TIPPS Genießen Sie das Chutney kalt zu Käse oder zu den Saté-Spießen von Seite 178.

Besonders gut lässt sich die Mango schälen, wenn sie noch etwas fester ist.

Sie können auch tiefgeforene Mangostücke (ohne Zuckerzusatz!) verwenden. Davon benötigen Sie etwa 300 g.

CHICORÉE-GRAPEFRUIT-SALAT

FL LZ HC MW

Zubereitungszeit: 30 Minuten

Eine Portion enthält
67 kcal / 281 kJ,
3 g Eiweiß, 2 g Ballaststoffe

Zutaten für 4 Portionen

- 1 große Grapefruit (ca. 300 g)
- 4 Chicorée (ca. 400 g)

Für das Dressing

- 80 g Naturjoghurt, 1,5 % Fett
- 2 EL Zitronensaft
- 1 EL Agavendicksaft
- Pfeffer nach Belieben
- 4 Prisen Salz

Zubereitung

1 Grapefruit schälen und filetieren, dabei den Saft auffangen. Die Filets beiseitelegen.

2 Chicorée waschen und den Strunk großzügig entfernen. In feine Streifen schneiden und die Streifen in eine Salatschüssel geben.

3 Aus Joghurt, Zitronensaft, Agavendicksaft und dem Grapefruitsaft ein Dressing herstellen. Mit Pfeffer und Salz verfeinern.

4 Die Grapefruitfilets und das Dressing mit in die Salatschüssel geben und alles vermengen. Den Salat am besten sofort verzehren.

Variante bei Leberzirrhose

Vollfetten Joghurt mit 3,5 % oder 10 % Fett verwenden.

RUCOLASALAT MIT MANGO UND MOZZARELLA

FL LZ HC MW LT

Zubereitungszeit: 20 Minuten
Garzeit: 5 Minuten

Eine Portion enthält
211 kcal / 885 kJ,
6 g Eiweiß, 1 g Ballaststoffe

Zutaten für 4 Portionen

- 100 g Rucola
- ¼ Mango (ca. 80 g)
- 20 g Pinienkerne
- 100 g Mini-Mozzarella-Kugeln, 45 % Fett i. Tr.

Für das Dressing

- 3 EL Orangensaft oder ½ Orange
- 4 EL Olivenöl
- 2 EL helles Balsamicoessig
- 1 TL Ahornsirup
- 4 Prisen Salz
- Pfeffer nach Belieben
- Frische Kräuter nach Wahl

Außerdem

- Salatschleuder

Zubereitung

1 Den Rucola waschen, putzen und schleudern. Das Fruchtfleisch der Mango vom Stein lösen, schälen und in Scheiben schneiden.

2 Die Pinienkerne in einer beschichteten Pfanne ohne Öl rösten. Anschließend beiseitestellen.

3 Salat, Mango und Mozzarella in eine Schüssel geben.

4 Orangensaft mit Olivenöl, Balsamicoessig und Ahornsirup verrühren. Mit Salz, Pfeffer und Kräutern nach Wahl abschmecken.

5 Das Dressing unter den Salat heben, mit Pinienkernen bestreuen und schnellstmöglich genießen.

Variante bei Fettleber

Fettarmen Mozzarella mit 20 % Fett i. Tr. verwenden.

FENCHEL-APFEL-SALAT

FL LZ HC MW LT

Zubereitungszeit: 15–20 Minuten
Kühlzeit: 45 Minuten

Eine Portion enthält
92 kcal / 388 kJ,
3 g Eiweiß, 4 g Ballaststoffe

Zutaten für 4 Portionen

2 Fenchelknollen (ca. 300 g)
2 Äpfel (ca. 150 g)
Für das Dressing
1 TL Honig
125 g Naturjoghurt, 3,5 % Fett
1 EL Olivenöl
2 EL Zitronensaft
Pfeffer nach Belieben
Außerdem
Gemüsehobel

Zubereitung

1 Die Stiele mit dem Kraut und den Wurzelansatz vom Fenchel entfernen. Fenchel und Äpfel waschen. Fenchelgrün beiseitestellen.

2 Fenchel vierteln und den Strunk entfernen. Die Äpfel ebenfalls vierteln und vom Kerngehäuse befreien. Anschließend Äpfel und Fenchel in feine Scheiben/Streifen hobeln.

3 Aus Honig, Joghurt, Olivenöl und Zitronensaft ein Dressing anrühren. Mit Pfeffer und Fenchelgrün abschmecken.

4 Anschließend Fenchel und Äpfel mit dem Dressing vermengen und nochmals abschmecken. Den Salat vor dem Verzehr ca. 45 Minuten im Kühlschrank durchziehen lassen.

Variante bei Fettleber

Fettarmen Naturjoghurt (1,5 % Fett) wählen.

TIPP Sie können den Salat auch mit zwei Orangen (anstelle der Äpfel) zubereiten. Die Orangen müssen dann filetiert werden.
Dafür die beiden Enden der Orange abschneiden. Die Orange mit einer abgeschnittenen Seite auf ein Brett stellen. Dann die gesamte Schale rundum mit einem scharfen Messer abschneiden und die Orangenfilets mit einem Messer zwischen den Trennhäuten herausschneiden. Dabei die Orange über eine Schüssel halten und den Saft auffangen. Den Saft in das Dressing geben.

BUNTER BOHNENSALAT

FL LZ HC LT

Zubereitungszeit: 30 Minuten
Garzeit: 10 Minuten
Ziehzeit: 60 Minuten

Eine Portion enthält
138 kcal / 577 kJ,
8 g Eiweiß, 6 g Ballaststoffe

Zutaten für 4 Portionen

100 g grüne Bohnen
1 kleine rote Zwiebel (ca. 45 g)
1 große rote Paprika (ca. 200 g)
1 Dose Kidneybohnen (ca. 250 g, abgetropft)
1 Dose weiße Bohnen (ca. 250 g, abgetropft)
Für das Dressing
2 Stängel Thymian
1 EL Senf
2 EL Balsamicoessig
8 EL Wasser
4 EL Olivenöl
Chilipulver und Pfeffer nach Belieben
4 Prisen Salz

Zubereitung

1 Die grünen Bohnen waschen und die Enden abschneiden. In mundgerechte Stücke schneiden und in wenig kochendem Wasser oder Gemüsebrühe mindestens 10 Minuten garen.

2 Die rote Zwiebel schälen, in Ringe schneiden und in eine große Schale füllen. Die grünen Bohnen abgießen, abschrecken und zu den Zwiebeln geben.

3 Paprika waschen, putzen, würfeln und mit in die Schüssel geben. Kidneybohnen und weiße Bohnen abtropfen, abspülen und zu dem restlichen Gemüse geben.

4 Thymian waschen und die Blätter abzupfen, dann grob hacken. Senf, Essig, Wasser und Olivenöl mit einem Schneebesen vermengen und mit Thymian, Chili, Pfeffer und Salz abschmecken.

5 Das Dressing zum Gemüse geben und ordentlich vermengen, dann im Kühlschrank ca. 60 Minuten durchziehen lassen und vor dem Verzehr nochmals abschmecken.

FRÜHLINGSSALAT MIT SPARGEL UND ERDBEEREN

FL LZ HC MW LT

Zubereitungszeit: 30 Minuten
Garzeit: 10 Minuten

Eine Portion enthält
223 kcal / 933 kJ,
17 g Eiweiß, 1 g Ballaststoffe

Zutaten für 2 Portionen

200 g Blattsalat nach Wahl (z. B. Frühlingssalatmix)
2 Schalotten (ca. 60 g)
200 g grüner Spargel
2 EL Olivenöl
1 TL Sojasoße
1 EL tiefgefrorene 8-Kräuter-Mischung
120 g Erdbeeren
1 TL Sahnemeerrettich
2 Prisen Salz
1 Packung körniger Frischkäse (ca. 200 g)

Außerdem
Salatschleuder
Pürierstab

Zubereitung

1 Obst und Gemüse gründlich waschen und putzen. Blattsalat waschen und trocken schleudern.

2 Schalotten fein würfeln. Spargel in mundgerechte Stücke schneiden.

3 1 EL Öl in einer Pfanne erhitzen und den Spargel zusammen mit den Schalotten darin ca. 5–8 Minuten anschwitzen. Mit der Sojasoße und den Kräutern abschmecken. Gemüse in eine Salatschale umfüllen und etwas abkühlen lassen.

4 Blattsalat ggf. in mundgerechte Stücke schneiden. Erdbeeren vierteln.

5 Für das Dressing ca. drei Erdbeeren mit dem Sahnemeerrettich, 1 EL Olivenöl und dem Salz pürieren.

6 Blattsalat und Erdbeeren zum Spargel geben und mit dem Dressing vermengen. Den Salat mit körnigem Frischkäse garnieren.

Variante bei Fettleber

Sahnemeerrettich gegen Tafel-Meerrettich austauschen.

ITALIENISCHER HIRSESALAT

FL LZ

Zubereitungszeit: 15 Minuten
Garzeit: 30 Minuten
Ziehzeit: 60 Minuten

Eine Portion enthält
244 kcal / 1.020 kJ,
8 g Eiweiß, 2 g Ballaststoffe

Zutaten für 2 Portionen

- 60 g Hirse
- 2 EL Olivenöl
- 200 ml Gemüsebrühe
- 2 EL Tomatenmark
- 1 TL Basilikum, getrocknet
- 1 TL Oregano, getrocknet
- 1 TL Kräuter der Provence, getrocknet
- 80 g Mozzarella, 20 % Fett i. Tr.

Zubereitung

1 Hirse kalt und warm abwaschen und gut abtropfen lassen.

2 Olivenöl in einem Topf erhitzen. Hirse 1 Minute anschwitzen, mit Gemüsebrühe ablöschen und 5 Minuten köcheln lassen.

3 Anschließend die Temperatur reduzieren und mit geschlossenem Deckel ca. 20 Minuten ziehen lassen, bis die Hirse gar ist. (Ggf. Gemüsebrühe hinzufügen und die Garzeit verlängern.)

4 Tomatenmark einrühren und mit den Kräutern abschmecken. Den Salat in eine Schale umfüllen und im Kühlschrank ca. 60 Minuten durchziehen lassen.

5 Zum Schluss den Mozzarella in kleine Würfel schneiden und unter den Salat mengen.

Variante bei Leberzirrhose

Mozzarella mit 45 % Fett i. Tr. verwenden.

TIPP Verfeinern Sie den Salat zusätzlich mit Ihrem Lieblingsgemüse. Passen würden z. B. Tomaten, Paprika, grüne Erbsen, Zucchini oder Auberginen.

WINTERLICHER ROTKOHLSALAT

FL LZ HC MW LT

Zubereitungszeit: 30 Minuten
Ziehzeit: 60 Minuten

Eine Portion enthält
220 kcal / 920 kJ,
3 g Eiweiß, 4 g Ballaststoffe

Zutaten für 8 Portionen

¼ Kopf Rotkohl (ca. 700 g)
8 Prisen Salz
4 kleine Äpfel (ca. 400 g)
5 EL Orangensaft
6 EL Zitronensaft
5 EL Olivenöl
2 EL Leinöl
2 EL brauner Zucker
6 TL körniger Senf
Pfeffer, Kreuzkümmel, Chili, gemahlener Sternanis, gemahlene Fenchelsamen und gemahlene Nelke nach Belieben
3 Kardamom-Kapseln (alternativ ¼ TL gemahlener Kardamom)
60 g Walnusskerne
90 g getrocknete Cranberrys

Außerdem
Reibe
Gemüsehobel
Mörser

Zubereitung

1 Obst und Gemüse waschen und putzen. Rotkohl fein hobeln. Salz dazugeben und gründlich durchkneten (ca. 10 Minuten).

2 Äpfel vierteln, vom Kerngehäuse befreien und raspeln. Anschließend zum Rotkohl geben.

3 Orangen- und Zitronensaft, Oliven- und Leinöl sowie braunen Zucker, Senf und Gewürze hinzufügen.

4 Kardamom-Kapseln aufbrechen, die Saaten entnehmen und in einem Mörser zerstoßen. Zum Salat geben und alles gründlich vermengen.

5 Walnüsse grob hacken und ohne Fett in einer Pfanne anrösten. Zusammen mit den Cranberrys zum Salat geben und untermengen.

6 Alles im Kühlschrank 60 Minuten ziehen lassen. Vor dem Verzehr nochmals abschmecken.

Variante bei Morbus Wilson

Walnüsse und Cranberrys weglassen.

Variante bei Lebertransplantation

Die Cranberrys weglassen.

TIPP Der Rotkohlsalat passt sehr gut in die Bowl von Seite 108.

GEBÄCK

LZ HC FL

Zubereitungszeit: 20 Minuten
Kühlzeit: 2 Stunden

Eine Portion enthält
324 kcal / 1.360 kJ,
8 g Eiweiß, 7 g Ballaststoffe

Zutaten für 10 Portionen

Für den Teig
- 150 g Mandeln
- 100 g Buchweizen
- 4 EL Kakaonibs
- 2 EL Sesam
- 200 g Datteln
- 50 g Gojibeeren
- 1 gestrichener EL Backkakao

Für das Topping
- 100 g Datteln
- 1 gestrichener EL Backkakao
- 50 g Kokosöl
- 2 EL Gojibeeren
- 1 TL Buchweizen
- 1 EL Kakaonibs

Außerdem
- Standmixer oder Multi-Zerkleinerer
- Muffinblech
- 10 Muffinförmchen aus Papier

RAW SUPERFOOD BROWNIES

Zubereitung

1 Mandeln, Buchweizen, Kakaonibs und Sesam in einem Standmixer oder Multi-Zerkleinerer fein hacken. Anschließend Datteln, Gojibeeren und Backkakao hinzugeben und zu einer einheitlichen Masse mixen.

2 Die Masse auf zehn Muffinförmchen verteilen und glatt streichen.

3 Für das Topping Datteln zusammen mit Backkakao und Kokosöl zu einer geschmeidigen Konsistenz pürieren und auf den Muffins verteilen.

4 Abschließend mit Gojibeeren, Buchweizen und Kakaonibs dekorieren.

5 Die Brownies für mindestens 2 Stunden in den Kühlschrank stellen, danach können sie gut aus der Form gelöst werden.

TIPP Die Brownies können einige Tage im Kühlschrank aufbewahrt oder für ca. 6 Monate im Tiefkühler gelagert werden.

TRIPLE CHOCOLATE BROWNIES

LZ HC LT

Zubereitungszeit: 30 Minuten
Backzeit: 30 Minuten

Eine Portion enthält
569 kcal / 2.380 kJ,
7 g Eiweiß, 5 g Ballaststoffe

Zutaten für 8 Portionen

125 g Butter
225 g Zartbitterschokolade
75 g Vollmilchschokolade
50 g weiße Schokolade
4 Eier (Größe M)
200 g Zucker
1 Prise Salz
100 g Weizenmehl Type 405
1 TL Butter zum Einfetten der Form
200 g frische Himbeeren

Außerdem
Backform (23 x 23 cm)
Handrührgerät mit Rührstäben
Kuchengitter

Zubereitung

1 Backofen auf 175 °C (Ober-/Unterhitze, 155 °C Umluft) vorheizen.

2 Himbeeren vorsichtig waschen und trocknen.

3 Butter sowie Zartbitter- und Vollmilchschokolade über einem Wasserbad schmelzen und leicht abkühlen lassen. Weiße Schokolade grob hacken.

4 Eier, Zucker und Salz mit einem Handrührgerät ca. 2 Minuten schaumig schlagen, dann die abgekühlte Schokoladenbutter unterrühren. Mehl und weiße Schokolade unterheben.

5 Den Brownie-Teig in die gefettete Backform füllen und die Himbeeren auf dem Teig verteilen. Anschließend 30 Minuten backen.

6 Die Backform aus dem Ofen nehmen, den Kuchen auf einem Kuchengitter abkühlen lassen. Dann in 8 etwa gleich große Stücke schneiden.

TIPPS Sie können eine beliebige Mehltype wählen.
Anstelle der Himbeeren können Sie auch Heidelbeeren oder Brombeeren nehmen.

APFEL-HAFERFLOCKEN-KUCHEN

LZ HC LT

Zubereitungszeit: 40 Minuten
Garzeit: 5 Minuten
Backzeit: 45–50 Minuten

Eine Portion enthält
274 kcal / 1.142 kJ,
5 g Eiweiß, 3 g Ballaststoffe

Zutaten für 12 Portionen

Für die Füllung
- 4 Äpfel (ca. 600 g)
- 1 EL Zitronensaft
- Zimt nach Belieben
- 20 g Butter
- 75 g gemahlene Mandeln
- 2 EL Zucker

Für den Teig
- 120 g Butter
- 100 g Zucker
- Abrieb von 1 Bio-Zitrone
- 1 Päckchen Vanillezucker
- 3 Eier (Größe M)
- 60 g Weizenmehl Type 405
- 1 TL Backpulver
- 12 EL zarte Haferflocken

Außerdem
- Springform (26 cm)
- Handrührgerät mit Rührstäben
- Feine Reibe
- Backpapier

Zubereitung

1 Äpfel waschen, schälen, entkernen und in kleine Würfel schneiden. Eine Pfanne erhitzen und Apfelwürfel in Zitronensaft ca. 3 Minuten leicht köcheln lassen. Die Äpfel sollten nicht zu weich werden.

2 Mit Zimt abschmecken und erkalten lassen. Butter, Mandeln und Zucker dazugeben und gut vermengen.

3 Den Backofen auf 175 °C (Ober-/Unterhitze, 155 °C Umluft) vorheizen. Eine Springform mit Backpapier auslegen.

4 Für den Teig Butter, Zucker, Zitronenschale und Vanillezucker mit dem Handrührgerät schaumig schlagen. Anschließend die Eier nach und nach je 30 Sekunden unterrühren.

5 Mehl mit Backpulver vermischen, zusammen mit den Haferflocken zur Masse geben und gut unterrühren.

6 Etwa drei Viertel der Teigmenge in die Springform geben und die Apfelfüllung darauf verteilen. Den restlichen Teig mit einem Esslöffel auf die Äpfel streichen.

7 Im vorgeheizten Backofen 45–50 Minuten backen.

TIPP Zum Kuchen passt sehr gut aufgeschlagene Sahne.

KÄSEKUCHEN

LZ HC MW LT

Zubereitungszeit: 20 Minuten
Backzeit: 50–70 Minuten

Eine Portion enthält
432 kcal / 1.811 kJ,
11 g Eiweiß, 0 g Ballaststoffe

Zutaten für 12 Portionen

1 TL Rapsöl oder Margarine
4 Eier (Größe M)
3 Packungen Quark, mind. 40 % Fett i. Tr. (750 g)
250 g Zucker
2 Becher Schlagsahne (400 g)
2 Becher saure Sahne (400 g)
1 Päckchen Vanillezucker
3 Packungen Vanillepuddingpulver (à 115 g)
Abrieb von 1 Bio-Zitrone

Außerdem
Handrührgerät mit Rührstäben
Springform (28 cm)

Zubereitung

1 Backofen auf 200 °C (Ober-/Unterhitze) vorheizen. Die Springform mit Rapsöl oder Margarine einfetten.

2 Die Eier trennen und das Eiweiß mit dem Handrührgerät steif schlagen.

3 Das Eigelb mit den restlichen Zutaten in eine Schüssel geben und mithilfe eines Schneebesens verrühren.

4 Anschließend den Eischnee vorsichtig unterheben und alles in die Springform füllen.

5 Im vorgeheizten Backofen ca. 50 Minuten backen. Der Kuchen kann bis zu 70 Minuten weiterbacken, sollte die Masse in der Mitte noch zu flüssig sein.

6 Anschließend in der Backform gut auskühlen lassen, bevor der Kuchen angeschnitten wird.

TIPP Sollte der Kuchen während des Backens zu dunkel werden, können Sie ihn mit etwas Backpapier oder Alufolie bedecken. Beachten Sie dabei, dass der Ofen die ersten 45 Minuten nicht geöffnet werden darf, da der Käsekuchen sonst zusammenfallen kann.
Verwenden Sie am besten Ober-/Unterhitze, da Käsekuchen bei Umluft nicht so gut gelingt.

BIRNENTARTE

FL LZ HC MW LT

Zubereitungszeit: 30 Minuten
Backzeit: 35 Minuten

Eine Portion enthält
184 kcal / 768 kJ,
4 g Eiweiß, 2 g Ballaststoffe

Zutaten für 8 Portionen

Für die Füllung
1 Vanilleschote
1 gehäufter TL Maisstärke oder Vanillepuddingpulver (ca. 10 g)
100 ml Apfelsaft
3 EL Zitronensaft
1 EL Ahornsirup
2 Birnen (ca. 350 g)
Für den Teig
200 g Weizenmehl Type 405
½ Packung Backpulver
50 g kalte Butter
50 g Quark, Magerstufe
2 EL Honig
3 EL Wasser
Außerdem
Tarte- oder Springform (28 cm)
Backpapier
Hülsenfrüchte zum Blindbacken

Zubereitung

1 Den Backofen auf 180 °C (Umluft, 200 °C Ober-/Unterhitze) vorheizen. Die Springform entweder unten mit Backpapier auslegen oder leicht einfetten.

2 Die Vanilleschote längs aufschneiden und das Mark mit einem Messer auskratzen.

3 Für das Fruchtgelee die Stärke/das Vanillepuddingpulver mit einem Viertel des Apfelsafts vermischen. Den restlichen Saft mit Zitronensaft und dem Mark der Vanilleschote in einen Topf geben und einmal aufkochen lassen.

4 Den Topf von der Herdplatte nehmen und die angemischte Stärke einrühren. Anschließend nochmals kurz unter Rühren aufkochen, mit Ahornsirup abschmecken und etwas abkühlen lassen.

5 Mehl, Backpulver, Butter, Quark, Honig und Wasser mit den Händen zu einem geschmeidigen Teig verkneten. Anschließend dünn in der Springform verteilen, dabei einen ca. 1 cm hohen Rand formen.

6 Den Teig blind vorbacken. Hierzu mit einer Gabel feine Löcher in den Teigboden stechen, ein Stück Backpapier auf den Teig legen und diesen mit den trockenen Hülsenfrüchten beschweren. Den Boden 10 Minuten backen. Nach der Backzeit die Form aus dem Ofen nehmen und die Hülsenfrüchte und das Backpapier entfernen.

7 Die Birnen waschen, das Gehäuse entfernen und die Birnen in dünne Spalten schneiden.

8 Die Hälfte des Fruchtgelees auf dem vorgebackenen Teig verteilen. Die Birnenspalten fächerartig darauflegen und das restliche Fruchtgelee auf den Birnen verteilen.

9 Die Tarte ca. 25 Minuten zu Ende backen.

Variante bei Fettleber, Leberzirrhose, Hämochromatose

Ein beliebiges Vollkornmehl wählen.

MINI-APFELSTRUDEL

FL LZ HC LT

Zubereitungszeit: 50 Minuten
Garzeit: 5 Minuten
Backzeit: 20 Minuten

Eine Portion enthält
120 kcal / 501 kJ,
3 g Eiweiß, 1 g Ballaststoffe

Zutaten für 8 Portionen

2 große Äpfel (220 g)
½ TL Zimt
½ TL Zucker
50 g gehackte Mandeln
50 g Filoteig (2 Blätter)
20 g Butter
½ Ei (Größe M)
1 EL Puderzucker
Außerdem
Backpinsel
Backpapier

Zubereitung

1 Den Backofen auf 175 °C (Ober-/Unterhitze, 150 °C Umluft) vorheizen. Ein Backblech mit Backpapier auslegen.

2 Die Äpfel waschen, schälen, entkernen und in kleine Stücke schneiden. Mit Zimt, Zucker und etwas Wasser in einer Pfanne andünsten, sodass die Masse noch feucht ist. Die Mandeln unterheben.

3 Den Filoteig aus dem Kühlschrank nehmen und bei Zimmertemperatur aufwärmen lassen. Dann auf einem feuchten Küchentuch ausbreiten (Achtung: nicht zu lange liegen lassen, sonst wird der Teig unhandlich).

4 Den Filoteig in gleich große Rechtecke schneiden (ca. vier Rechtecke pro Teig). Die Apfelmischung auf der schmalen Seite verteilen und dabei ein wenig Rand lassen.

5 Die Ränder mit Butter bestreichen und rechts und links nach innen einschlagen, dann von unten einklappen und den Teig einrollen. Am besten mit dem Einrollen auf der Seite der Füllung beginnen.

6 Die Strudel mit verquirltem Ei einpinseln. Auf dem Backblech im vorgeheizten Backofen ca. 20 Minuten backen. Kurz abkühlen lassen und mit Puderzucker bestreuen.

Variante bei Fettleber

Rapsöl statt Butter verwenden.

MOHNKUCHEN

LZ HC LT

Zubereitungszeit: 20 Minuten
Backzeit: 30 Minuten

Eine Portion enthält
350 kcal / 1.464 kJ,
6 g Eiweiß, 2 g Ballaststoffe

Zutaten für 24 Portionen

Für den Teig
- 1 Packung weiche Butter
- 200 g Zucker
- 4 Eier (Größe M)
- 300 g Weizenmehl Type 405
- 1 Päckchen Backpulver
- 1 Becher Schmand
- 500 g backfertige Mohnfüllung

Für das Topping
- 1 Becher Schlagsahne
- 200 g Marzipan-Rohmasse
- 150 g Halbbitter-Kuvertüre

Außerdem
- Handrührgerät mit Rührstäben
- Nudelholz
- Backpapier

Zubereitung

1 Backofen auf 175 °C (Ober- /Unterhitze, 150 °C Umluft) vorheizen. Ein Backblech mit Backpapier auslegen.

2 Alle Zutaten für den Teig in einer Schüssel mit dem Handrührgerät verrühren. Den Teig auf das Backblech geben, glatt streichen und ca. 30 Minuten backen. Anschließend aus dem Ofen nehmen.

3 Die Sahne über den noch heißen Kuchen gießen und auskühlen lassen.

4 Die Marzipanmasse mit dem Nudelholz dünn ausrollen und auf den Kuchen legen.

5 Die Kuvertüre in einem Wasserbad schmelzen lassen und den Kuchen damit bestreichen. Die Schokolade trocknen lassen und den Kuchen servieren.

Variante bei Leberzirrhose

Weizen- oder Dinkelvollkornmehl verwenden.

TIPPS Wenn Sie kein Marzipan mögen, können Sie dieses gerne weglassen.

Der Kuchen lässt sich besser schneiden, wenn die Kuvertüre noch nicht ganz fest ist.

Wenn Sie kein ganzes Blech Kuchen backen wollen, halbieren Sie das Rezept einfach und nehmen eine Springform (26 cm).

FL LZ HC MW LT

Zubereitungszeit: 25 Minuten
Backzeit: 30 Minuten

Eine Portion enthält
156 kcal / 653 kJ,
5 g Eiweiß, 3 g Ballaststoffe

Zutaten für 10 Portionen

½ TL Rapsöl zum Einfetten der Form

Für die Streusel

100 g kernige Haferflocken
50 g Weizenvollkornmehl
1 EL Zucker
70 g Halbfettmargarine

Für die Füllung

700 g ungezuckerte Pfirsiche (Dose)
½ Bio-Orange
1 Vanilleschote
1 ½ EL Zucker
1 TL Zimt
1 EL Speisestärke
175 g Speisequark, 20 % Fett i. Tr.

Außerdem

Tarteform
Sieb
Handrührgerät mit Knethaken

PFIRSICH-CRUMBLE

Zubereitung

1 Backofen auf 180 °C (Umluft, 200 °C Ober-/Unterhitze) vorheizen und die Tarteform mit dem Rapsöl einfetten.

2 Haferflocken mit Mehl, Zucker und Margarine in eine Schüssel geben und mit dem Handrührgerät zu Streuseln verarbeiten.

3 Die Pfirsiche in das Sieb geben und abtropfen lassen. Eventuell halbieren.

4 Orangenschale reiben und den Saft auspressen. Die Vanilleschote längs aufschneiden und das Mark mit dem Messerrücken aus der Schote schaben.

5 Pfirsiche mit Zucker, ½ TL Zimt, Stärke, Orangensaft und -abrieb sowie drei Vierteln des Vanillemarks vermengen. Die Pfirsichmasse in die Backform füllen und die Streusel darübergeben.

6 Etwa 30 Minuten backen, bis die Streusel braun werden. Anschließend leicht abkühlen lassen.

7 Speisequark kurz aufschlagen und mit dem restlichen Zimt und dem restlichen Vanillemark abschmecken. Den Kuchen mit einem Klecks Quark servieren.

Variante bei Leberzirrhose

Margarine gegen Butter austauschen. Quark mit 40 % Fett i. Tr. verwenden.

Variante bei Morbus Wilson

Weizenmehl Type 405 verwenden. Reisflocken statt Haferflocken verwenden.

KÜRBIS-SCHOKO-KUCHEN

LZ HC MW LT

Zubereitungszeit: 30 Minuten
Backzeit: 35–40 Minuten
Kühlzeit: 20 Minuten

Eine Portion enthält
381 kcal / 1.596 kJ,
7 g Eiweiß, 2 g Ballaststoffe

Zutaten für 12 Portionen

Für den Teig

- 200 g tiefgefrorener oder frischer Hokkaido-Kürbis
- 170 g weiche Butter oder Margarine
- 170 g Zucker
- 3 Eier (Größe M)
- 200 g Weizenmehl Type 1050
- ½ Päckchen Backpulver
- 5 gestrichene EL Backkakao
- ½ TL Gewürz „Pumpkin Pie Spice" (alternativ selbst hergestellt: jeweils ¼ TL Zimt, Ingwerpulver und gemahlene Nelken vermengen)
- 140 ml Buttermilch

Für das Topping

- 60 g weiche Butter
- 75 g Puderzucker
- 1 Packung Frischkäse natur, Doppelrahm-stufe (200 g)

Außerdem

- Backform (ca. 20 x 30 cm)
- Backpapier
- Handrührgerät mit Rührstäben
- Pürierstab

Zubereitung

1 Kürbis in wenig Wasser zugedeckt weich kochen, abgießen und pürieren.

2 Den Backofen auf 175 °C (Ober-/Unterhitze, 150 °C Umluft) vorheizen. Backform mit Backpapier auslegen.

3 Weiche Butter oder Margarine mit dem Zucker schaumig schlagen. Die Eier nacheinander gut unterrühren und je 30 Sekunden aufschlagen.

4 Mehl mit Backpulver mischen und nach und nach in den Teig rühren. Backkakao und Pumpkin Pie Spice ebenfalls dazugeben.

5 Anschließend schluckweise die Buttermilch unterrühren, und zuletzt das bereits vorbereitete Kürbispüree unterheben.

6 Den Teig in die Form geben, glatt streichen und ca. 35–40 Minuten backen.

7 In der Zwischenzeit für das Topping die weiche Butter schaumig schlagen und mit dem Puderzucker verrühren. Anschließend Frischkäse dazugeben und vermengen.

8 Das Topping für ca. 20 Minuten in den Kühlschrank stellen. Sobald der Kuchen abgekühlt ist, kann es darauf verteilt werden.

Variante bei Morbus Wilson

Weizenmehl Type 405 verwenden.

TIPP Der Kuchen kann mit Mandelblättchen oder Pistazien dekoriert werden (nicht bei Morbus Wilson!).

ORANGENKUCHEN

FL LZ HC LT

Zubereitungszeit: 30 Minuten
Garzeit: 30 Minuten
Backzeit: 45–50 Minuten

Eine Portion enthält
202 kcal / 845 kJ,
8 g Eiweiß, 3 g Ballaststoffe

Zutaten für 12 Portionen

4 Bio-Orangen (500 g)
2 EL Wasser
5 Eier (Größe M)
120 g Xylit (zu Pulver gemahlen)
250 g gemahlene Mandeln

Außerdem
Springform (22 cm), Backpapier, Handrührgerät mit Rührstäben, Pürierstab

Zubereitung

1 Die Orangen gründlich waschen und mit der Schale in kleine Stücke schneiden. Orangenstücke mit 2 EL Wasser in einem Topf erhitzen und zugedeckt 30 Minuten köcheln lassen, damit die Bitterstoffe entweichen.

2 Den Topf beiseitestellen, abkühlen lassen und anschließend die Orangenstücke pürieren.

3 Backofen auf 175 °C (Ober-/Unterhitze) vorheizen. Die Springform mit Backpapier auslegen.

4 Eier trennen und das Eiweiß steif schlagen. Die Eigelbe mit dem Xylit ca. 5 Minuten cremig aufschlagen und anschließend die pürierten Orangen sowie die gemahlenen Mandeln unterheben.

5 Ca. 4 EL des Eischnees unter die Eigelb-Orangenmasse heben. Dann die Mischung zum Eischnee geben und schnell unterheben (es dürfen ruhig noch ein paar Flocken des Eischnees sichtbar bleiben).

6 Den Teig in die Springform füllen und 45–50 Minuten backen. Nach ca. 30 Minuten sollte der Orangenkuchen mit Alufolie abgedeckt werden, damit er von oben nicht zu braun wird.

Variante bei Leberzirrhose und Hämochromatose

Xylit 1:1 gegen Puderzucker austauschen.

RHABARBER-TARTELETTES

HC LZ MW LT

Zubereitungszeit: 30 Minuten
Kühlzeit: 30 Minuten
Backzeit: 30 Minuten

Eine Portion enthält
91 kcal / 1.638 kJ,
4 g Eiweiß, 3 g Ballaststoffe

Zutaten für 6 Portionen

1 EL Butter zum Einfetten der Form

Für den Teig

150 g Weizenmehl Type 405
50 g Zucker
100 g kalte Butter
2 EL eiskaltes Wasser

Für die Füllung

500 g Rhabarber
60 g Zucker
½ EL Vanillepuddingpulver
½ EL Zucker
125 ml Milch, 3,5 % Fett

Für das Topping

100 ml Schlagsahne
½ Päckchen Sahnesteif
20 g Puderzucker
6 Blätter Minze

Außerdem

Muffinblech
Sieb
Handrührgerät mit Knethaken

Zubereitung

1 Für den Mürbeteig Mehl in eine Schüssel geben, den Zucker und die kalte Butter (in kleinen Würfeln) hinzugeben und mit dem Handrührgerät verkneten.

2 Das eiskalte Wasser hinzufügen und den Teig kurz kneten. Er darf nicht zu warm werden.

3 Mit der Hand zu einer Kugel formen und platt drücken. Teig in Frischhaltefolie verpacken und mindestens 30 Minuten kühl stellen.

4 Backofen auf 180 °C (Ober-/Unterhitze) vorheizen.

5 Rhabarber schälen, in Stücke schneiden, in eine Schüssel geben und mit 60 g Zucker bestreuen. Schlüssel beiseitestellen.

6 Vanillepuddingpulver mit ½ EL Zucker und 2 EL Milch zu einer glatten Masse verrühren.

7 Die restliche Milch unter Rühren in einem Topf aufkochen. Puddingpulver-Masse einrühren und 1 Minute weiter kochen. Anschließend vom Herd nehmen.

8 Mürbeteig in sechs Portionen teilen, in ein gefettetes Muffinblech geben und mit einem Glas eindrücken, sodass Tarteschälchen entstehen. Sollte der Teig zu warm sein, noch einmal 30 Minuten kühlen. Mit einer Gabel Löcher in den Teig stechen und 15 Minuten vorbacken.

9 Den Rhabarber in ein Sieb geben und abtropfen lassen. Das Blech aus dem Ofen nehmen und die Tartes mit Pudding befüllen. Den Rhabarber daraufgeben und erneut 15 Minuten backen.

10 Für das Topping Sahne mit Sahnesteif und Zucker steif schlagen, auf die Törtchen geben und mit je einem Minzblatt garnieren.

KURKUMA-BRÖTCHEN

FL LZ HC MW LT

Zubereitungszeit: 20 Minuten
Backzeit: 15 Minuten

Eine Portion enthält
107 kcal / 448 kJ,
5 g Eiweiß, 1 g Ballaststoffe

Zutaten für 10 Portionen

150 g Dinkelvollkornmehl
2 ½ gestrichene TL Backpulver
3 TL Kurkuma
2 TL Zucker
200 g Frischkäse, Doppelrahmstufe
1 Ei (Größe M)

Außerdem

Handrührgerät mit Knethaken
Backpapier

Zubereitung

1 Backofen auf 180 °C (Ober-/Unterhitze, 160 °C Umluft) vorheizen. Das Backblech mit Backpapier auslegen.

2 Die trockenen Zutaten für den Teig vermengen. In einer zweiten Schüssel Frischkäse mit Ei vermischen.

3 Nach und nach die trockenen Zutaten zu der Eimischung geben und alles gut verkneten.

4 Der Teig ist relativ klebrig, darum sollten die Brötchen mit angefeuchteten Händen geformt werden. Die Brötchen auf das Backblech geben und ca. 15 Minuten backen.

Variante bei Fettleber

Frischkäse mit 16 % Fett absolut verwenden.

Variante bei Morbus Wilson

Dinkelmehl Type 630 oder Weizenmehl Type 405 verwenden.

TIPP Sie können die Brötchen nach Belieben vor dem Backen mit Kürbiskernen bestreuen. Bei Morbus Wilson Sonnenblumenkerne verwenden.

KÄSEHÖRNCHEN

FL LZ HC LT

Zubereitungszeit: 20 Minuten
Backzeit: 20–25 Minuten

Eine Portion enthält
143 kcal / 600 kJ,
5 g Eiweiß, 1 g Ballaststoffe

Zutaten für 16 Portionen

300 g Weizenmehl Type 405
1 Päckchen Backpulver
1 Prise Salz
150 g Quark, 40 % Fett i. Tr.
6 EL Rapsöl
2 EL Milch, 3,5 % Fett
1 Ei (Größe M)
100 g Emmentaler, 45 % Fett i. Tr.

Außerdem
Handrührgerät mit Knethaken
Nudelholz
Backpapier

Zubereitung

1 Backofen auf 160 °C (Umluft, 180 °C Ober-/Unterhitze) vorheizen. Ein Backblech mit Backpapier auslegen.

2 Mehl, Backpulver und Salz vermischen. Quark, Rapsöl, Milch, Ei und geriebenen Käse hinzugeben und alles mit dem Handrührgerät zu einem glatten Teig verkneten.

3 Anschließend den Teig halbieren, jeweils mit einem Nudelholz rund ausrollen und in acht Tortenstücke schneiden. Diese von außen nach innen zu Hörnchen aufrollen und auf das Backblech legen.

4 Die Käsehörnchen im vorgeheizten Backofen 20–25 Minuten backen.

Variante bei Leberzirrhose

Vollkornmehl verwenden.

Variante bei Fettleber

Vollkornmehl, Quark (Magerstufe), Käse mit 30 % Fett i. Tr. und Milch mit 1,5 % Fett verwenden.

PIKANTE KRÄUTERSTANGEN

FL LZ HC MW LT

Zubereitungszeit: 20 Minuten
Gehzeit: 1–2 Stunden
Backzeit: 10 Minuten

Eine Portion enthält
57 kcal / 239 kJ,
2 g Eiweiß, 2 g Ballaststoffe

Zutaten für 16 Portionen

250 g Weizenvollkornmehl
½ Würfel frische Hefe
160 ml warmes Wasser
3 EL tiefgefrorene 8-Kräuter-Mischung
3 EL Olivenöl
Außerdem
Backpapier

Zubereitung

1 Mehl in eine Schüssel geben und eine Mulde hineindrücken. Die Hefe in 2 EL warmem Wasser auflösen und in die Mulde geben. Etwas Mehl vom Rand einrühren und kurz abgedeckt stehen lassen.

2 Restliches Wasser, Kräuter und 2 EL Olivenöl dazugeben und mit den Händen lange zu einem glatten Teig verkneten.

3 Teig 1–2 Stunden abgedeckt an einem warmen Ort gehen lassen, bis er sich verdoppelt hat. Backofen auf 180 °C (Ober-/Unterhitze) vorheizen und ein Backblech mit Backpapier auslegen.

4 Aus dem Teig ca. 16 Stangen formen. Diese der Länge nach bis auf einen Fingerbreit am Ende längs halbieren. Nun die beiden Teile miteinander verdrehen und am anderen Ende zusammendrücken.

5 Stangen auf das Backblech legen und mit 1 EL Olivenöl bepinseln. Im vorgeheizten Backofen ca. 10 Minuten backen.

Variante bei Morbus Wilson

Weizenmehl Type 405 verwenden.

TIPP Wandeln Sie das Rezept einfach in Käsestangen um: Streuen Sie vor dem Backen 50 g geriebenen Käse (Gouda, 48 % Fett i. Tr. bzw. Gouda, 30 % Fett i. Tr. bei Fettleber) auf die Stangen.

HEFETEIGBRÖTCHEN

HC MW LZ FL LT

Zubereitungszeit: 20 Minuten
Gehzeit: 50 Minuten
Backzeit: 25 Minuten

Eine Portion enthält
241 kcal / 995 kJ,
8 g Eiweiß, 2 g Ballaststoffe

Zutaten für 10 Portionen

400 ml Milch, 3,5 % Fett
1 Würfel frische Hefe
1 TL Zucker
600 g Weizenmehl Type 405
1 Prise Salz
Außerdem
Handrührgerät mit Knethaken
Backpapier

Zubereitung

1 Die Milch in einem Topf lauwarm erwärmen und die Hefe darin zusammen mit etwas Zucker auflösen.

2 Mehl und Salz in eine Schüssel geben. Das Hefe-Milch-Gemisch hinzugeben und mit einem Handrührgerät gut verkneten, bis ein geschmeidiger Teig mit einer glatten Oberfläche entsteht. (Alternativ können Sie Ihre Hände nutzen, das Kneten dauert ein paar Minuten.)

3 Den Teig abgedeckt an einem warmen Ort ca. 30 Minuten gehen lassen, bis er sich verdoppelt hat.

4 Backofen auf 180 °C (Umluft, 200 °C Ober-/Unterhitze) vorheizen und ein Backblech mit Backpapier auslegen.

5 Zehn gleich große Teigkugeln formen, mit etwas Abstand zueinander auf dem Backblech verteilen und nochmals 20 Minuten gehen lassen.

6 Die Brötchen ca. 25 Minuten backen.

Variante bei Leberzirrhose und Fettleber

Vollkornmehl verwenden.

QUARKBRÖTCHEN

FL HC LZ MW LT

Zubereitungszeit: 20 Minuten
Backzeit: 20 Minuten

Eine Portion enthält
251 kcal / 1.051 kJ,
12 g Eiweiß, 7 g Ballaststoffe

Zutaten für 6 Portionen

- 400 g Weizenvollkornmehl
- ½ Päckchen Backpulver
- 1 Prise Salz
- 180 g Quark, Magerstufe
- 100 g Joghurt, 1,5 % Fett
- 1 EL Wasser

Außerdem

- Backpapier

Zubereitung

1 Backofen auf 180 °C (Ober-/Unterhitze, 160 °C Umluft) vorheizen. Ein Backblech mit Backpapier auslegen.

2 Mehl mit Backpulver und Salz vermischen. Quark und Joghurt hinzufügen und zu einem geschmeidigen, gut portionierbaren Teig verkneten. Bei Bedarf etwas Wasser hinzufügen.

3 Aus dem Teig sechs Brötchen (à 125 g) formen. Die Teiglinge auf das Backblech legen und kreuzförmig ca. 0,5 cm tief einschneiden.

4 Die Brötchen ca. 20 Minuten backen, bis sie leicht gebräunt sind und beim Klopfen auf der Unterseite hohl klingen.

Variante bei Leberzirrhose

Joghurt mit 3,5 % Fett und Quark mit 40 % Fett i. Tr. verwenden.

Variante bei Morbus Wilson

Weizenmehl Type 405 verwenden.

TIPP Nach Belieben und Verträglichkeit können Sie die Brötchen z. B. mit Haferflocken, Sesam, Mohn, Sonnenblumenkernen usw. bestreuen. Für eine bessere Haftung hierfür die Brötchen vorher dünn mit Wasser bestreichen.

FL LZ HC MW LT

Zubereitungszeit: 45 Minuten
Gehzeit: 45 Minuten
Backzeit: 25–30 Minuten

Eine Scheibe enthält
194 kcal / 811 kJ,
4 g Eiweiß, 1 g Ballaststoffe

Zutaten für 18 Scheiben

1 TL Rapsöl zum Einfetten

Für den Teig

1 Würfel frische Hefe
1 Prise Zucker
600 g Weizenmehl Type 405
1 Prise Salz
5 EL Olivenöl

Für die Kräuterbutter

Basilikum, Rosmarin, Petersilie (jeweils frisch) nach Belieben
8-Kräuter-Mischung (tiefgefroren) nach Belieben
1 Knoblauchzehe
½ Zwiebel (ca. 55 g)
120 g weiche Butter
1 TL Salz

Außerdem

Kastenform (35 cm)
Handrührgerät mit Knethaken
Nudelholz
Gitterrost

KRÄUTERFALTBROT

Zubereitung

1 Den Backofen auf 200 °C (Ober-/Unterhitze, 180 °C Umluft) vorheizen. Die Kastenform mit Rapsöl einfetten.

2 Hefe und Zucker in 300 ml lauwarmem Wasser auflösen. Mehl und Salz in einer Schüssel vermischen.

3 Das Hefe-Wasser-Gemisch und das Öl zu dem Mehl geben und mit Knethaken oder den Händen zu einem glatten Teig kneten. Den Teig abgedeckt an einem warmen Ort 30 Minuten gehen lassen.

4 Die frischen Kräuter waschen, trocken tupfen und fein hacken. Knoblauchzehe und Zwiebel schälen und ebenfalls fein hacken. Die Butter mit Salz, Knoblauch und den Kräutern verrühren.

5 Den Hefeteig auf Backblechgröße ausrollen und mit der Kräuterbutter bestreichen. Anschließend in 5 cm breite Streifen schneiden und diese ziehharmonika-ähnlich zusammenlegen.

6 Die gefalteten Teigstreifen in eine gefettete Kastenform legen und nochmals 15 Minuten gehen lassen.

7 Anschließend im vorgeheizten Backofen 25–30 Minuten backen.

8 Nach einer Garprobe das Brot aus dem Ofen nehmen, auf einen Gitterrost stürzen und auskühlen lassen.

Variante bei Leberzirrhose

Vollkornmehl verwenden.

Variante bei Fettleber

Vollkornmehl und Margarine verwenden.

EIWEISSBROT

FL LZ LT

Zubereitungszeit: 10 Minuten
Backzeit: 50 Minuten

Eine Scheibe à 45 g enthält
151 kcal / 630 kJ,
7 g Eiweiß, 3 g Ballaststoffe

Zutaten für ca. 16 Scheiben

1 TL weiche Butter
2 EL zarte Haferflocken (ca. 20 g)
150 g Walnusskerne
250 g Quark, Magerstufe
3 Eier (Größe M)
½ Päckchen Backpulver
125 g Haferkleie
2 EL geschälte Hanfsamen
5 EL Leinsamen

Außerdem
Kastenform (25 cm)
Handrührgerät mit Knethaken
Gitterrost

Zubereitung

1 Backofen auf 180 °C (Umluft, 200 °C Ober-/Unterhitze) vorheizen. Kastenform mit weicher Butter ausstreichen und mit Haferflocken ausstreuen.

2 Walnusskerne grob hacken. Alle Zutaten mit dem Handrührgerät vermengen, bis eine schöne Masse entstanden ist.

3 Den Teig in die Kastenform füllen, glatt streichen und in den Backofen geben.

4 Die Temperatur auf 160 °C Umluft (oder 180 °C Ober-/Unterhitze) reduzieren und das Brot 50 Minuten backen. Zwischendurch kontrollieren, dass es nicht zu dunkel wird. Nach Ende der Backzeit eine Garprobe durchführen.

5 Das Brot in der Form 20 Minuten abkühlen lassen, dann auf ein Gitterrost stürzen, wenden und vollständig auskühlen lassen.

TIPP Das Brot nach dem Abkühlen in Schreiben schneiden und einfrieren. Dann ist es mindestens einen Monat haltbar.
Das Brot sollte bei Zimmertemperatur mit einem Tuch abgedeckt aufgetaut werden und kann kurz getoastet werden. So schmeckt es wie frisch gebacken.

LZ HC FL MW LT

Zubereitungszeit: 20 Minuten
Garzeit: 25–30 Minuten
Gehzeit: 2 Stunden 45 Minuten
Backzeit: 50 Minuten

Eine Scheibe à 65 g enthält
104 kcal / 435 kJ,
4 g Eiweiß, 6 g Ballaststoffe

Zutaten für ca. 20 Scheiben

7 Knollen Topinambur (ca. 600 g)
½ Würfel frische Hefe
125 ml Buttermilch
500 g helles Weizenvollkornmehl
2 EL frischer Rosmarin, gehackt
1 TL Salz
Je 1 EL Olivenöl zum Einfetten und Bestreichen

Außerdem
Kastenform (35 cm)
Pürierstab
Handrührgerät mit Knethaken
Gitterrost

TOPINAMBUR-BROT

Zubereitung

1 Topinambur waschen und in einem Topf mit Salzwasser aufsetzen, je nach Größe der Knollen 25–30 Minuten garen, bis sich die Schale leicht abziehen lässt.

2 Topinambur abgießen, kalt abschrecken, pellen und auf Zimmertemperatur abkühlen lassen, anschließend zu einem feinen Mus pürieren.

3 Hefe zerbröseln und zusammen mit der Buttermilch dazugeben. Erneut pürieren, bis eine homogene Masse entstanden ist.

4 Mehl mit Rosmarin und Salz mischen. Das Mus zu dem Mehl geben und mit dem Handrührgerät zu einem glatten Teig verkneten. Der Teig ist relativ klebrig. Wenn er zu sehr klebt, weiteres Mehl unterkneten. Den Teig abgedeckt an einem warmen Ort 2 Stunden gehen lassen.

5 Anschließend den Teig erneut durchkneten und in eine eingefettete Kastenform geben. Zudecken und erneut 45 Minuten gehen lassen.

6 Den Backofen auf 220 °C (Ober-/Unterhitze, 200 °C Umluft) vorheizen.

7 Die Oberfläche des Brotes mit Olivenöl einpinseln und das Brot 15 Minuten backen.

8 Den Ofen auf 200 °C (Ober-/Unterhitze, 180 °C Umluft) stellen und das Brot weitere 35 Minuten backen.

9 Nach einer Garprobe das Brot aus dem Ofen nehmen, auf einen Gitterrost stürzen und auskühlen lassen.

Variante bei Morbus Wilson

Weizenmehl Type 405 verwenden.

VOLLKORNBROT

HC LZ FL

Zubereitungszeit: 15 Minuten
Gehzeit: 35 Minuten
Backzeit: 35 Minuten

Eine Scheibe enthält
112 kcal / 470 kJ,
4 g Eiweiß, 3 g Ballaststoffe

Zutaten für ca. 20 Scheiben

1 TL Rapsöl zum Einfetten
1 Würfel frische Hefe
500 ml lauwarmes Wasser
450 g Dinkelvollkornmehl
4 EL Leinsamen
100 g Haferkleie
3 EL Apfelessig

Außerdem

Kastenform (25 cm)
Handrührgerät mit Knethaken
Gitterrost

Zubereitung

1 Backofen auf 225 °C (Ober-/Unterhitze, 200 °C Umluft) vorheizen. Kastenform einfetten.

2 Die Hefe in kleinen Stückchen in eine Schüssel geben, lauwarmes Wasser dazugießen und die Hefe unter Rühren auflösen.

3 Mehl, Hefegemisch, Leinsamen, Haferkleie und Apfelessig in eine Rührschüssel geben und mit dem Handrührgerät verkneten. Den Teig abgedeckt an einem warmen Ort ca. 35 Minuten gehen lassen.

4 Ofentemperatur auf 180 °C (Ober-/Unterhitze, 160 °C Umluft) herunterstellen.

5 Teig in die Kastenform füllen und ca. 35 Minuten backen. Nach einer Garprobe das Brot aus dem Ofen nehmen und auf einem Gitterrost auskühlen lassen.

TIPP Das Vollkornbrot passt gut zum Weiße-Bohnen-Eintopf von Seite 94 und zur Minestrone mit Spitzkohl von Seite 96.
Auch zum Rote-Bete-Frischkäse (Seite 194) und zum Paprika-Walnuss-Aufstrich von Seite 192 ist das Brot eine gute Ergänzung.

MUFFIN-GRUNDREZEPT

LZ HC MW LT

Zubereitungszeit: 15 Minuten
Backzeit: 20–25 Minuten

Eine Portion enthält
238 kcal / 995 kJ,
4 g Eiweiß, 2 g Ballaststoffe

Zutaten für 12 Portionen

- 180 g weiche Butter
- 150 g Zucker
- 3 Eier (Größe M)
- 200 g Vollkornmehl (Weizen oder Dinkel)
- 1 Päckchen Backpulver

Außerdem

- Handrührgerät mit Rührstäben
- Muffinblech
- 12 Muffinförmchen aus Papier

Zubereitung

1 Backofen auf 160 °C (Umluft, 180 °C Ober-/Unterhitze) vorheizen. Muffinblech mit Papierförmchen auslegen.

2 Butter mit Zucker schaumig schlagen. Eier nach und nach hinzugeben, jeweils ca. 30 Sekunden weiterrühren.

3 Mehl und Backpulver vermischen und ebenfalls unter den Teig rühren.

4 Mithilfe von zwei Esslöffeln je drei Viertel der Muffinförmchen mit Teig befüllen. Die Muffins ca. 20–25 Minuten backen.

Variante bei Morbus Wilson

Weizenmehl Type 405 oder Dinkelmehl Type 630 verwenden.

TIPP Dieses Rezept können Sie nach Lust und Laune verfeinern: mit 1 EL Obst Ihrer Wahl pro Muffin oder passend zu Weihnachten mit Gewürzen wie Zimt oder Lebkuchengewürz.

PIZZA-MUFFINS

FL LZ HC MW LT

Zubereitungszeit: 20 Minuten
Backzeit: 25 Minuten

Eine Portion enthält
113 kcal / 471 kJ,
6 g Eiweiß, 2 g Ballaststoffe

Zutaten für 12 Portionen

1 TL Butter zum Einfetten
1 Möhre (ca. 50 g)
80 g getrocknete, in Öl eingelegte Tomaten
3–5 Blätter Basilikum
1 EL Pinienkerne
2 Scheiben Kochschinken (60 g)
200 g Weizenvollkornmehl
1 ½ TL Backpulver
6 Prisen Salz
Pfeffer und Oregano nach Belieben
1 Ei (Größe M)
2 EL Olivenöl
250 ml Milch, 1,5 % Fett
50 g fettarmer geriebener Gouda, 30 % Fett i. Tr.

Außerdem
Muffinblech
Handrührgerät mit Rührstäben
Reibe

Zubereitung

1 Den Backofen auf 175 °C (Ober-/Unterhitze, 150 °C Umluft) vorheizen. Das Muffinblech mit Butter einfetten.

2 Möhre schälen und grob raspeln. Getrocknete Tomaten in kleine Stücke schneiden.

3 Basilikum waschen, trocken schütteln und fein hacken. Pinienkerne ebenfalls hacken. Kochschinken in feine Streifen schneiden.

4 Vollkornmehl mit Backpulver, Salz, Pfeffer und Oregano in einer Schüssel vermischen. Ei, Olivenöl, Milch und Gouda dazugeben und alles mit dem Handrührgerät zu einem gleichmäßigen Teig verrühren.

5 Die restlichen Zutaten dazugeben und untermengen.

6 Den Teig in die Mulden der Muffinform geben. Die Muffins ca. 25 Minuten goldbraun backen.

7 Die fertigen Muffins aus dem Ofen nehmen, kurz abkühlen lassen, aus der Form lösen und auf einem Gitter auskühlen lassen.

Variante bei Leberzirrhose

Fettreichen Käse (45 % Fett i. Tr.) sowie Milch mit 3,5 % Fett verwenden.

Variante bei Hämochromatose

Statt Kochschinken Putenbrust verwenden.

Variante bei Morbus Wilson

Keine Pinienkerne verwenden. Weizenmehl Type 405 und frische Tomaten wählen.

GETRÄNKE

FL LZ HC MW LT

Zubereitungszeit: 15 Minuten
Garzeit: 5 Minuten

Eine Portion enthält
134 kcal / 634 kJ,
5 g Eiweiß, 2 g Ballaststoffe

Zutaten für 2 Portionen

2 Kardamom-Kapseln
250 ml Milch, 3,5 % Fett
½ Vanilleschote
¼ TL Zimt
5–6 weiche Datteln, entkernt
150 ml gebrühter Espresso
Außerdem
Mörser
Pürierstab

ORIENTALISCHER KAFFEE

Zubereitung

1 Kardamom in einem Mörser zu einem feinen Pulver zerstoßen.

2 Die Milch in ein hohes Standgefäß füllen. Vanilleschote längs aufschneiden, das Mark auskratzen und mit Kardamom und Zimt in die Milch geben.

3 Die weichen Datteln in grobe Stücke schneiden und ebenfalls zur Milch geben. Alles pürieren.

4 Anschließend die Dattelgewürzmilch in einen Topf geben, die ausgekratzte Vanilleschote hinzugeben und unter Rühren mit einem Schneebesen aufkochen lassen. Ca. 1 Minute köcheln lassen. Achtung: Die Milch kocht sehr schnell über!

5 Die Hitze reduzieren und die Vanilleschote aus dem Topf entfernen. Den heißen Espresso in die Milch geben und in einem Glas servieren.

Variante bei Fettleber

Milch mit einem Fettanteil von 1,5 % verwenden.

Variante bei Morbus Wilson

Die Datteln durch ½ EL Zucker ersetzen. Für einen karamelligen Geschmack eignet sich Kokosblütenzucker, Dattelzucker oder -sirup.

TIPP Sie können den Kaffee warm oder kalt genießen und mit etwas Milchschaum verfeinern.

GRÜNER ZITRONEN-EISTEE

FL LZ HC MW LT

Zubereitungszeit: 20 Minuten
Kühlzeit: 4–5 Stunden

Eine Portion enthält
0 kcal / 0 kJ,
0 g Eiweiß, 0 g Ballaststoffe

Zutaten für 4 Portionen

- 3 Beutel grüner Tee
- 1 l Wasser
- 1 Bio-Zitrone
- 1 Bio-Limette
- 1 Bund Minze (10 g)
- 1 Bund Zitronenmelisse (10 g)
- Süßstoff nach Belieben

Zubereitung

1 Die Teebeutel mit heißem Wasser übergießen und 3–4 Minuten ziehen lassen. Dann die Beutel entfernen und den Tee ca. 1 Stunde abkühlen lassen.

2 Zitrone und Limette heiß abwaschen und in dünne Scheiben schneiden.

3 Die Kräuter waschen und zupfen. Minze, Zitronenmelisse, Zitronen- und Limettenscheiben zum grünen Tee geben, 3–4 Stunden kühl stellen und ziehen lassen.

4 Am Ende nach Belieben noch ein paar Spritzer Süßstoff hinzugeben.

ERDBEER-EISTEE

FL LZ HC MW LT

Zubereitungszeit: 10 Minuten
Kühlzeit: 3–4 Stunden

Eine Portion enthält (beim Mitverzehr der Früchte)
28 kcal / 117 kJ,
1 g Eiweiß, 2 g Ballaststoffe

Zutaten für 4 Portionen

- 3 Beutel Erdbeertee
- 1 l Wasser
- 300 g Erdbeeren (oder andere Beeren)
- 3 Stängel Minze
- 3 Stängel Basilikum
- 1 Zimtstange
- Süßstoff nach Belieben

Zubereitung

1 Teebeutel mit heißem Wasser übergießen und nach gewünschter Intensität ziehen lassen (ca. 5 Minuten), dann die Beutel entfernen und den Tee ca. 1 Stunde abkühlen lassen.

2 Erdbeeren waschen, putzen und halbieren. Minze, Basilikum und Zimtstange in den kalten Tee geben (Menge nach Geschmack). Den Tee 2–3 Stunden im Kühlschrank kalt stellen und ziehen lassen.

3 Nach Belieben einen Spritzer Süßstoff dazugeben. In Gläser füllen und servieren.

TIPP FÜR BEIDE EISTEES Bei Hämochromatose, Morbus Wilson und Leberzirrhose kann ein Teil des Süßstoffs durch Honig oder Dicksaft ersetzt werden, dann ist das Getränk allerdings nicht mehr kalorienfrei.

KRÄUTERSIRUP

LZ HC MW LT

Zubereitungszeit: 10 Minuten
Garzeit: 5 Minuten
Ziehzeit: 2–3 Stunden

Eine Portion enthält
40 kcal / 166 kJ,
0 g Eiweiß, 0 g Ballaststoffe

Zutaten für 25 Portionen

250 g Zucker
500 ml Wasser
Kräuter nach Wahl: eine Handvoll frische Blätter Basilikum oder 3–5 frische Thymianstängel oder 7 große, frische Salbeiblätter

Außerdem
Sieb

Zubereitung

1 Zucker, Wasser und Kräuter unter Rühren in einem Topf erhitzen und ca. 5 Minuten leicht köcheln lassen.

2 Herd ausstellen, Topf abdecken und den Sirup 2–3 Stunden durchziehen lassen.

3 Anschließend durch ein Sieb gießen, um die Basilikumblätter abzuschöpfen.

TIPP Füllen Sie den Sirup am besten in ein Schraubglas oder in ein Fläschchen und lagern ihn im Kühlschrank. Eine Portion Sirup für ein 250-ml-Glas entspricht ca. 1 EL (= 10 g).

BUNTER SMOOTHIE

FL LZ HC MW LT

Zubereitungszeit: 20 Minuten

Eine Portion enthält
88 kcal / 366 kJ,
2 g Eiweiß, 3 g Ballaststoffe

Zutaten für 4 Portionen

300 g Fenchel
100 g Blattsalat nach Wahl
5 Nektarinen (500 g)
7 Aprikosen (330 g)
¼ Honigmelone (330 g)
100 ml Wasser

Außerdem
Standmixer oder Pürierstab mit hohem Gefäß

Zubereitung

1 Obst und Gemüse gründlich waschen und putzen.

2 Den Fenchel vom Strunk befreien und in kleine Würfel schneiden. Blattsalat und Obst klein schneiden.

3 Alles zusammen mit dem Wasser in einen Standmixer oder in ein hohes Gefäß geben, pürieren und frisch servieren.

Thymiansirup

HIMBEER-MOJITO, ALKOHOLFREI

FL LZ HC MW LT

Zubereitungszeit: 10 Minuten
Kühlzeit: 1–2 Stunden

Eine Portion enthält
34 kcal / 140 kJ,
1 g Eiweiß, 3 g Ballaststoffe

Zutaten für 4 Portionen

250 ml Pfefferminztee oder grüner Tee
250 g tiefgefrorene oder frische Himbeeren
150 ml Wasser
2–3 Stängel Minze
1 Bio-Limette
100 ml Mineralwasser mit Kohlensäure
4 EL Crushed Ice

Außerdem
Trinkhalme
Pürierstab oder Multi-Zerkleinerer
Stößel

Zubereitung

1 Obst und Kräuter waschen und putzen.

2 250 ml Tee aufgießen. Den Teebeutel nach der Ziehzeit entfernen, den Tee abkühlen lassen und anschließend 1–2 Stunden kalt stellen.

3 Wenn tiefgefrorene Himbeeren verwendet werden, diese auftauen lassen. Ca. 8–12 Himbeeren zur Seite legen. Restliche Himbeeren im Multi-Zerkleinerer mit 150 ml Wasser fein pürieren.

4 Einige Blätter Minze abzupfen und auf die Gläser verteilen. Die Limette in Scheiben schneiden und zusammen mit der Minze im Glas mit dem Stößel zerdrücken.

5 In die Gläser je ein wenig Eis, 2–3 Himbeeren und ein Viertel des Himbeerpürees geben.

6 Mit kaltem Tee und einem Schuss Mineralwasser aufgießen. Anschließend mit Crushed Ice auffüllen.

Variante bei Lebertransplantation

Bitte keine tiefgefrorenen Beerenfrüchte verwenden und auf gut gewaschene, frische Ware zurückgreifen.

TIPP Der Cocktail kann mit einer Limettenscheibe und Minzblättern garniert werden. Den Himbeer-Mojito frisch servieren.

HOLUNDERPUNSCH

LZ HC MW LT

Zubereitungszeit: 10 Minuten
Ziehzeit: 35 Minuten

Eine Portion enthält
100 kcal / 418 kJ,
2 g Eiweiß, 20 g Kohlenhydrate

Zutaten für 4 Portionen

- 500 ml Wasser
- 2 Beutel Früchtetee
- ½ Vanilleschote
- 40 g brauner Zucker
- ½ gestrichener TL Zimt
- 350 ml Holunderbeersaft

Zubereitung

1 Wasser in einen großen Topf geben und zum Kochen bringen. Teebeutel in das kochende Wasser geben und 5–8 Minuten ziehen lassen. Den Teebeutel nach der Ziehzeit entfernen.

2 Die Vanilleschote längs aufschneiden und auskratzen. Vanillemark sowie die ausgekratzte Schote, Zucker und Zimt in den Topf geben und 10 Minuten köcheln lassen.

3 Die Temperatur der Herdplatte etwas herunterdrehen und den Tee ca. 20 Minuten ziehen lassen.

4 Vanilleschote entfernen. Holunderbeersaft dazugeben und auf die gewünschte Temperatur erwärmen. (Um einen starken Vitaminverlust zu verhindern, nicht mehr zum Kochen bringen.)

5 Ggf. mit Zimt abschmecken und heiß servieren.

TIPP Der Punsch kann auch abgekühlt mit ein paar Eiswürfeln genossen werden. Auch Gewürze wie Kardamom, Tonkabohne und Nelke passen sehr gut und können zur Verfeinerung des Punsches eingesetzt werden.

INGWER-ORANGEN-SHOT

FL LZ HC MW LT

Zubereitungszeit: 10 Minuten

Eine Portion enthält
37 kcal / 156 kJ,
1 g Eiweiß, 1 g Ballaststoffe

Zutaten für 10 Portionen

- 100 g frischer Ingwer
- 5 Orangen
- 1 Limette
- 2 EL Agavendicksaft oder Honig
- Kurkuma nach Belieben

Außerdem

- Feine Reibe
- Leere Flasche (500 ml)

Zubereitung

1 Ingwer grob schälen (z. B. mit einem Teelöffel oder der Messerrückseite) und fein reiben. Den Ingwer mit den Händen auspressen und den Saft auffangen.

2 Orangen und Limette auspressen. Ingwersaft sowie Agavendicksaft oder Honig dazugeben. Mit Kurkuma würzen und abschmecken.

3 In eine Flasche füllen. Gut verschlossen hält sich der Shot bis zu drei Tage im Kühlschrank.

Variante bei Lebertransplantation

Kurkumapulver gegen frische Wurzel austauschen, diese wie den Ingwer verarbeiten (Achtung: Handschuhe anziehen, Kurkuma färbt stark).

MANGO-LASSI

FL LZ HC MW LT

Zubereitungszeit: 10 Minuten
Kühlzeit: 60 Minuten
Eine Portion enthält

244 kcal / 1.024 kJ,
7 g Eiweiß, 4 g Ballaststoffe

Zutaten für 2 Portionen

- 1 reife Mango (ca. 450 g)
- 300 g Joghurt, 1,5 % Fett
- 200 ml Wasser
- 1 EL Zucker
- 1 Spritzer Zitronensaft

Außerdem

- Standmixer oder Pürierstab

Zubereitung

1 Das Fruchtfleisch der Mango vom Stein lösen, schälen und würfeln.

2 Mangowürfel mit Joghurt und Wasser in einem Standmixer oder mit einem Pürierstab fein pürieren.

3 Mit Zucker und Zitronensaft abschmecken.

4 Den Mango-Lassi ca. 1 Stunde kalt stellen und anschließend servieren.

Variante bei Leberzirrhose

Joghurt mit 3,5 % oder 10 % Fett verwenden.

ROOIBOS-PFIRSICH-EISTEE

FL LZ HC MW

Zubereitungszeit: 15 Minuten
Kühlzeit: 4–5 Stunden

Eine Portion enthält (beim Mitverzehr der Früchte)
37 kcal / 154 kJ,
1 g Eiweiß, 1 g Ballaststoffe

Zutaten für 4 Portionen

3 Beutel Rooibostee
1 l Wasser
330 g Pfirsich
½ Bio-Zitrone
Süßstoff nach Belieben

Zubereitung

1 Die Teebeutel mit heißem Wasser übergießen und ca. 5 Minuten ziehen lassen. Teebeutel entfernen und den Tee ca. 1 Stunde abkühlen lassen.

2 Pfirsich und Zitrone heiß abwaschen. Den Pfirsich entkernen und in Spalten schneiden. Zitrone halbieren und eine Hälfte in Scheiben schneiden.

3 Die Pfirsichspalten zusammen mit den Zitronenscheiben in den ausgekühlten Tee geben.

4 Bei Bedarf mit flüssigem Süßstoff nachsüßen. Den Eistee in den Kühlschrank stellen und weitere 3–4 Stunden ziehen lassen.

TIPPS Je nach Geschmack können Sie aromatisierten Rooibostee (Vanille/Karamell) verwenden.

Dies ist ein kalorienfreies Getränk, wenn die Früchte nicht mitverzehrt werden.

Bei Hämochromatose, Morbus Wilson und Leberzirrhose kann ein Teil des Süßstoffs durch Honig oder Dicksaft ersetzt werden, dann ist das Getränk allerdings nicht mehr kalorienfrei.

ANHANG

Am Buch beteiligte Institutionen

Dieses Kochbuch ist in Zusammenarbeit zwischen der Klinik für Gastroenterologie, Hepatologie, Infektiologie und Endokrinologie und der Schule für Diätassistenz an der Medizinischen Hochschule Hannover sowie der Deutschen Leberstiftung entstanden.

Die Schule für Diätassistenz an der Medizinischen Hochschule Hannover

Die Schule für Diätassistenz existiert bereits seit mehr als fünf Jahrzehnten und ist an der Medizinischen Hochschule Hannover (MHH) angesiedelt.

In einer dreijährigen Ausbildung wird alles über die Anatomie, Physiologie und Biochemie des menschlichen Körpers gelehrt, was die Grundlage für das Verständnis diverser Erkrankungen schafft und aufzeigt, wie die Behandlung durch Ernährung diätetisch unterstützt werden kann. Gleichzeitig können sich die angehenden Diätassistenten praktisch in unserer Lehrküche ausprobieren, viele Rezepte testen und ihre Fähigkeiten beim Zubereiten von Speisen verbessern.

Ziel der Ausbildung ist es, den Ernährungs- und Gesundheitszustand eines Menschen zu beurteilen, um einen individuellen Ernährungs- und Therapieplan erstellen zu können, der auf die Bedürfnisse eines jeden zugeschnitten ist. Dabei wird jeder Plan von unseren erfahrenen Fachkräften auf „Herz und Nieren" geprüft, und abschließend werden die Rezepturen im praktischen Unterricht ausprobiert und verkostet. Falls eine Rezeptur nicht gelingt, werden mögliche Fehlerquellen gesucht und ein neuer Versuch gestartet.

Wir arbeiten nach den neuesten Erkenntnissen der Wissenschaft und stehen im engen Austausch mit den Ärzten der Abteilung der Gastroenterologie, Hepatologie, Infektiologie und Endokrinologie sowie dem Ernährungsteam der MHH. So fließen praktische Erfahrungen in unsere Ausbildung mit ein, und die Auszubildenden lernen direkt, dass unser Beruf eine interdisziplinäre Sichtweise benötigt.

An der Rezeptentwicklung für dieses Buch waren die Kurse 44, 45 sowie die Lehrkräfte der Schule beteiligt.

Kurs 44: Madita Eichhorn, Alexia Jantzen, Birte Kramer, Elisa Kleine-Wilke, Sarah Lange, Michelle Loresch, Lena Miehe, Julia Monjau, Lilian Schillon, Helen Thiel, Vanessa Ueberscher

Kurs 45: Dominika Bytner, Ramona Deeke, Lisa Drews, Nina Flasbart, Moritz Garms, Katharina Letzel, Ann-Christin Markus, Karen Räuber, Constanze Richter, Laura Rischmüller, Tana Sinner

Lehrkräfte: Sonja Nothacker, Martina Rahlves, Iris Wemheuer, Nicole Wetter

Klinik für Gastroenterologie, Hepatologie, Infektiologie und Endokrinologie

Die Klinik für Gastroenterologie, Hepatologie, Infektiologie und Endokrinologie der Medizinischen Hochschule Hannover (MHH) bietet ein hochmodernes diagnostisches und therapeutisches Spektrum für Patienten mit Leber-, Magen- und Darmerkrankungen sowie Störungen des Hormonstoffwechsels.

Wichtiger Bestandteil der Klinik ist das Ernährungsteam (E-Team), das eine lange Tradition seit seiner Gründung in der Klinik für klinische Diätetik hat und das älteste Ernährungsteam in Deutschland ist. Das E-Team arbeitet fachübergreifend für alle Kliniken und Ambulanzen der MHH. Es behandelt und berät darüber hinaus auch nichtstationäre Patienten in der ernährungsmedizinischen Ambulanz.

Das Team besteht aus Ärzten mit der Fachweiterbildung Ernährungsmedizin sowie aus Diätassistenten und Arzthelfern. Für die Bereitstellung von Trinknahrung, Sondenkost und parenteraler Ernährung arbeitet das E-Team eng mit der Krankenhausapotheke der MHH zusammen und ist dadurch in der Lage, auch kurzfristig die passende Ernährung für viele Erkrankungssituationen bereitzustellen. Durch regelmäßige Lehrangebote wird die Ernährungsmedizin Studenten, Krankenpflegeschülern und in der Ausbildung befindlichen Diätassistenten nähergebracht.

In der klinischen Akutversorgung steht die optimale ernährungsmedizinische Betreuung zur Verhinderung von Mangel- und Fehlernährung im Vordergrund. Das Behandlungsspektrum umfasst insgesamt folgende ernährungsmedizinische Probleme:

- Mangelernährung, Adipositas
- erworbene Stoffwechselstörungen (zum Beispiel Diabetes mellitus)
- angeborene Stoffwechselstörungen (zum Beispiel Mukoviszidose oder Speichererkrankungen)
- Nahrungsmittelunverträglichkeiten und Allergien
- Erkrankungen des Magen-Darm-Traktes, der Leber und der Bauchspeicheldrüse
- Störungen des Schluckens (zum Beispiel bei neuromuskulären Erkrankungen und Erkrankungen des Gehirns)

Dazu gehört die Feststellung des Ernährungszustandes, die individuelle Ernährungsberatung und das Erstellen von Konzepten für die (künstliche) Ernährung über den Magen-Darm-Trakt (enteral) bis zur Ernährung über das Blutgefäßsystem (parenteral). Das beinhaltet die Auswahl von Nährlösungen, die Erstellung von individuellen Rezepturen und die Schaffung technischer Gegebenheiten (zum Beispiel Sondensysteme).

Das E-Team legt großen Wert auf die Etablierung eines kontinuierlichen Versorgungskonzeptes. Nach der Einleitung im stationären Aufenthalt kümmert sich das E-Team um eine nahtlose Versorgung zu Hause. Hierbei organisiert das Team die Einführungen zur Bedienung technischer Geräte und kümmert sich um Pflegedienste sowie die Zulieferung von Nährlösungen, sodass die Patienten im Idealfall am Entlassungstag in der Häuslichkeit alles fertig vorbereitet vorfinden.

Deutsche Leberstiftung

Die Deutsche Leberstiftung befasst sich seit 20 Jahren mit der Leber und Lebererkrankungen sowie deren Diagnose und Behandlung. Sie verbessert die Versorgung von Menschen mit Lebererkrankungen. Dieses Ziel wird durch verschiedene Aktivitäten realisiert.

Wissenschaftliche Projekte

Die Deutsche Leberstiftung ist Träger des HepNet Study-House, das Studien und Register zur Verbesserung der Therapie von Lebererkrankungen durchführt. Außerdem führt die Stiftung eigene wissenschaftliche Projekte durch und fördert Projekte in anderen Institutionen.

Forschungsförderung

Die Deutsche Leberstiftung fördert Forschung durch Stipendien zur Forschungsvernetzung sowie zur Vorbereitung von klinischen Studien und Projekten. Jährlich wird mit dem „Preis der Deutschen Leberstiftung" eine herausragende Publikation im Bereich der Hepatologie ausgezeichnet.

Forschungsvernetzung

Ein Schwerpunkt der Stiftung ist es, die Erforschung aller Lebererkrankungen durch Vernetzung voranzutreiben. Zweimal im Jahr erscheint das von der Stiftung herausgegebene „HepNet Journal", das sich der gesamten Bandbreite der Leberforschung widmet. Das jährliche „HepNet Symposium" bietet aktuelle Informationen und ein Forum zum Austausch über die neuesten Forschungsergebnisse und Behandlungsmöglichkeiten.

Information und Beratung

Die Deutsche Leberstiftung gibt Broschüren zu verschiedenen Lebererkrankungen heraus. „Das Leber-Buch" informiert umfassend und leicht verständlich über die Funktionen der Leber, mögliche Erkrankungen und Behandlungen. In der Telefonsprechstunde der Deutschen Leberstiftung beantworten Experten alle Fragen zu Lebererkrankungen.

Öffentlichkeitsarbeit

Die Deutsche Leberstiftung betreibt Öffentlichkeitsarbeit, um über Erkrankungen der Leber zu informieren. Lebererkrankungen bleiben oft unerkannt und damit unbehandelt, was zu Leberzirrhose und Leberzellkrebs führen kann. Um die Früherkennung zu verbessern, ist eine höhere Aufmerksamkeit sehr wichtig.

Netzwerk

Die Deutsche Leberstiftung hat ein bundesweites Netzwerk aus assoziierten Ärzten, Kliniken, Wissenschaftlern, Apothekern und Selbsthilfegruppen geschaffen. Dadurch können Betroffene schnell und einfach einen kompetenten Ansprechpartner vor Ort finden.

Weitere Informationen:
www.deutsche-leberstiftung.de

Rezeptregister

Stichwortregister

Bibliografische Information der Deutschen Nationalbibliothek
Die Deutsche Nationalbibliothek verzeichnet diese Publikation in der Deutschen Nationalbibliografie; detaillierte bibliografische Daten sind im Internet über http://dnb.ddb.de abrufbar.

ISBN 978-3-8426-3100-7 (Print)
ISBN 978-3-8426-3101-4 (PDF)
ISBN 978-3-8426-3102-1 (EPUB)

Bildnachweis:
Fotos: Deutsche Leberstiftung, fotografiert von: medJUNGE/Anna-Katharina Junge
Cartoon Vorwort: Deutsche Leberstiftung, gezeichnet von 123comics
Abbildungen: Deutsche Leberstiftung, gezeichnet von XmoGraphics

2. Auflage

Die Ratgebermarke der Schlütersche Fachmedien GmbH
Hans-Böckler-Allee 7, 30173 Hannover
www.humboldt.de
buchvertrieb@schluetersche.de
www.schluetersche.de

Aus Gründen der besseren Lesbarkeit wurde in diesem Buch die männliche Form gewählt, nichtsdestoweniger beziehen sich Personenbezeichnungen gleichermaßen auf Angehörige des männlichen und weiblichen Geschlechts sowie auf Menschen, die sich keinem Geschlecht zugehörig fühlen.

Gedruckt mit mineralölfrei hergestellten Druckfarben und Strom aus erneuerbaren Energien. Die eingesetzten Klebe- und Bindestoffe entsprechen den derzeitigen Umweltstandards, die vom RAL-Institut für Gütesicherung und Kennzeichnung geprüft wurden.

Lektorat: Meike Key, KeyTextwork, Cestas
Covergestaltung: Die Feder · Werbeagentur GmbH, Wetzlar
Layout und Satz: Die Feder · Werbeagentur GmbH, Wetzlar
Druck und Bindung: Westermann Druck Zwickau GmbH